Roger Ascham, J. A. (John Allen) Giles

The Whole Works of Roger Ascham

Now First Collected and Revised, with a Life of the Author: Vol. I. Part II.

Roger Ascham, J. A. (John Allen) Giles

The Whole Works of Roger Ascham
Now First Collected and Revised, with a Life of the Author: Vol. I. Part II.

ISBN/EAN: 9783337054779

Printed in Europe, USA, Canada, Australia, Japan

Cover: Foto ©ninafisch / pixelio.de

More available books at **www.hansebooks.com**

THE WHOLE WORKS
OF ROGER ASCHAM,

NOW FIRST COLLECTED AND REVISED,

WITH A LIFE OF THE AUTHOR;

BY THE
REV. DR GILES,
FORMERLY FELLOW OF C.C.C.,
OXFORD.

VOL. I, PART II.

LETTERS CONTINUED.

LONDON:
JOHN RUSSELL SMITH,
SOHO SQUARE.
1865.

CONTENTS

OF

VOLUME I, PART II.

LETTER			PAGE
100 (W, 284).	To Mr Calibutt, April 16, 1550	.	193*
101 (5, 45).	Cheke to Bucer, May 11, 1550 .	.	194*
102 (1, 3).	Sturm to Ascham, Sept. 5, 1550	.	. 195
103 (3, 1).	To Edward Raven, At Will. Eland's, London, Sept. 17, [1550]	. .	. 207
104 (3, 2).	To Edward Raven, Sep. 21, [1550]	.	. 209
105 (3,3,&L,49).	To Edward Raven, Antwerp, Oct. 1, [1550]	. . . .	. 210
106 (3,4,&L,59).	To Edward Raven, Cologne, Oct. 12, [1550]	. . . .	. 213
107 (5, 46).	Martin Bucer to Sir John Cheke [Cambridge], Oct. 21, 1550	. .	. 214
108 (3, 6).	To Sir John Cheke [Augsburg], Nov. 11, 1550	·. . . .	. 216
109 (5, 1).	Sturm to Ascham, Strasbourg, Nov. 18, 1550		222
110 (1, 4).	To Sturm [Augsburg], Dec. 14, 1550		. 224
111 (3, 5).	To Martin Bucer, St George's Monas. Augsburg, Jan. 7, [1551] .	. .	. 229
112 (5, 49).	Peter Martyr to Martin Bucer, Lambeth, Jan. 10, [1551]	. . .	. 232
113 (3, 9).	To Sir John Cheke, Augsburg, Jan. 14, 1551		235
114 (3, 7).	To Lady Jane Gray, Augsburg, Jan. 18, 1551		239
115 (3, 8).	To King	. . . .	. 242
116 (E,1,&L,59).	To Mr Edward Raven, Augsburg, Jan. 20, 1551	. . .	. 243

CONTENTS.

LETTER		PAGE
117 (1, 5).	To Sturm, Augsburg, Jan. 24, 1551 . .	271
118 (5, 21).	Brandesby to Ascham, [Louvain], Feb. 8, [1551]	274
119 (4, 76).	The Princess Elizabeth to Edward VI. Hatfield, Feb. 2, [1551] . . .	276
120 (E,2,&L,57).	To Edward Raven, Augsburg, Feb. 23, 1551	278
121 (5, 2).	Sturm to Ascham, Strasbourg, March 17, 1551	280
122 (E,3,&L,60).	To Edward Raven, Augsburg, May 14–18, 1551	281
123 (3, 13).	To Froben the Printer of Basle, Augsburg, June 10, [1551]	288
124 (3, 14).	To Francis Alan	290
125 (5, 3).	Sturm to Ascham, Strasbourg, June 15, 1551	292
126 (1, 6).	To Sturm, June [July?] 18th, 1551 .	293
127 (5, 4).	Sturm to Ascham, Strasbourg, July 6, 1551	296
128 (1, 7).	To Sturm, Augsburg, Aug. 21, 1551 .	297
129 (5, 17).	Toxites to Ascham, Strasbourg, Aug. 23, 1551	299
130 (E, 4).	To Edward Raven and William Ireland, Aug. 31, 1551	301
131 (1, 8).	Ascham to Sturm, Augsburg, Sep. 27, 1551	303
132 (W, 273).	To Sir Thomas Smith, [1551] . . .	306
133 (F, 5).	To the Fellows of St John's, Oct. 12, 1551	307
134 (E, 6).	To Edward Raven and William Ireland, Nov. 17, 1551	315
135 (1, 9).	To Sturm, Halle, Jan. 29, 1552 . .	318
136 (2, 50).	To Bishop Day	322
137 (5, 5).	Sturm to Ascham, Strasburg, Jan. 30, 1552	324
138 (5, 18).	Sleidan to Ascham, Trent, Feb. 28, 1552 .	325
139 (E,7,&M,1).	To Sir William Cecil, Villach, July 12, 1552	328
140 (E,8,&M,3).	To Cecil, Spires, Sep. 27, 1552 . .	330
141 (H).	To Sir Richard Moryson, Oct. 1, 1552 .	331
142 (1, 10).	To Sturm, Spires, Oct. 20, 1552 . .	337
143 (E,9,&M,5).	To Cecil, Spires, Nov. 28, 1552 . .	341
144 (3, 12).	To Hubert, Brussels, March 6, 1553 .	344

CONTENTS. v

LETTER		PAGE
145 (E,10,&M,77).	To Cecil, Brussels, March 24, 1553	. 349
146 (5, 7).	Christophorson to Ascham, Louvain, Ap. 23, 1553	355
147 (5, 8).	Sturm to Ascham, Strasbourg, May 9, 1553	357
148 (5, 6).	Brandesby to Ascham, Mechlin, June 11, 1553	359
149 (3, 10).	To Sir William Cecil, Brussels, June 7, 1553	360
150 (3, 11).	To Sir John Cheke, Brussels, July 7, 1553	362
151 (5, 20).	Cisner to Ascham, Heidelberg, July 18, 1553	367
152 (5, 22).	Brandisby to Ascham, Mechlin, July 18, 1553	370
153 (5, 9).	Sturm to Ascham, Strasburg, July 22, 1553	371
154 (5, 19).	Hubert to Ascham, Heidelberg, Aug. 9, 1553	373
155 (5, 14).	Nannius to Ascham, Louvain, Aug. 18, 1553	377
156 (5, 10).	Sturm to Ascham, Strasburg, Sep. 17, 1553	378
157 (5, 11).	Sturm to Paget, Strasburg, Sep. 17, 1553	. 379
158 (3, 18).	To Bishop Gardiner, Oct. 8, 1553 .	. 381
159 (3, 19).	To the same, [1553] . . .	. 385
160 (3, 20).	To Sir William Petre, [1553] . .	. 386
161 (3, 21).	To Lord Paget, London, Nov. 14, 1553	. 388
162 (3, 26).	To an Eminent Lawyer, [1553] .	. 391
163 (A, 2).	To Sir William Petre, London, Dec. 25, 1553	393
164 (A, 1).	To Bishop Gardiner, [end of 1553] .	. 396
165 (3, 23).	To Bishop Gardiner, London, Jan. 1, 1554	399
166 (3, 22).	To Lady Clarke, [London], Jan. 15, 1554	403
167 (W, 271).	To Lord Chancellor Gardiner, Jan. 18, 1554	405
168 (3, 27).	To Radcliffe, before Palm Sunday, [i.e. March 18, if in 1554] . .	. 409
169 (3, 28).	To Two Young Men, Brothers . .	. 410
170 (W, 274).	To Bishop Gardiner, [About April, 1554]	412
171 (W, 275*).	To Sir William Pawlett, [June 18], 1554	. 413
172 (5, 12).	Sturm to Paget, Strasbourg, June 23, 1554	414
173 (3, 55).	To King Philip, [London], Aug. 11, 1554	ib.
174 (3, 24).	To Buris Secretary, London, Aug. 21, 1554	416
175 (W, 275).	To Lord Chancellor Gardiner, End of 1554	417
176 (4, 45).	To King Philip, [London], Nov. 8, 1554	. 419
177 (4, 44).	To the same, Nov. 20, 1554 . .	. 420
178 (4, 43).	To the same, Nov. 23, 1554 . .	. 421
179 (4, 42).	To the same, Dec. 14, 1554 . .	. 422

CONTENTS.

LETTER		PAGE
180 (4, 46).	To King [Philip]	423
181 (4, 47).	To the same, [1555]	424
182 (3, 30).	To John, Dominic, and Mabel Vahane	425
183 (3, 29).	To Peter Nannius, Palace at Westminster, Feb. 10, 1555	427
184 (4, 41).	To King Philip, Feb. 22, [1555]	429
185 (4, 39).	To Andrew Bylde, April 2, 1555	431
186 (3, 15).	To Francis Duaren	ib.
187 (3, 17).	To Doctor Cole	435
188 (3, 16).	To Sir William Petre, [April 7, 1555]	436
189 (A, 3).	To Cardinal Pole, April 7, [1555]	440
190 (4, 38).	To King Philip, July 15	442
191 (1, 11).	To Sturm, Greenwich, Sep. 14, 1555	443
192 (5, 48).	Sir John Cheke to Queen Mary, Tower of London, July 15, [1556]	448
193 (4, 49).	To Hieronymo Prioli, Doge, and to the Senators of Venice, Palace, London, Nov. 2, 1556	449
194 (4, 75).	To Pope Paul IV, Palace at Westminster, May 21, 1557	453
195 (3, 31).	To Antony Burn, St James's Palace, Sep. 22, 1557	454

193*

LETTERS

OF

ROGER ASCHAM AND OTHERS.

C.—TO Mr CALIBUTT, (w, 284).

Sends him Wyatt's letter to read, and requests that it may be
sent back.   April 16, 1550.

HINGS aptly spoken or wittily written, because
you can both aptly judge when you read, and
do also like when you hear, marking it well in
others, and using it much yourself, therefore
I send you by this bearer a letter, written by
the worthy WYATT purposely to his son, yet fitly to all
others that list to take pleasure in reading, or profit in
following these few lines of witty counsel leading to honest

---

* As the discovery of so many new letters has made the
first volume of this work much thicker than is convenient, it has
been thought fit to divide it into two parts. But the figures,
which denote the paging and the order of the letters, run on in
one series through the whole volume.

life. And as I have long lamented to see you bent by nature to much towardness, yet by ill company to some unthriftiness, so always I have much rejoiced, when vanity did most overgrow, to see you in a desire springing to honesty which did appear by grafting your self into the worthy company of M. N .... 1, and also the spring of the year begins now to be fair, thanked be God. And therefore I send you inclosed in WYATT's letter fair stead of good counsel, which before you have it in your hands hath taken root in your heart, so that now only remains on your part so to husband the matter, that the fair buds flourishing in much hope may grow forth to the plenty of such fruit as I your friend have often wished, and thought ever might be looked for at your hands. This freely spoken, and friendly meant, take as your judgment doth bid you. And thus I bid you farewell in Christ, desiring you to read over this letter diligently, and send it to me again friendly, that I may restore it again faithfully to my friend of whom I had it.   Your affectionate friend,

ROG. ASKAM.

To my good friend, Mr Edward Calibutt.
16 April, 1550.

CI.—CHEKE TO BUCER, (5, 45).

Congratulates him that his health is better, and warns him not to strain it too much.   May 11, 1550.

Amico suo carissimo, Domino Martino Bucero, professori theologico.—Audio te firmiorem esse factum, et omnem ægritudinis languorem quæ te adflixerat repulsum esse. De eo vehementer sicuti debeo ago gratias Deo patri omnium consolationum, qui ex tanta magnitudine morbi eripuit, et ad munus tuum suscipiendum in ecclesia et obeundum confirmavit. Sed vide ne te nimis acrem in initio præbeas, et plus suscipias quam imbecillitas valetudinis tuæ ferre possit. Ita est laborandum ut non quam cito sed quam diu hoc efficere possis cogitetur. Illud PAULI οἴνῳ ὀλίγῳ χρῶ quam late pateat scis, et quam in omnes actiones vitæ diffundi possit. Hoc apud te facio, quod ut aliis facerem nunquam impetrare a meipso poteram, ut remissior et temperatior in nimia hac tua ac pene intolerabili contentione mentis sis. Magnitudo enim illius intenta supra vires frangit corpus, et minus habile ad mediocria curanda facit.

De SLEIDANI caussa et cæterorum sic habeto. Dominus CANTUARIENSIS benevolus, sed tardus est caussarum patronus; et in hac re opus est consiliario regio, idque ea animi magnitudine, qua par est ad honestas caussas cum moderatione et judicio suscipiendas: si quando εὐκαιρία prætervolat, facilius quæritur quam invenitur. Ego hortari CANTUARIENSEM non cesso et quod præterea possum efficio. Bene vale. Grenuici, 1550, XI Maii, ED. SEXTI quarto. Tuæ dignitatis studiosissimus JOANNES CHECUS.

CII.—STURM TO ASCHAM, (1, 3).

Rogero Aschamo Joannes Sturmius S. P.—Vide, mi ASCHAME, quid epistola tua effecerit. In libello meo, quem de oratorum conversionibus confeci, προσεφώνησα τῇ 'Ελιζαβήθῃ τῇ ὑμετέρᾳ; ut quoniam oratorum artificiosissimam et pretiosissimam telam potest retexere, judicet etiam de hoc opusculo; quod levi et denso filo lucubratum est. Opinor enim PENELOPES Homericæ telam recte cum poetarum versibus et oratorum comprehensionibus posse comparari. Quorum utraque non solum componi debent, sed etiam dissolvi atque immutari et dissui, quoties emendari posse videantur: ac certe in ætate juvenili et sexu fœmineo, præsertim puellari, quæ potest esse honestior occupatio? Quæ exercitatio liberalior? Quæ consuetudo suavior, quam styli, et compositionis, et orationis puræ, ornatæ, perfectæ, consummatæ, ad quam enitimur atque contendimus. Quia vir literatus es, et bonus et dignus glorioso illo cognomento, hoc est, quia evangelicus: quæ omnia non apparent solum, sed elucent etiam in epistola tua: nihil puto affictum in tuis literis esse virtuti et laudibus puellæ principis atque regiæ stirpis. Sed quid in nostris temporibus magis optabile accidere mortalibus potest, quam ex principum virorum familiis et ex nobilitate, utriusque sexus oriri ingenia, quibus literarum studia placeant; qui eas colant, qui condiscant, qui et earum et rerum et artium doctrinam consequantur? Ergo beatiores hoc genere bonorum Angli, quam Germani: apud quos in nobilibus paucissimi sunt, qui ad suum ordinem literarum putant insignia pertinere. Quum istic plerique omnes nobiles vel enitantur, ut literati sint, vel si sero id intellexerint, tamen ad se nunc spectare suosque arbitrentur. Quamobrem spes jam data est, quod laudem, quam antea sibi arrogavit semper Italia, et post Italiæ Gallia atque Germania æmulæ vindicare conatæ sunt, eam sibi deinceps Anglia cumulatissime queat assumere. Et quale domicilium quondam Athenis et Romæ, de quibus duabus civitatibus scribis, dicendi et sapiendi magistri habuerunt, tale iisdem nunc sit in Anglia constitutum; ut vester populus, quorum virtutes imitatur, eorum etiam comparet decus et gloriam. Sed ut ad te, mi Aschame, veniam, nescio tibi ne magis gratulari debeam, cui Deus talem dederit discipulam, aut Elizabethæ principi; cui talem magistrum atque artificem: certe utrique et gratulor et gaudeo, et felix illud biennium judico, quo tu docuisti, et illa didicit. Nunc etiam tibi ob istud otium tuum lætor; quod Edvardus rex tibi et concessit benigne, et liberaliter est largitus. Requirunt enim nostrorum studiorum rationes otia negotiosa et negotia otiosa: nam in laboribus otiari et in otio laborare vulgo videmur. Cæteri enim homines quum venantur, quum piscantur, quum fabricant, occupari creduntur laboribus. Literati quum scribunt, legunt, commentantur, pro otiosis habentur; quum tamen vitam ingenii laboribus anxiam atque sollicitam agitent, non periculorum metu, aut laborum vexationibus, sed susceptione atque cogitatione rerum maximarum et immortalium. Sed quia otium tibi summum datum est, ejus etiam ad me fructus jucundissimus atque uberrimus perveniet. Promittis enim mihi in tua epistola multas et frequentes literas; quas avidissime expecto, quum propter amorem erga me tuum quem ex literis tuis perspexi, tum præcipue propter doctrinam et artes duas: in quibus ego annis jam multis etiam versor; unam disserendi, alteram dicendi. Utrique enim et dialectici et rhetorici esse volumus; sed tu es, ego vero ut sim nitor et elaboro: et profecto absque eloquentiæ ope, obscura et sordida est dialecticorum professio, et hæc ipsa eloquentia absque disserendi doctrina inflata tumet, et errabunda vagatur, nihilque via et ratione, nihil artificiose efficit. Itaque idem tuum et meum est judicium, idem volumus, idem sequimur, idem consectamur: omnibus etiam idem studium suscipiendum est, qui in literis vivere et ex literis laudem assequi concupiscunt. Verum, ut ad epistolam tuam revertar, fuit illa mihi jucundissima, tum ob significationem tuæ erga me benevolentiæ, tum quia multa nuntiat de regno vestro, quod semper nobilissimum et munitissimum multis ætatibus habitum est; de rege, de quo præclara et certa est prudentiæ, clementiæ, religionis spes concepta; de GUILIELMO PAGETTO, cujus ego probitatem et moderationem consiliorum et humanitatem Caleti ante annos quinque cognovi; de CHECO et SMITHO, qui nobis a multis sunt prædicati; de JOANNE MASONO, quem MONTIUS noster magna benevolentia complectitur, et laudat mihi sæpenumero, quoties ego PAGETTI memini; de HADDONO procancellario vestro, quem tu cum superioribus componis; de nobilitate vestra; et de iis, qui in Galliam cum tribus vestris legatis profecti sunt; postremo de domina ELIZABETHA, qui locus quo fuit prolixior quam reliqui, eo ego longiora legendo requirebam.

Hæc inquam, omnia fuerunt jucundissima, verum ubi mihi tantum tribuis, quantum ego minime possum agnoscere, ibi pudorem, ut HORATII utar verbis, incussisti, propterea quod præstare non possum doctrinam et judicium, ita ut tu mihi ascripsisti. Ubi vero petis, ut *Phædonem* PLATONIS, ut ARISTOTELIS libros *de anima*, et ut ejusdem rhetoricos libros Latine interpreter et explanem: item ut DEMOSTHENIS et ÆSCHINIS adversarias inter se orationes convertam; ut promissos a me de *Latina loquendi ratione* libros divulgem, non tam laborem fugio, qui suscipiendus esset, quam in suscipiendo audaciam, et divulgando temeritatis atque arrogantiæ suspicionem, quæ me superiore anno ingressum in hoc curriculum quasi revocavit. Statui enim ARISTOTELIS rhetoricos libros perpetuis explicare disserentium sermonibus: quorum aliquam partem librario dederam, sed mutavi sententiam; primum, propter eam quam proposui caussam; deinde, quia alia quædam intercedebant, quæ me ab instituto sunt dehortata. Veruntamen cogito hac hieme resumere eos, et perficere quod est inchoatum, si vitam Deus et potestatem concesserit. ÆSCHINIS et DEMOSTHENIS orationes meis interpretor auditoribus; sed ita, ut magis in explicandis illis quam convertendis sim occupatus. Satis enim mihi est, si sententiam explicem, et verborum vim atque potestatem; reliquum quod laboris est, id in arte demonstranda consumitur; ut inventionem intelligant, ut divisiones, ut partitiones considerent, ut collocationem; ut argumen-

tandi modos; ut conclusionum formas; ut ornamenta
sententiarum; ut quæstionum infinitarum exornationes,
ut finitarum expeditiones, ut in utrisque amplificationes;
ut in omnibus conversionum genera; ut principiorum et
mediorum, et clausularum connexiones et numeros. Du-
plici hoc labore meo hiemali contenti esse debetis; et tu,
mi optatissime ASCHAME, qui petis, et BUCERUS qui tibi
cohortator fuisse videtur: de *Phædone* et ARISTOTELIS *de
anima* libris alias, quum erit otium, si vita suppetat et si
potero. Non enim si in *Gorgia* quædam observavi, quæ
ad dialecticorum pertineant officinam, idcirco etiam in
Phædone aliquid elaborare possum, quod perpetuam ora-
tionem habeat, et quod literatorum hominum aures ani-
mosque non offendat, neque si rhetorica intelligo, et fortassis prodere in lucem aliquo modo possum; idcirco
gravissimam illam disputationem de vita, de morte, de
animorum immortalitate, de bonorum virorum vitali obitu,
de clarissimorum hominum sempiternis præmiis, de æter-
nitate rerum potero disserendo atque scribendo sustinere.
Quod tamen libros de Latino sermone requiris, in eo me
percelluisti; promisi enim eos ante annos aliquot, sed
fateor plane, etiam si ingenio possem, tamen non possum
facultatibus, ut ex me sæpe BUCERUS audivit. Quantum
enim est? Ejusmodi opus elucubrare; ex quo brevi eam
facultatem consequare, post præceptionum perceptionem,
ut quodcunque cogitatione complectaris, id etiam oratione
possis Latina exprimere; non solum ut pura ea sit, sed
ut elegans, ut ornata, ut decora; et exempla in promptu
habeas, quæ res quibus sint et verborum et sententiarum
ornamentis expoliendæ; eaque omnia non solum congesta,
sed etiam distincta locis et disposita habeas. Tale opus
quum cogitatione inchoatum, commentatione demonstratum
atque perceptum habeam, tamen facultatibus imperfectum
cum aliis jacere patior, dum compellar: tametsi satis me

gymnasium nostrum compellet: tamen quia compellit, non cogit; satis me hominibus facturum puto, si in reliquis officiis non sim desidiosus.

Jam quod de Augustino scribis, laudo judicium tuum: et tuarum literarum in eo loco humanitate et amore delector: etiam ego sane huic theologo præ cæteris plurimum tribuo: propter doctrinam; docet enim omnia, concludit acute, refutat argute, nihil nec in proponendo, nec dividendo, nec argumentando, nec expediendo peccans. Sed ego quum meos ad orationis cultum adhortor, non solum rerum considero doctrinam, sed earum etiam ornatum atque tractationem, ut illos dicendo superiores putem, sed Augustinum doctrina, veruntamen illos etiam eruditos et literatos, itaque principio anteponendos. Etenim diligenter etiam atque etiam in sermone Latino et Græco tradendo cavendum est, ne scriptores dicendo inferiores, propter rerum tractationem Ciceroni et Demostheni cæterisque melioribus scriptoribus anteponantur. Omnibus enim scientiæ sapientiæque nomen gratum et dulce est: res vero ipsa non solum optata, sed etiam salutaris. Nam nec scribere quisquam aliquid potest, nec loqui aut dicere, quod sit præclarum, qui artes et disciplinas, et qui rerum cognitionem nullam comparavit. Ergo qui hoc judicio præditus est, et hac inopi facultate nititur, eum nec in eloquentium, nec disertorum, nec Latinorum sive oratorum sive scriptorum sive artificum numero habendum puto: et cujus inflata verbis tantummodo oratio est, non solum auctorem ineptum, sed etiam hominem stolidum existimo. Quamobrem, sive Longolius, sive Sadoletus, sive Bembus, sive Naugerius, sive alius quisquam vel Italus, vel Gallus, vel Germanus, verba eorumque ornatum captavit, res neglexit, quod tamen hi minime fecerunt: sed si quis esset, eum laudandum non censeo. Nam quid ego de Budæo excellenti doctrina viro dicam? quem tametsi

amemus atque defendamus, tamen sunt nonnulli, quibus
ille in aliquibus libris magis verborum, quam rerum
sectator esse videatur. Non igitur in optimis, sed in
deterioribus sive scriptoribus sive oratoribus ponendum
puto, qui verbis, non rebus ornatum orationis constare
credit. Sed hoc in primis considerandum est, omnibusne
temporibus quidvis legere liceat, an sit in temporibus, et
ætatibus, et facultatibus aliqua distinctio. HOMERUM
Græci suis adolescentibus ediscendum proposuerunt; po-
terat illud fieri absque incommodo, propterea quod una
cum materno quasi lacte imbibissent patrium pueri sermonem. Romani grammatici etiam VIRGILIUM suis
scholis explicabant, nihil periculi erat ob eandem caussam.
Iidem Romani de principio HOMERUM interpretabantur;
nihil fuit incommodi in lingua aliena; Latine omnibus
tum loquentibus Romæ civibus; et idem Græci facere
poterant, si hic iis placuisset sermo. Sed quas utilitates
ad linguæ informationem atque puritatem puer accipiet,
ex CATONIS *Distichis*, ex AQUINATE, GERSONE, COC-
CA? Paucos nominavi: ex his quamplurimi possunt alii
ejusdem gregis considerari, non quod virtuperem, sed quod
ad id quod volumus non sint idonei. Sed addamus etiam
his barbaram turbam grammaticorum, dialecticorum, medi-
corum, theologorum, philosophorum, quibus sordida puris,
utilia spinosis fuerunt potiora. Quorum pars se adhuc
magna tuetur in sophistarum nostri seculi collegiis, quæ
de sua adhuc barbarie tanquam de Palladio aliquo atrociter
pugnat. O gregem venustum! O religiosam conspirati-
onem! in qua vinci gloriosum est, turpissimum vincere.
Quis status literarum, quis religionis esse possit in hac
sermonis et linguæ et orationis fœditate? Quis enim non
aspernetur in iis si videat oris sonitum, verborum defor-
mitatem, sententiarum sordes, opinionum ineptias, animorum pertinaciam, consuetudinem illiberalem, mores

peregrinos? qui barbariem liberalitati imposuerunt, qui artes et disciplinas corruperunt, qui historias fœdarunt, religionem et cæremonias, non solum orationis putido genere, sed etiam imperitis opinionibus remotis ab omni consensu doctrinæ, et obscurarunt altercando, et defendendo inquinarunt. Hinc proponendi pueris, et horum scriptis imbuendæ mentes adolescentum, ut pro puris fœda, pro Latinis barbara, pro perspicuis obscura, pro compositis dissoluta in civitatibus audiantur? Quod igitur judicium facimus in malis, cur idem non retinebimus etiam in minus perfectis minusque consummatis? At rerum studium verborum semper præstantius habitum est. Est plane eloquentis officium, rerum primum, post verborum curam suscipere. Vitiosum enim est, dicere quod aut inane sit aut stultum. Veruntamen quoniam ab oratore non modo sapientia, verum etiam verborum ornatus requiritur, separemus ista duo, quæ natura cæteroquin conjuncta hærent. Sapientia jubet quærere quid dicas; ut verum, ut probabile, ut certum, ut acutum, ut disciplinabile, ut conclusione perfectum. Quid ornatus? ut significans, ut sonans, ut plenum, ut concinnum, ut ornatum, ut illustre. Sed si sapientia jubeat, ut ornatus rationem non habeam, puritate contentus sim, reliquum ornatum non affectem, liberari me patiar magnis laboribus, summis curis, diuturnis vigiliis. Si vero etiam ut puritatem negligam, certe isti sapientiæ, quamvis provida sit, non obtemperabo. Sed si respondeat, magnum esse præditum esse doctrina, sed præclarum ad eandem dicendi rationem et eloquentiam adjungere, et utrumque ab optimis potius quam inferioris ordinis auctoribus condiscere, optimeque labores in consummatissimis consumi, tum ego sapientiæ consilium tanquam oraculum divinitus datum sequar. Eos igitur ego auctores pueris explicari principio volo, et eos in excercendi consuetudine primos legi, qui ad doctrinam adjunxerunt eloquentiam : non qui doctrina contenti, eloquentiam vel contempserunt, vel ad eum non potuerunt aspirare, et quo magis prope aliquis ad perfectionem accedet, eo plus eum tempore ordineque antecedere placet, et in exemplis anteferri. Hæc me caussa movit, quamobrem AUGUSTINO CHRYSOSTOMUM anteposui, non quod AUGUSTINUS non sapientior, aut non disertus : sed quia minus disertus quam CHRYSOSTOMUS, et is tamen eruditus atque doctus. CHRYSOSTOMO primum temporis et linguæ non doctrinæ et ingenii, locum tribui ; quum tamen huic ipsi CHRYSOSTOMO multos alios anteponam. In dicendi enim studio non solum barbaros omnino fugere, sed ante bonos etiam meliores semper oportet præcedere. Sed fortassis parum candori tuo confidere videbor, qui hæc tam sollicite excusem : veruntamen, quoniam permagni referre puto quo unaquæque ordine legantur ; visum fuit etiam hic meam tibi exponere sententiam, a qua te etiam non arbitror esse alienum. Feci etiam eo libentius, quod tu dulce nomen pacis esse dicis in tuis literis, et rem ipsam salutarem. Scio quo in loco CICERO idem dicit et iisdem verbis sentit, cujus loci formam hic conatus sum exprimere, ut tecum ludam $\rho\eta\tau o\rho\iota\kappa\tilde{\omega}\varsigma$. Et nisi caveas, non hinc procul sumpto exemplo rursum ludam, si prius de domina ELIZABETHA quod volo et quemadmodum volo repetam. Non enim oblivisci possum, quod ad tantarum rerum de quibus scribis disciplinam etiam dicendi artem conjungat, eamque exercitationem colat, quæ quum maxime hunc sexum deceat tamen a plerisque omnibus aspernata jacet. Sed recte secum cogitat : si enim corporis forma in virginibus puellis jucunda est, cur non orationis verecundæ, pudicæ, puræ, pulchræ ? Deinde cæteræ virginum exercitationes, nere, texere, acu pingere, communes sunt nobilitatis et obscuræ stirpis ; sæpeque ignobiles mulieres nobilibus artificiosius laborare videmus, orationis autem elegantiam in nobilitatis velle domiciliis habitare et praeclaris familiis: et ut vestitu atque ornamentis, sic etiam sermonis suavitate nobiles ab obscuris differre. Praeterea haec ipsa, quae sunt nobilium feminarum pretiosae vestes, gemmae, annuli et ornatus reliquus, fortunae esse tantum, et in deterioribus naturis saepe affluere: at oris elegantiam et vocis formam non posse ab animi pulchritudine segregari, atque id signum esse excellentis ingenii, nobilisque naturae: ac divitiarum insignia et ornatus, domi solum illustria sunt: vox vero artificiosa posteaquam semel audita est, saepe ad exteras gentes atque nationes volitat, illisque est admirabilis. Quo magis ego dominae Elizabethae industriam probo: quae efficiet, ut puellarum virginum et foeminarum nobilitas, non solum generis antiquitate, sed etiam doctrinae et sermonis elegantia sit aestimanda. Ergo huic ego convenienter libellum misi. Ineptum enim est in divulgandis libris, eos appellare qui ignari sunt eorum quae traduntur: aut qui eadem non maximopere amant. Et quoniam pro se liber loqui non potest, est enim indisertus, tu ei deprecator sis, quoties peccabit, et ubi non peccat, commendator, et in utroque patronus, praesertim propter Edvardum regem; cui etiam exemplum mitto, ut tripartito defendatur patrocinio; primum tuo ad dominam Elizabetham, deinde hujus ad fratrem suum Edvardum regem : qui si sua auctoritate patronus summus esse velit, quis meo libello beatior?

Quantum ad me attinet, maximo opere vellem Angliae placere; amo enim gentem hanc propter religionem, propter famam talis ac tanti regis, idque in hac aetate; atque utinam, quam religionem rex primis annis didicit et concilium ejus concordibus sententiis constituit, eam possit et tueri et defendere et stabilire, ut non oppugnetur. Quanquam id ad Deum ejusque providentiam et numen pertineat, sed id quidem reliquum est, ut quod institui absque perturbatione aliqua non potuit, neque sine metu periculorum retineri potest, id ecclesiasticarum pecuniarum dispensatione, et morum disciplina, et religionis doctrina, et judiciorum sanctitate, et ordinum confirmatione atque dignitate corrigatur atque ornetur. Sed minus jam timoris est, in hac concilii constantia, quod de religione decrevit, quod eam instituit, quod edictis stabilivit. Ut autem idem permaneat, dum regnum atque religio requirit, et ut rex nulla frangatur temporum intemperie, id summis votis a Deo patre omnium mortalium, et CHRISTO omnium hominum servatore precandum est, in quo negotio et qui in concilio regio versantur, laudandi sunt, et rex arrigendus ad constantiam altitudinemque animi, ut neque concilium sui decreti pœniteat, neque regem tædeat periculorum quæ impendere videntur.

Tribuenda igitur non solum pietatis et religionis et literarum laus est iis, qui auctores fuerunt præclaræ emendationis; sed etiam fortitudinis, qui non extimuerunt ea pericula, quæ propter prudentiam ventura providebant, propter religionem contemnebant. O sanctam curiam, quæ honestatem atque religionem utilitatibus et vitæ otio anteposuit! Nati in hoc homines videntur, ut Angliæ nomen renovent, ut in hoc regno angularis ecclesiæ lapis locum suum rursus occupet, et refugium sit non solum nunc recipiendis atque defendendis: sed brevi etiam emittendis atque ornandis angelis et nuntiis otii, literarum, religionis, dignitatis in republica Christiana. In impietate enim status rerumpublicarum instabilis : in religione firmus solet sperari. Etenim nulla conversio regnorum, nisi post religionis contemptum atque fœdationem est metuenda. Illorum igitur incerta respublica est, qui in turpitudine vitæ, etiam religionis atque doctrinæ puritatem et sanctimoniam formidant. Qui vero hæc suscipiunt et colunt et defendunt, hi cum nullo alio statu commutare rempublicam possunt, nisi cum divino et cœlesti, in quo perpetua sit et sempiterna felicitas. Nam hujus vitæ non solum reges, et principes, et magistratus caduci et brevis ævi sunt, sed ipsæ etiam urbes et respublicæ atque regna brevi momento florentia claraque, et collapsa dirutaque conspicantur. Hæc æternitatis felicitas bonorum virorum in omnibus ordinibus finis, in hac eorum præmia constituta sunt. Quæ nisi essent, quis sapiens in maximis laboribus, et summis periculis, velit pro patria sese devovere, et pro religione mortem oppetere? Quamobrem sapienter consuluerunt prudentissimi viri, quod id, sine quo respublica nulla stabilis esse potest, patriæ recuperarunt : ut quod posteris suis optare debuissent, id ipsi suo periculo constituerunt. Et suam ipsi religionem atque pietatem patriæ cum periculo præstare maluerunt : quam eam posteris absque periculo committere. Hæc laus quovis triumpho præclarior est, quæ non cæde hostium comparata est ; sed pietate atque religione nititur ; quæ non hostium sanguinem, sed civium suorum sanctimoniam requisivit ; quæ non novas res affectavit, sed amissas restituit. Postquam enim decretum de religione fuit, pax cum Galliarum regno constituta est ; morum et vitæ leges promulgatæ sunt ; emendata literatorum hominum gymnasia, apparuit rursus veritatis lux, et evangelii lumen. Itaque de his bonorum virorum sermones nusquam silebunt, dum homines erunt quibus cara religio est, et jucunda fortium virorum memoria. Quanquam hujus facinoris vel potius sapientiæ laus, etiam multo maxima ex parte ad serenissimum regem EDVARDUM pertinet ; in quo nisi senatus animadvertisset simul cum ætate, et prudentiam ejus ali et gravitatem crescere et religionis cupiditatem studiumque confirmari, idemque appetivisse et postulasse, majore cum periculo suscepisset, id quod instituit atque decrevit. Quocirca, omnibus regni ordinibus gratulandum est; regi, quod id quod voluit consentientibus omnium in concilio sententiis obtinuit; Concilio, quod rex idem voluit, et quod intelligit nihil posse constitui sanctius; et populo, quod, quoniam regis atque senatus auctoritas intercessit, non populari motu sed reipublicæ voce actum videatur, siquidem pars populi melior exoptavit; omnibus ordinibus, quod hac conjunctione animorum, dissidia non sint extimescenda; sed pax atque concordia reflorescat, religio vera recolatur, evangelii vox salutariter resonet, et CHRISTI imperium in regno Angliæ auctoritatem summam habeat. Hæc commoditas, imo hæc regni gloria tollere ex animis omnium metum debet, et regem arrigere ad amplificandam hanc gloriam, et senatum cohortari ad fortitudinem; et populum ad charitatem et observantiam excitare: ut et regis auctoritas, et senatus consilium, et populi placitum: quasi propugnaculum existet, contra dolum et insidias et vim communis Dei hostis, a quo vinci non possumus, dum præstamus constantiam, nam si moriendum erit, vita mortalis cum immortali mutabitur: si vivemus, quid præclarius quam in hac vita propter religionem cœlestem vitam repræsentare? Longius evectus, ASCHAME, sum quam volebam; excitatus epistola tua. In qua jucundius mihi fuit regis atque sororis laudes cognoscere, tametsi, eas ante a multis audiveram: quam accipere CAIUM CÆSAREM quem antehac non ita in nummis videram. Sed tamen gratum munus, et quia a te missum est; et quia vetustum, et quia ejus imago, qui cum fortissimis et peritissimis et fortunatissimis imperatoribus belli gloria potest comparari. Vale. Argentorati, Nonis Septembris Anno 1550.

CIII.—TO EDWARD RAVEN, (3, 1).

Sends this letter by John Day—alludes to some *jactura* at

Cambridge which would somewhat embitter his journey otherwise likely to be pleasant.

At Will. Eland's, London, Sept. 17 [1550.]

Conjunctissimo amico Edvardo Raveno suo, S. P. in Christo Jesu.—Carissime EDVARDE RAVENE. Quanquam JOANNES DAEUS noster instar multarum literarum esse potest, tamen quum sciam quam caræ tibi nostræ literæ sunt, nolui committere, ut tam idoneus nuncius sine meis ad te literis Cantabrigiam proficisceretur. Suavitates itineris mei, quod alioqui jucundissimum erit, nonnulla acerbitate illa quam feci Cantabrigiæ jactura permiscuit. Nec tantum vexat me fortunæ invidia, quantum etiam nunc pungit amici quidem, sed non eo modo quo ego soleo et tu facis, mi RAVENE, amantis nimis supina incuria: saluta tamen BARVICUM, et BARVICUM meum, quem amo ex animo, et quem puto nonnihil commoveri hac mearum rerum angustia, in his potissimum meis temporibus, &c. Nisi BARVICUS scripserit ad me sæpius, verebor ejus a me alienum esse animum. Utor bono et valde bono domino et optima domina. Proxima Veneris Deo volente Tamesin conscensuri sumus. Literas vestras ad me perferendas curabit STEPHANUS HALESIUS, qui duxit sororem MORYSINI; domus ejus Londini in eo foro est, quod *Stokes* vocitatur. Gulielmus meus IRLANDUS novit ubi habitat. Scribatis sæpissime, longissime; quod ego etiam facturus sum. Saluta diligenter MARTINUM BUCERUM patrem et præceptorem meum colendissimum. Dic illi me fideliter egisse caussam JOANNIS SLEIDANI cum domino MORYSINO quem facile video plurimum favere SLEIDANO, et illius scribendi instituto: sed BRUNO ille nescio quomodo multas dubitationes multis bonis viris injecit. Audivimus CÆSAREM in animo habere, restituere in pristinam dignitatem ducem Saxoniæ. Quum aliquid certi, etiam in itinere, ad manus meas pervenerit, id accurate ad dominum BUCERUM scribam. Vale, carissime: saluta universum cœtum nostrum, JOANNEM BARNES, et uxorem, etc. optimam matrem tuam, et lectissimam sororem. Ex ædibus GULIELMI ELANDI, Londini, XVII Septembris.

CIV.—TO THE SAME, (3, 2).

Had embarked at Billingsgate, after having sat nine hours the day before with Sir John Cheke, and was now writing from Gravesend.　　　　　　　　　　　Sep. 21, [1550].

idem.—S. P. in Christo Jesu.—Carissime RAVENE. Hoc vicesimo primo Septembris in festo divi Matthæi, hora undecima antemeridiana e portu BELINI solvimus. Heri salutabam domi suæ summum amicum meum JOANNEM CHECUM: Londini enim nunc valetudini servit. A meridie fere nos duo inter nos soli variis sermonibus tempus traduximus usque ad horam nonam. Multas res ad religionem, ad aulam, ad rempublicam, ad Academiam pertinentes tractavimus. Statum et disciplinam collegii DIVI JOANNIS mirifice approbavit: cujus, crede mihi, est studiosissimus. In eo sermone omnes nostros PILKINTONOS, LEVEROS, WILSONOS, ELANDOS, etc. singulos nominatim commendavi: omnibus prodesse, nemini omnium nocere studui. Te unice, mi EDVARDE, hoc est, suavitatem morum, ingenium, prudentiam, diligentiam, judicium tuum, quo amicos soleo modo, commendavi, et quodammodo ejus fidei tradidi. Caussam tuam cum LUCASIO illo universam explicavi, et statim recepit se facile te expediturum ab eo negotio. Audacter igitur, nomine meo, adeas hominem, et caussam tuam explica, &c. Ab Augusta, Patavium et Venetias expeditissima ratio est mittendi et literas, et quasvis alias res. Scribam, Deo volente, sæpius, quod spero vos etiam facturos. Gravesenda, XXI Septembris.

CV.—TO THE SAME, (3, 3, and L, 49).

Describes his journey—Canterbury—sees the place where Becket was murdered—the embassy is escorted to Dover by Archbishop Cranmer—Dover Castle—All sea-sick but himself and a young man—Calais, Graveling, Dunkirk, Bruges, Antwerp.   Antwerp, Oct. 1 [1550.]

Eidem.—S. P. in Christo Jesu.—Suavissime EDVARDE RAVENE. Patriæ meæ recordatio mihi carissima quidem est: sed tuæ consuetudinis omni humanitate, benevolentia, et officio plenissimæ, nescio quomodo, mihi carior existit. Ab hoc jucundissimo itinere meo duas aut tres horas facile paterer me abesse, et in cubiculum meum domi Cantabrigiæ includi, ut in sinum tuum, præsentibus carissimis meis PILKINTONIS, LEVERIS, ELANDIS, WILSONIS, BEIS, WRIGHTO et WASHINTONO, omnes suavitates itineris mei infunderem. Vigesimo primo Septembris pervenimus Gravesendam, favente quidem Neptuno, sed subirata Iride: vigesimo secundo, lasso et brevi equo, sed longo itinere, et via lutosa, Cantuariam pervenimus: ea nocte lautissime accepit nos humanus et prudens vir JOANNES HALESIUS. Ego tantum descendo ab equo meo, et statim confero me in amplissimam Christi ecclesiam; perscrutor omnia vetera monumenta, epitaphia HENRICI QUARTI, et EDVARDI nobilissimi principis filii EDVARDI Tertii, locum ubi occisus fuit BEKETTUS, et omnes fere abditos recessus &c.; deinde bibliopolas adeo, tum officinas aurificum: post intueor situm, muros urbis, interea inter deambulandum, diligenter adverto mores, et universum habitum populi. Constitui enim, carissime EDVARDE, quocunque ivero, cujusvis civitatis invisere, quantum facere possum, templa, monasteria, et in his vetustissima monumenta, bibliopolas, bibliothecas, aurifices, fora, muros, castella, portus. Et hæ res nunc non brevibus literis, sed longo sermoni reservandæ sunt, etc. Vigesimo tertio visimus reverendissimum Cantuariensem, deducit ille nos usque fere Doverum. Castellum illic in altissimo et præruptissimo promontorio situm est, quod ab usque Gallia, ab usque Flandria prospici facillime potest. Videtur imperiose quidem, non universo mari solum, sed ipsi Galliæ quoque minari. Quum sumus in medio freto, ipsa tellus Angliæ sublimior est, Galliæ multo humilior. Castellum Doveri refertissimum est monumentis longissimæ vetustatis.

Vigesimo quarto trajecimus fretum, reliquo comitatu nostro gravissime laborante ex mari, quum Domina MORYSINA parum, ego solus cum quodam nobili juvene THYMLIBÆO Lincolniensi, nihil acerbi passi sumus. Vigesimo quarto, et quinto Caleti reficimus nos: ego statim circumeo omnem ambitum oppidi, adverto situm, vires, portus: viso Risebank et Newncambridge, duo fortissima munimenta, et eminus video Arde, Ginnes, Hammes, et omnem situm sic illius regionis, ut nunquam e memoria mea excidere possit.

Vigesimo sexto Septemb.: et si tu nunc vis, suavissime EDVARDE, comitari me in Flandriam usque Antverpiam, (provided always that WASHINGTON be your lacquey) inspice chartam meam Galliæ, et perpetui comites nostri eritis. Primum Graveling venimus, quod oppidum initium est Flandriæ, separatum ab Anglico solo solum fluvio, distat, a Caleto novem miliaria. Ea nocte mansimus in Dunkerk piscatorio quidem oppido, sed quod magnificis ædificiis conferri potest cum ulla urbe in Anglia, et illic sedulo a nobis perquisitum est, num domina MORYSINA fuerit necne domina MORYSINA, quam aiebânt se expectare. Vigesimo septimo Newportum venimus, quod non cedit Dunkirko; opportunitate portus excellit. Vigesimo octavo Brugis amplissimam urbem venimus tandem, sed decem miliaria tam lutosa via, Sili vocatur, ut superet silvestrem Cantiam. Si in hac urbe liceret mihi diutius morari, mi RAVENE, molestus essem tibi longo sermone, longe superat Londinum. Vigesimo nono, Calfum venimus, obscurum locum: de quo nihil scribam, quia tam male illic accepti sumus, nam in ocreis pernoctabam et Sept. tricesimo Antverpiam venimus, Dii boni! non Brabantiæ, sed totius mundi ditissimum emporium. Splendida magnificaque structura sic eminet, ut eo modo superet reliquas omnes urbes quas ego vidi: quemadmodum aula Divi JOANNIS theatrali more ornata post natalem scipsam superat. Et hic nunc sumus sani quidem et læti, Deo sint gratiæ. Antverpia non recipit edictum CÆSARIS de immutatione religionis. In tota fere Flandria, tam pinguis et crassus papismus est, ne dicam puerilis, ut si is in Anglia, qui maxime ei favere videtur, hic adesset, facile respueret. GIPKINUS meus ostendit mihi indicem novorum librorum, et illic STURMIUM *de periodis*, et STURMIUM *in Rhetoricam* ARISTOTELIS: libros non vidi,et quantum desiderabam tu conjicere potes. Audio uxorem BUCERI in Anglia esse, puto illam habere literas ad me a STURMIO; recipe, serva, mitte si potes, sed reservato exemplo. Scribam reverendissimo patri meo Domino BUCERO, quum ad manus meas aliquid pervenerit, quod intervenit illum scire. Saluta eum officiosissime, et carissimum meum PEMBERUM, qui quotidie versatur in memoria mea, BARWICUM, JOANNEM SCARLET, familiam Barnesianam, omnes nostrates. Quum omnes dico, neminem excipio: sed de omnibus nominatim quanquam non scribo, cogito indies, semperque cogitabo. Scribe quas literas recipis a me, quo die, et a quo loco. Vale in Christo. Antverpiæ in Brabantia, primo Octobris. Vester R. ASCHAMUS.

CVI.—TO THE SAME, (3, 4, and L, 59).

Describes Ghent, Machlin, Brussels, Cologne—is on the point of embarking on the Rhine for Mayence. See the subjects of this and other Latin letters from Germany, described in a long English letter (CXVI), which is a sort of journal of Ascham's travels. Cologne, Oct. 12, [1550].

Idem. S. P. in Christo Jesu.—Carissime EDVARDE. Si scirem THOMAM LEVERUM meum apud vos esse, has ad eum scriberem : scribam enim ad vos, quoties ullus mihi oblatus fuerit tabellarius : sed nullam οἰκονομίαν expectate; singula turbate in literas meas inferciam. Antverpia non literis, sed longo sermone describenda est; tot res dignissimæ occurrunt in eo oppido, quos fusissime ad ignem problematarium depromerem. Hoc primum accipite. Edictum CÆSARIS de religione in inferiori Germania, jussu ipsius CÆSARIS irritum factum est.

Tertio Octobris Antverpia profecti sumus Macliniam, urbem quæ Londino vix comparari potest; Nordovicum longe superat: et hoc in loco mecum mirabar, quomodo tantus numerus hominum, qui habitant frequentissimi Brugis, Antverpia, Gandavo, Maclinia, et Bruxella ali possit: hæ quinque urbes, altera ab altera ad duodecimum lapidem sitæ sunt. Si quinque Londina in tantas angustias collocarentur in Anglia, exhaurirent statim regnum nostrum. Et pecudes et pecora rara hic cernuntur, si Flandriam, Brabantiam, Leodiam, et Geldriam circumspiceres. Sed mirari desino: nam ad panem fere nihil adhibent præter olera et herbas. Brabantia quidem, et potissimum Leodia, et Geldria, bonitate soli, et larga ubertate frugum longe lateque patente, non quemvis comitatum Angliæ, sed ipsum agrum Cantabrigiensem æquant et superant. Magna vis olerum diligenti cultura crescit in omnibus locis: nunquam famem sentiunt hic homines, si non deficiantur frugibus.

Macliniam venimus: in suburbano monasterium amplissimum est, non otiosarum, sed gnavarum nonnarum: mille et sexcentæ sunt in eo loco lineis vestibus faciendis victum quæritantes; nubunt et exeunt quum volunt.

Quarto Octobris, quod mihi jucundissimum fuit, vidi Macliniæ in ædibus Cæsaris nobilem illum Landgravium Hessæ, quem Hispani male tractant. Singulis diebus, hora octava antemeridiana, landgravius distribuit pauperibus 40 stivers, *i.e.* 6*s.* 8*d.*: tunc opportune illum contemplatus sum. Sed avocor a scribendo, quum vix unius diei iter explico. Quum scribo, videor inter vos versari, O amicissimi: et propterea scribo libenter, et frequenter, et fuse: nullum diem itineris mei prætermittam. Itaque, in proximis literis a quarto Octobris, reliquum iter meum persequar Coloniam usque, ubi hæc scribo, ubi BILLICUS est, quem vidi; et audivi JUSTUM VELSIUM legentem *Ethica* ARISTOTELIS Græce. Sed dominus MORYSINUS avocat a scribendo: nam navis parata in Rheno expectat nos, qua ituri sumus Moguntiam. Vos omnes literis meis libenter saluto; quotidiana memoria jucundissime colo, et vestris precibus me commendo. Nihil dum mihi in toto itinere acerbum fuit, nunquam defatigatus, omnia comparata sunt ad summam jucunditatem. Scribite. Valete in Christo Jesu. Saluta reverendissimum patrem Dominum BUCERUM, PEMBERUM, ornatissimum HADDONUM. Coloniæ, XII Octobris. R. ASCHAMUS.

CVII.—MARTIN BUCER TO SIR JOHN CHEKE,
(5, 46).

Sends this letter by his own servant, with two copies of Sturm's book, one in vellum that had been blotted in binding [the ink being still fresh] the other in paper unbound.

[Cambridge] Oct. 21, 1550.

larissimo viro, Domino Joanni Checo, patrono suo summopere colendo.—Tandem, ut potui, perturbate et incondite absolvi quæ de restituendo apud nos Christi regno institueram, nec minus sordide sunt ea descripta. Studium meum et conatum S. R. M. commendabis: veniam tum audaciæ meæ, tum ineptiæ ab ea mihi impetrabis. Statueram autem hæc commenta tibi primum hic exhibere, verum quum jam tandem expectatione adventus tui sumus frustrati, et quum ob negotia mea famulum meum deberem mittere Londinum, opportunum existimavi ad te perferenda et hæc mea scripta et libellum STURMII nostri, binis exemplaribus: quum enim membranaceum ex nondum siccato atramento fuerit Argentorati inter compingendum commaculatum, misit ad me ille chartaceum, quod hic curarem compingi mundius. Id quantum præstari a REMIGIO meo typographo in hac instrumentorum inopia potuit, confieri curavi, pro mea opera: tam abest ut quicquam debeas mihi curare præmium, ut satis superque præstiteris amicitiæ officium, si veniam mihi impetraveris, attamen quum eum famulum qui mea descripsit non ut decuit, sed ut potuit, nunc dimittam in Galliam, ita ejus parente poscente, nec possim eum qua velim benignitate dimittere, quamque probe meruit suis fidelissimis per omne tempus morbi mei et alias ministeriis. In adducendam enim reliquam familiam meam, per uxorem meam, et eidem alterum parandum hypocaustum permultum insumpsi. Si queas omnino commode, et citra ullam petacitatem, munusculum aliquod ei quo vel vestem emat impetrare, ego quicquid id fuerit ei Lutetiam bona fide mittam, nec est opus properato, hac in re. Dimittam illum ut admodum gratus sit. Si contingat te impediri, quo minus ad nos venias, famulus meus qui hæc præsentavit, Cantuaria, quo nunc fert quasdam ab uxore mea

allatas pelles, reversus de te responso appellabit, sed utinam venias, pernecessarius enim huic scholæ tuus adventus. Dominus Jesus te, honestissimam uxorem, filium, et tuos omnes servet, et felices efficiat per omnia. XII Calend. Novembris 1550. Deditissimus tibi M. BUCERUS.*

CVIII.—TO SIR JOHN CHEKE, (3, 6).

Speaks of the books and lectures, coins and things he saw at Antwerp, Louvain, Cologne—a very valuable Hebrew MS.—great expenditure of the embassy—asks for copies of Cheke's book on pronouncing Greek, that he may make it known—speaks of his want of money, and hopes to get some from the Princess Elizabeth, from the Duchess of Suffolk, whose son Lord Charles he taught last year [*i.e.* 1549], from the Duke of Suffolk, whom he taught writing, and from the two Marquisses. [Augsburg,] Nov. 11, 1550.

ogerus Aschamus, domino Joanni Checo, S.P. in Christo Jesu.—Clarissime vir. Libenter, crebro, prolixe scriberem ad te, et nunc etiam post abitionem nostram ex Anglia, singulorum iter dierum ob oculos tibi proponerem, nisi te, legendis nostris quum multarum levium rerum spectatorem, tum mearum inanium cogitationum judicem constituere pertimescerem. Si scirem te non solum gravium rerum monumenta expectare, sed horum etiam quotidianorum morum commemoratione aliquando delectari, prolixus sæpe esse potuerim. Sed quomodocumque scribam, credo, contentus esse vis, et volo ego quoque, ut et judicium in me potius et οἰκονομίαν in meis literis desideres, quam aut

---

* At the end of this letter in Elstob is this note, on page 435.

Libros quos mitto nemo, nisi qui descripsit et dominus Petrus Martyr, legit, qui etiam eadem mecum optat: ita non dubito legendos a nemine, nisi qui eos lecturi sint suo et ecclesiarum commodo.

voluntatem aut negligentiam meam reprehendas. Expecta igitur in omnibus meis literis non delectum rerum ordine incedentium, sed tumultum earumdem promiscue sese ingerentium. Quanquam hoc modo hoc tempore minus te abutar quia res nec magnæ nec multæ sese offerunt, quas te scire multum tua interesse existimem : et tamen nullæ res sunt minimæ, maximæ, mediocres, sive ad religionem sive ad rem et publicam et privatam pertinentes, quæ ad manus meas pervenire possunt, quas non cupide et diligenter adverto. Monasteria, templa, bibliothecas, vetustos et libros et nummos, quibus ego domum reversus antiquissimis et elegantissimis te donabo, urbium mores, disciplinam, et situs, structuras, muros, vires, portus, et omnes circumcirca terrarum, aquarum opportunitates sic perlustro, ut harum rerum commemorationem, ubi meas cogitationes libere deponere audebo, vix sermo multorum dierum potuerit exhaurire. Parce ergo, non large ad te nunc scribo, dum tu significes, utram scribendi rationem me sequi malueris.

Germania, ut omnes vocant inferior, ut multi sentiunt inferorum, ut ego plane perspicio, nobili concursu mercatorum excepto, omnibus modis infima et depositissima est : in quam turpissima Romanæ fæcis et sordium illuvies inundans, jam stagnare videatur. Antverpiæ vidi *Commentarios in Timæum* PLATONIS, sed Latini hominis. Lovanii fuimus, sed non diutius quam prandii apparatus postulabat : audivi tamen integram horam in trilingui collegio insignem ut illi putant virum THEODORUM LAUDIUM profitentem *Tyrannum* SOPHOCLIS : sequutus est in omni nostram pronuntiationem. Si hic cum CARRO nostro, aut Lovanium cum Cantabrigia conferretur, plane friget. Coloniæ audivi JUSTUM VELSIUM Argentinensem olim, nunc metu factum Herodianum, exordientem Græce *Ethica* ARISTOTELIS : probare, non admirari potui. Audivi eodem die dominum ALEXANDRUM BLANCARTUM Carmelitam prælegentem *Acta Apostolorum:* insignis est papista. Vertit nonam epistolam primi libri CYPRIANI pro oblatione in gratiam defunctorum. Doctior et pejor habetur ipso EVERARDO BILLICO, qui illic publice profitetur *Genesin:* sed eo die non legebat. Ego adivi monasterium BILLICI: tantum vidi hominem; fingebam mihi allatum esse, illum habere certos libros divi BERNARDI nondum impressos. Hoc feci, ut aliqua ratione provocarem hominem ad privatum colloquium, ut perspicerem ecquid haberet ingenii: sed distentus negotiis, ut servus aiebat, tunc temporis vacuus esse non potuit: ego rejectus in aliud tempus, rejeci ipse quoque superbum papistam. Multas bibliothecas perlustravi, non vidi tamen unum insignem librum. Spiræ est ut ferunt insignis bibliotheca referta priscis Latinis Græcis et Hebraicis libris. Qui præfuit abfuit: sin vero non, omnia perlustrassem. Gavisburgi, (hoc oppidum abest novem milliaria Germanica ab Augusta) adivi ædes Judæorum, ubi multi habitant: libros vetustos Hebraicos permultos eleganter scriptos habent: emere unum non potui; tamen experiebar. Vidi quoque vetustos nummos elegantissimos; emi duos, Neronem et Augustum. Vidi quoque vetustum Hebraicum nummum aureum elegantem elegantissimis literis Hebraicis: emissem, si in pretio fuisset ullus modus. Hæc urbs Augusta habet instructissimam bibliothecam, et plurimos Græcos priscos et Hebraicos. Qui præsunt, seposuerunt ad numerum sexaginta optimorum librorum, ne CÆSAR aut Cæsariani illis auferant. Habent integrum CHRYSOSTOMUM Græcum et alios insignes. Honestus vir promisit mihi se curaturum ut ipse viderem. Religio CHRISTI haud aliter floret AUGUSTÆ, præsente CÆSARE, quam tua pronuntiatio floruit Cantabrigiæ furente WINTONIENSI. Gaudent omnes nostri, et ego quoque congratulor: sed vereor ipse, ne CÆSAR, dum præsens cum dolo facilis est in caussa religionis, absens facilius, sine suspicione frangat omnes vires politicas, ut lapsu politiæ corruat etiam religio. Sed est in cœlis, qui angelis suis mandabit, nosti reliquum psalmi, &c. Hamburgus, Brema, et potissimum Magdeburgus animo, calamo, et gladio religionem defendunt. Vidi confessionem Magdeburgensem. Argumentum libri hoc est. Si superior magistratus vim exercet in subditos contra jus aut naturale aut divinum, licet tum inferiori magistratui resistere. Urbem Magdeburgensem et mentem laudo, hanc θέσιν tamen ipse non probo; nam hinc graves motus facile exorirentur.

Hunc librum vix hic parabilem dono tibi mitto: et multas alias tractationes intermisticas et adiaphoricas etiam ad te mitterem, nisi sperassem GIPKINUM hæc omnia tibi curavisse. Wittenberga cum MELANCTHONE et Lipsia cum CAMERARIO reprehenduntur hic a multis bonis viris, quod doctrinam intermisticam et adiaphoricam admittunt. JOACHIMUS CAMERARIUS oratione habita Lipsiæ, proximo superiori anno, perfudit animos multorum hoc tempore in religione. Quum aliquid certi, sive ad religionem sive ad rempublicam spectans, ad manus meas pervenerit, fuse tibi perscribam omnia: nunc quidem, in nostro primo adventu, nec multa, nec magna, nec mira habeo quæ scribam. Mirum vero mihi, in hoc toto itinere, nullum tale visum est, quam quomodo dominus legatus noster impensarum magnitudinem ferre queat: nam his recentissimis diebus, immensum quantum et rerum singularum crescunt pretia et Anglica ubique jacet pecunia. Dimensum regium novi, expensum diurnum perspexi; provisio diligens, moderatio cauta adhibetur; sic tamen superant expensa, in hoc multiplici concursu sumptuum, undique nec opinato confluentium, ut facile vel immensam pecuniæ vim exhaurire et absorbere possint. Itaque, nisi abunde huic rei provideatur, pertimescendum est, ne brevi necessario exarescat ejus liberalitas, foris tandem occlusa, non sine aliqua reipublicæ reprehensione, quæ domi semper fuit reserata cum maxima sua laude. Neque ista ἀποβία in illo solo hærebit; pertinget etiam ad eos, qui propter parem prudentiam et eruditionem similia principum negotia deinceps sunt obituri: hoc tu facile judicio æstimare potes, et opportune etiam in loco consilio juvare vis.

GEORGIUS WHEETLÆUS non ignotus tibi hic prope habitat: rerum et suarum dives et Germanicarum peritus, Anglorum omnium in hac regione negotiis et commodis tam commodus, ut eo commode carere non possint: cupit esse servus regiæ majestatis, nec lucri compendium ex Anglia quærit sed commendationis testimonium ex patria poscit. Hanc ejus postulationem, majori voluntate quam necessitate institutam, Dominus HOBBÆUS, novi, sedulo illi curabit impetratam. Justissimæ tamen rationes sunt, quamobrem optarem ut hoc beneficium ille tibi, non alteri deberet.

Pridie illius diei, quo Londino dominus legatus profectus est, eum sermonem in cubiculo tuo Londini mecum de vera religione et recta studiorum ratione instituisti, qui nunquam mihi excidere potest. Vehementer gaudebam tam familiarem tibi esse DEMOSTHENEM: cujus et ÆSCHINIS inter se περὶ παραπρεσβείας contrarias orationes si tu Latine verteres, rem tuo loco, studio, ingenio, judicio, facultati aptissimam susciperes. DEMOSTHENI et CICERONI, Græcæ et Latinæ linguæ, ad præclaram imitationem maximam lucem adferres. Etiam pronuntiatio tua, ne diutius delitescat in Anglia, si mitteres ad me exemplaria, efficerem ut brevi in conspectu hominum prodiret: nec dubito, quin opera etiam JOANNIS STURMII uti possim ad eam illustrandam. Si de me quoque aliquid audire vis, profectio hæc vehementer placet, et in tota hac profectione, nihil magis placet quam consuetudo hæc quotidiana, qua cum domino meo suavissime utor : cujus sunt sermones et eo sale humanitatis sparsi, et his prudentiæ notis tam insignes, ac si disputatio aliqua acciderit, contentiones tam argutæ, cum viribus etiam et nervis, quibus accedit multiplex rerum scientia, memoriæque vis, ut ego non a studiis divelli sed in studiis jam demum vivere videar. Id quod multo verius brevi dicemus, quum post digressum domini HOBBÆI, plusculum otii nacti, optimos quosque Græcæ linguæ scriptores nos inter nos junctis studiis conferemus. Utor domino ea humanitate et liberalitate, quam tu mihi sæpe prædicare soles : nondum egui re aliqua, quin multo prior et expeditior ratio fuerit illius in dando benevolentiæ quam meæ in rogando verecundiæ. Et quanquam hoc facit judicio, sponte, et genio suo, commovet tamen multum et tua commendatio mei. Quod igitur tua caussa factum est, intelligat quæso aliqua significatione memoriæ id tibi quoque gratum esse. Quum dominus meus videat me vehementer delectari secundo versu secundi operis HOMERI, facile pollicetur, me non solum Italiam aditurum, sed eas etiam regiones, quas videndi illum ardorem tu ipse mihi incendisti, quum *Euterpen* et *Polymniam* HERODOTI enarrasti, ut is nullo neque laboris neque periculi metu restingui possit. Ad promptum studium et voluntatem adfero corpus, non id robustum quidem, sed laboris, frigoris, caloris satis patiens, quemvis potum et cibum cum salute etiam ferens. Si ad has opportunitates, ope tua, ad opes aliquas comparandas abuti potuero, fructum hujus itineris tu ipse aliquem perciperes. Nam præter diligentem priscorum monumentorum conquisitionem, adferrem ad te, certo quidem meo sermone, præsentem consuetudinem, mores et faciem eorum locorum, quorum admiratione tu semper tenebaris.

In Anglia favent mihi nobiles multi, et nosti illud HESIODI
εἰς σμικρὸν σμικρῷ, &c. Non annuum quicquam, sed præsentem pecuniolam ad hoc iter posco. Illustrissima domina mea, non dubito, multum tribuet huic petitioni meæ.
Domina SUFFOLCIENSIS, hoc proximo superiori anno,
prolixe et large mihi pollicita est, quum aliquot menses
dominum CAROLUM Græcis literis institui, et ad pulchram
manum formavi: ejus liberalitatem ad hoc tempus et hunc
usum reservavi. Clarissimus etiam dux SUFFOLCIENSIS,
quum mihi favet, et elegantiam scribendi qua ille præstat
mihi quoque debet, hanc postulationem meam apud matrem
adjuvabit. Largior mihi multum de utroque marchione.
Sed taceant petaces literæ, quibus pudor jampridem silentium injecisset, nisi eundi cupiditas erubescendi verc-
undiam et illis et mihi abstersisset. Sed spem mihi, et
tua antiqua in me benevolentia et mea petendi non inhonesta
ratio auget. Prolixior sum quam in principio constitui.
Si scire possim te has literas una cum confessione Magde-
burgensi recepisse, paratius et aliis quoque temporibus ad
te scribam. Vale, ornatissime vir, et me ut facis ama.
Anno Domini 1550, Novembris 11.

CIX.—STURM TO ASCHAM, (5, 1).

Sends a duplicate of his former letter to Ascham, which he had
sent by the wife of Bucer—hopes to see him soon—has sent
a copy of his work *De Periodis* to the Princess Elizabeth.

Strasbourg, Nov. 18, 1550.

Ioannes Sturmius Rogero Aschamo S. P.—Literarum, ASCHAME, quas uxori BUCERI ad te
dedi, exemplum quod curaram mihi describi
ad te mitto, quo videas epistolam tuam non
loquacem sed eloquentem fuisse. Plane enim
mihi persuasit, omnes in te esse eas virtutes, quarum
indicia in illa præclara elucent; humanitatem, veritatem,

judicium, doctrinam, amorem etiam erga me tuum, nisi quod nimium tribuis mihi; in quo patiar amorem cæcum esse, ut ne si oculos aperiat, a me decedat et transferatur in alium. Cupio enim abs te omnino amari, et volo utriusque epistolam testem inter nos exstare perpetuæ inter nos caritatis. Itaque utramque divulgabo hisce proximis diebus. Sed quam male accidit, quod dominus MORYSINUS legatus regius ad nos non deflexerit? propter conjunctionem nostram, propter necessitudinem religionis, quæ est nostræ civitati cum regno Angliæ: plus enim religionis consociatio in hominibus valere debet, quam quodvis aliud fœdus. Declarassemus certe non facultates neque opes nostras, sed benevolentiam, et studium, et observantiam, et reverentiam quam præstare debemus. Sed tu promittis mihi in literis tuis de tuo adventu; in quo fallere non debes expectationem nostram: tum ut quam creberrime scribas vide; nam etiam id polliceris. Libellum *de Periodis* misi dominæ ELIZABETHÆ, sed desiderat patronum et commendatorem suum, id quod ei de te persuaseram. Veruntamen gratum fuisse munus audio dominæ ELIZABETHÆ, fortassis quia tu mihi aliquando tribuisti aliquid in tuis ad eam sermonibus. Regis non memini in præfatione, ut nunc loquuntur: ejus majestati locum designavi in *Aristotelicis* meis *dialogis:* in quibus stylum meum quotidie acuo: ut si quid possit contra barbariem in his ostendat, quantulum sit quod in ea conficienda possit; tum etiam in celebrandis amicis, ad quos mihi tuus amor jucundissimus hospes, imo familiaris nunc et domesticus accessit. Vale, mi ROGERE ASCHAME: valere etiam dominum MORISINUM legatum opto: et Deum Christumque oro, ut valeat, omnesque vos incolumes et prosperos conservet. Argentorati, XVIII Novembris, 1550.

CX.—TO STURM, (1, 4).

Acknowledges the receipt of both his letters by the hands of Christopher Mount—wishes that their letters should be printed on some spare page of Sturm's forthcoming work *Dialogi Aristotelici*—conversation with Sir John Cheke about Edward VI—notice of his last visit to York when sent for to join the embassy, &c.

[Augsburg,] Dec. 14, 1550.

Rogerus Aschamus Joanni Sturmio S.P. in Christo Jesu.—Utrasque literas tuas, optime JOANNES STURMI, et superiores nonis Septembris, et recentiores XVIII Novembris ad me missas, tradidit mihi prudens vir, et nunc communis noster amicus CHRISTOPHORUS MONTIUS. Summo gaudio utrasque legi frequenterque lego, et ab earum lectione nunquam discedo, nisi novæ semper cumulatus accessione voluptatis. Laudem, quam tribuis mihi, ut alienam non agnosco, sed tanquam vestem, mihi quidem humaniter impositam, sed parum congruentem, libenter cum rubore exuo, judicium tamen laudis, tam laudati viri, in summa laude deputo. Suavis es in meo, ut tu dicis, erga te cæco amore, et pateris esse cæcum, ne, si oculos aperiat, a te discedat et transferatur in alium. Cæcus amor, mi STURMI, vagus est et errat; et quia diligit, non deligit; præceps non constans esse solet. Sed meus in te tam oculatus est, et si vis tam Lynceus, ut nulla non terræ, non Oceani intercapedo aciem ejus impedire possit, quin longissime penetret et facile incendatur ardore, ubi illustres virtutis doctrinæque faces prætenduntur. Quod vis, utriusque epistolam in lucem apparere, et testem exstare perpetuæ inter nos charitatis, facis quidem non plus, quam ipse exopto, plus tamen quam ego, vel a quoquam sine nota impudentiæ, vel a te sine suspicione imprudentiæ, efflagitare queo, et quia tu me facis impudentem, nisi ipse aliter vis, et nisi ipsæ literæ jam sunt impressori traditæ, imprimis cuperem, ut epistolæ nostræ aliquam reliquam paginam occuparent in dialogis tuis Aristotelicis: sed stulte hoc peto, quum tu scis quid potissimum sit faciendum. Hæc tamen scribo, quia vereor ne literæ meæ nimis molestæ sint et quodammodo ægre ferant, si ab illo libro separentur, cujus tam cupidæ, petaces, et πολυπρακτικοὶ exstiterunt. Quanquam, quod polliceor, non contentæ solum sed perquam hilares erunt, si in societatem literarum tuarum ulla ratione admittantur. Si liber tuus imprimatur in quarto, ut loquuntur, non in octavo, quod fere fit in tuis scriptis, ego magis approbarem: et Gallorum in ea re quum solertiam, tum elegantiam semper laudo. Totus gaudio perfundebar, mi STURMI, quum veni ad illum epistolæ tuæ locum ubi ais " regiæ majestati locum designavi in *Aristotelicis* meis *dialogis*, in quibus stylum meum quotidie acuo, ut si quid possit contra barbariem in his ostendat, tum etiam in celebrandis amicis, &c." Quod regi facis, optime STURMI, non illi soli clarissimo principi, sed universo ejus regno, universis literis et æternitati facturus es. Nam quum audiet abs te, quam præclarum sit τὸν ἄρχοντα φιλοσοφεῖν et rempublicam consilio, non fortuna gubernari, consilia autem optima ex optimis hauriri libris, nec meliorem unquam, cum a sacris fontibus discesseris ad formandum consilium, ipso ARISTOTELE exstitisse: ne dubites, quin hoc facto tuo, in instituendo principe nostro, uberrimam voluptatem, quum singulari laude tua confluentem in universam Angliam, et singulos Anglos transfusurus sis. Et quanquam princeps, ea est ejus præclara natura, calcare non eget ad expeditiorem cursum doctrinæ et prudentiæ, in quem felicissime ingressus est, tamen ex suavi et fusa oratione tua, ad id accommodata, veluti ex applausu præclari hominis illum currentem excipientis novum laboris impetum, ad majorem laudis spem per-

cepturus est, et nosti illud dulcissimum carmen dulcissimi
poetæ, quod frequenter ipse commemoro :
    Qui monet ut facias quod jam facis, ipse monendo
        Laudat, et hortatu comprobat acta suo.
Fortunam in principe nostro æquat natura : utramque
superat virtus : sive, ut Christianum hominem loqui decet,
multiplex gratia Dei, cupiditate optimarum literarum,
studio rectissimæ religionis, voluntate, judicio, et, quam
tu in studiis unice laudas, constantia, ætatem suam mirifice præcurrit. Et vix ulla felicitatis parte ego eum bea-
tiorem existimo, quam quod JOANNEM CHECUM, ad præclaram doctrinam et veram religionem, adolescentiæ suæ
doctorem nactus sit. Latine intelligit, loquitur, scribit:
proprie, scienter, et expedite, et omnia cum judicio.
Dialecticam didicit, et nunc Græce discit ARISTOTELIS
Ethicen. Eo progressus est in Græca lingua, ut in philo-
sophia CICERONIS ex Latinis Græca facillime faciat.
Pridie illius diei, qua ex Anglia profectus sum, quum
essem Londini apud D. JOANNEM CHECUM, et inter lo-
quendum rogarem ab eo, quid esset, quod rex ethicen
ARISTOTELIS potius quam *Institutionem Cyri* perlegeret?
ille sapientissime et eruditissime, quod semper solet, respondet, ut mens, inquit, ejus prius universis illis et infinitis
virtutum vitiorumque præceptionibus ac partitionibus
instructa, firmum judicium adferat ad singula quotidianorum morum exempla, quæ in historiis latissime sese fun-
dunt. Et quia vix fieri potest, ut ingenii acies, in initio,
dulcedine historiarum emollita et obtusa, penetret in abs-
trusas illas et reconditas, sed pernecessarias ad corrobo-
randum judicium finitæ quæstionis comprehensiones:
quanquam nullum præceptum sine appositione insignis
exempli tradi cupio. Quam felix Anglia sit; mi STURMI,
quum principis ejus juvenilis ætas, (nam nuper excessit ex
decimo tertio anno) hac præstanti præceptione informetur,

nemo melius quam tu judicare potest. Brevi absolvet ethicen, quam sequetur ARISTOTELIS RHETORICA, ut non opportune solum, sed divinitus etiam videatur tibi oblata occasio hujus suscepti laboris tui. Credo enim ego, non sine divino consilio factum esse, ut hæc summa majestas regia hac summa ingenii, judicii, doctrinæque tuæ facultate excoleretur. Si plusculum otii mihi esset, longiorem tecum de regia nostra majestate instituerem sermonem, longiorem etiam de clarissima domina mea D. ELIZABETHA, de clarissimis ducis SOMERSETENSIS filiabus, et illis quidem optima literarum institutione formatis. Duas tamen Angliæ feminas præterire non possum, nec a te, mi STURMI, præteritas esse velim, si aliquid cogitas de celebrandis amicis in Anglia, quo mihi nihil exoptabilius esse potest. Altera est JANA GRAIA, filia nobilis marchionis DORCETENSIS. Quæ quum aviam habuit MARIAM Franciæ reginam, arcta propinquitate attingit regem nostrum EDVARDUM. Annum nata est decimum quintum. In Aula fui illi valde familiaris, et scripsit ad me eruditas literas: hac superiore æstate, quum amicos meos in agro Eboracensi viserem, et inde literis JOANNIS CHECI in aulam ut huc proficiscerer, accitus sum, in via deflexi Leicestriam ubi JANA GRAIA cum patre habitaret. Statim admissus sum in cubiculum; inveni nobilem puellam, dii boni! legentem Græce *Phædonem* PLATONIS, quem sic intelligit, ut mihi ipsi summam admirationem injiceret. Sic loquitur et scribit Græce, ut vera referenti vix fides adhiberi possit: nacta est præceptorem JOANNEM ELMARUM, utriusque linguæ valde peritum, propter humanitatem, prudentiam, usum, rectam religionem, et alia multa rectissimæ amicitiæ vincula, mihi conjunctissimum. Mihi discedenti, recepit se Græce scripturam, si ego illam meis literis ex aula imperatoris scriptis provocarem. Expecto quotidie Græcas ejus literas: quum venerint, ad te statim mittam. Altera est MILDREDA CECILLA, quæ haud aliter Græce intelligit et loquitur quam Anglice: ut dubium esse possit, feliciorne sit hac præstanti cognitione, an quod nata sit nobili viro ANTONIO COCO et patre ejus, et præceptore: qui propter singularem suam eruditionem, in erudiendo rege, JOANNI CHECO socius adjunctus est: vel potius quod nupsit GUILIELMO Cecillo, juveni quidem illi, sed tam senili prudentia, tanta literarum et rerum peritia, et ea in rebus gerendis abstinentia prædito, ut laudem illam solidam et quadripartitam, quam PERICLI æmulus suus tribuit THUCYDIDES, [II, 60], Γνῶναι τὰ δέοντα, ἑρμηνεῦσαι τὰ γνωσθέντα, φιλόπολις εἶναι, καὶ χρημάτων κρείσσων, huic communis consentiensque Anglorum vox impartita sit. Post meum digressum ex Anglia primarius secretarius regius factus est.

Vereor, mi STURMI, ne prolixo meo sermone molestus sim tibi: sed quia nihil magis cupio, quam longissimas literas tuas, longe et ipse scribo, scripturus etiam longius, si otium mihi suppeditaret. Nam nunquam fui in vita mea minus otiosus, quam nunc sum. Nova quæ hic geruntur, nemo certius, nemo opportunius perscribere tibi potest nostro CHRISTOPHORO MONTIO; et quotidie rogo rogaboque ut tibi singula perscribat, nec ipse deero, quoties offeratur opportunus tabellarius, et ne in his gravissimis temporibus, leves et inanes literæ meæ ad te accederent, ecce tibi, sola MADELBURGUS sic occupat nunc Augustæ omnium hominum suspiciones, rumores, sermones, colloquia, consilia: ut ceteris rebus omnibus, minimis, maximis, mediocribus, silentium fere injecerit. De cujus urbis aut salutis spe aut interitus metu sic omnia sunt incerta, ut rumoribus vel cum dolo excogitatis vel sine auctore disseminatis implicata, ut ipse nihil habeam certi et explorati, quod scribam. De hac re certissimus sum, quod hæc urbs nunc est, et ab alienis pressa acriter, et a suis defensa fortiter, quia nec prece, nec pretio, nec minis, nec metu impelli possit, ut eam doctrinam, aut omnino proditam abjiciat, aut fœde vitiatam accipiat, quam omnes boni, ubi ubi sunt, ex divinis haustam fontibus amplectuntur. Nec mirum esse debet, si duo illi tricipites, Cerberus Romanus, et Geryon Hispanus contendant hanc unam urbem expugnare, cujus si porta semel fuerit vel effracta vi vel reserata voluntate, patet statim aditus et Cerbero in totam Germaniam, et Geryoni in universam fere Europam, ut nec in religione puritas, nec in republica commoditas reliqua esse possit, quæ non brevi, aut illius fæcata habitu, aut istius occupata raptu fuerit. Reliqua negotia, Turcica, papistica, Cæsariana, diabolica, et Christiana in summo silentio jacent. Brevi scribam de his etiam rebus, si quid certi ad manus meas pervenerit. Vale, doctissime STURMI, et me, quod facis, ama. XIV Decemb. An. Dom. 1550.

CXI.—TO MARTIN BUCER, (3, 5).

Cannot write on important subjects, as letters are liable to be opened and read on their way.—Council at Trent will be resumed on May 1.—Turks about to assail Hungary—alludes to his ill-treatment at the hands of some of Elizabeth's household, which he told Bucer when he visited him at Lambeth, on his first coming to England, [*i.e.* after May or June, 1549].

St George's Monas. Augsburg, Jan. 7, [1551].

enerando patri et præceptori, Domino Martino Bucero, S. P. in Christo Jesu.—Venerande domine BUCERE. Non oblivione tui factum est, quod nondum literas a me acceperis, neque excidit mihi quod dixeras abeunti; præsentes prolixe polliceri scribere, absentes vero statim et suam fidem et amicorum curam abjicere. Non sic fit, mi

Bucere: nam ex quo primum Augustam venerim, otium mihi non exiguum sed nullum est: tabellarius nullus datus est, nisi communis ille, cui aliquid committere nec possum nec audeo, et has inanes literas tibi scribere omnino inane esset, nisi significationem adferrent memoris et grati animi. Si graviores ad te scriberem, pertimesco ne obiter per lectionem relevarentur. Excutiuntur hic tabellarii, et quicquid a quoquam scriptum est, illi periculo commissum est, ut aut intereat aut aperiatur aut intercipiatur. Sed abutor hoc exiguo meo otio antelucano. Christi gloria hic Augustæ supra quam credi possit efflorescit, fructus in lucem uberrimos effundit. Ecclesiis protestantium nihil frequentius, nihil ardentius, ministri sunt diligentissimi: popestantium contra nihil infrequentius, nihil frigidius. Concilium generale Tridenti resumetur primo Maij. Bulla papalis missa est ad Cæsaream majestatem. REGINALDUS POLUS Cardinalis præerit, ut percrebescit fama, illi concilio.

Res Africanæ in magno motu sunt: nam quanquam oppidum quod Africa dicitur, fortiter expugnatum sit hoc anno ab ANDREA DOREA, tamen post ejus digressum quum omnia illic essent pacata, ecce tibi præfectus oppidi Africæ, ejectus per DOREAM, subito revertitur, et præter expectationem omnium occupat insulam Iarbe, et interfecit illius regem, amicum Cæsari. Hic præfectus crudelis Turca, et infestus prædo atque pirata est, nec dubito quin Cæsar feliciter fracturus sit hanc insolentiam Turcicam. Majus tamen periculum imminet Hungariæ, quam Turca brevi, ut hic frequentissimus rumor est, adorietur. Cæsarea majestas resistet illi in Hungaria, ingentibus copiis ex Hispania, Italia et Germania collectis. Apparatus est in summa diligentia, et profectio nostra in majori expectatione: brevi movebimus ab hac urbe Ratisbonam: hinc recta per Danubium Hungaram petituri, nisi forsan, quod quidam dicunt, per Saxoniam et Poloniam hoc iter sumus facturi. Magdeburgenses ceperunt GEORGIUM ducem Mecleburgensem his recentissimis diebus. EDVARDUS RAVENUS meus, quem juvenem unice tibi commendo, ostendet tibi literas, ex quibus elicere potes statum illarum rerum. CLEMENS ALEXANDRINUS imprimitur nuper Florentiæ elegantissime, λόγος προτρεπτικός πρὸς "Ελληνας, Lib. 1, παιδάγωγος, Lib. 3, περὶ ϛρωμάτων, Lib. 8. PAULUS JOVIUS Italus scripsit historiam horum temporum, duos tomos ingentes ad hunc annum. Est apud nos hic, dominus CHRISTOPHORUS MONTIUS, tui studiosissimus, auctor sum illi in dies singulos, ut diligenter ad te perscribat omnem rationem horum hic temporum, habet ille majorem opportunitatem, et nulla res est fere, quæ non pervenit ad ejus manus. Spero me brevi longiores literas ad te daturum: si dabitur facultas, non deerit mea voluntas, &c. Rogandus es, et majorem in modum, optime præceptor, ut aliquam curam mei, filii tui absentis, suscipias. Meministi quomodo olim, quum primum in Angliam veneris et Lambethi vixeris, ego ad te accessi: tum quidem ignotus tibi declaravi, quam male tractarer, non a domina mea ELIZABETHA sed a nonnullis illarum ædium. Rogabam te tum, ut tuis literis me reponeres in gratiam dominæ meæ, quæ nulla mea culpa, teste Deo loquar, sed iniqua aliorum opera, nonnihil a me abalienata fuit. Ante digressum meum ex Anglia, adivi illustrissimam dominam; humanissime me accepit, et multo humanius me objurgavit, quod sic vellem eam relinquere, nec unquam laborarem per ullum hominem, ut redirem in illius gratiam. Rogo te, optime vir, per omnem amicitiam nostram, ut literis tuis ad illustrissimam dominam scriptis significes, quantum laboravi ut hoc tu faceres, quod etiam opinor fecisses, nisi valetudo tum te impedivisset. Munitus sum, mi BUCERE, optima conscientia recte factorum et dictorum in illa Aula, et nisi pudor me revocaret, exponerem tibi, quam præclaras res a me clarissima domina acceperit: hoc beneficium tuum in me absentem collocatum erit mihi et meis longe gratissimum. Tu nosti quod hoc beneficium olim Lambethi abs te petebam, quæso intelligam et ipse Augustæ, quam εὐτυχῶς idem beneficium a te nunc repeto. Studium τῦ διαλλάττειν, ipsius Christi et ejus imagini conformium maxime proprium est. Si fortunatior aura favoris illustrissimæ dominæ meæ huc usque perflaverit, eam tibi magna ex parte acceptam referam: intelligam per literas tuas, quantum mihi in hac re tribues. Sermone literarum tuarum nihil mihi expectatius. Saluta ornatissimum HADDONUM nostrum: commendo tibi omnes Joannenses: et me, quod facis, ama. Vale in Christo Jesu. Augustæ Vindelicorum, e cœnobio divi GEORGII, postridie 'Επιφανείας.

CXII.—PETER MARTYR TO MARTIN BUCER,
(5, 49).

On church matters, particularly the communion—The 4th *actio* against Bishop Gardiner—Dr Smith's book *De Re Sacramentaria*. Bucer died in 1551. Lambeth, Jan. 10, [1551.]

Clarissimo ac eruditissimo D. D. Martino Bucero, Theologiæ professori regio Cantabrigiæ: mihi plurimum observando.—Hoc tempore nil mihi potuit aut optatius aut jucundius evenire, quam ut censuram tuam viderem librorum sacrorum: quare quod eam ad me dignatus sis mittere, gratias immortales ago. Jam rogatus fueram ut ipse quoque annotarem quidnam mihi de eo videretur; et quum propter ignotam mihi linguam fuisset data versio Domini CHEEKI legenda, ut potui ex ea colligere, annotavi quæ digna correctione visa erant. Sed quia in versione mihi tradita complura deerant, ideo multa præterii, de quibus in meis annotationibus nihil dixi. Hæc deinde quum ex tuo scripto deprehendissem in ejusmodi libro contineri, mihi doluit quod jam ante duos aut tres dies meam censuram Reverendissimo qui me pro ea urgebat attulissem : cæterum hoc demum remedium adhibui ; quæ de tuo scripto cognovi defuisse in meo libro summatim collegi, et quum eadem quæ tu reprehendisti mihi quoque non ferenda viderentur, ea in breves articulos redegi, exposuique Reverendissimo, qui jam sciebat, hæc ad dominum episcopum ELIENSEM te scripsisse, me in his omnibus capitibus, quæ illi offerebam in articulis notata consentire tecum, ut mutarentur. In prioribus autem annotationibus omnia ferme quæ te offenderunt, a me fuerant adnotata : exemplum quidem ad te nunc mitterem ; sed non habeo ita descriptum, ut illud possis legere. Tantum sum miratus, quomodo præterieris de communione ægrotorum id reprehendere, quod statutum est; si eo die fiat, quo in Dominico habetur cœna Domini, tum minister partem symbolorum secum deferat, atque ita communionem in domo ægrotantis administret, qua in re id me offendit, quod ibi non repetunt, quæ præcipue ad cœnam Domini pertinent; quumque, ut tu quoque sentis, arbitrer verba cœnæ magis ad homines, quam aut ad panem aut ad vinum pertinere, monui omnino mihi videri ut coram ægroto, et simul cum eo communicantibus, omnia quæ ad cœnam Domini necessario requiruntur, et dicantur, et agantur. Et sane mirandum est, quomodo ea conspectu ægroti verba dicere graventur, cui maxima utilia sunt ; quum inutiliter eadem repetere velint, quum inter communicandum in templo vinum in poculo deficere contigerit, quum homines, qui adsunt et sacramenta sumunt, illa jam audiverint. Hæc sunt quæ putavi alicujus momenti, et cur omiseris non satis intelligo. In omnibus autem quæ censuisti emendanda, tuæ sententiæ subscripsi, et gratias Deo ago qui occasionem suppeditavit, ut de his omnibus episcopi per nos admonerentur. Conclusum jam est in hoc eorum colloquio, quemadmodum mihi retulit Reverendissimus, ut multa immutentur: sed quaenam illa sunt quae consenserint emendanda, neque ipse mihi reposuit, neque ego de illo quaerere ausus sum. Verum hoc non me parum recreat, quod mihi Dominus CHEEKUS indicavit, si noluerint ipsi, ait, efficere ut quae mutanda sint mutentur, rex per se ipsum id faciet, et quum ad parlamentum ventum fuerit, ipse suae majestatis auctoritatem interponet. De WINTONIENSI jam actio quarta in judicio habita est, neque dum respondet alio spectat, quam ut se a contumacia purget. Verba ejus a papisticis hominibus ut docta et acuta praedicantur, a veris autem et sanis judicibus, vafra, et subdola, aliena a caussa, et ut uno verbo dicam sophistica: quod mihi etiam fit verisimile, quum illum in rebus theologicis non aliter agere animadverterim; verum quicquid fit, caussa omnino existimatur casurus.

Quae de HOPPERO ad me scribis, non potuerunt non videri mira, certe illis auditis obstupui. Sed bene habet quod episcopi meas litteras viderunt, unde invidia ego quidem sum liberatus, et illius caussa sic jacet, ut melioribus et piis nequaquam probetur. Dolet, dolet, inquam, mihi gravissime talia inter evangelii professores contingere. Ille toto hoc tempore, quum illi interdicta sit concio, non videtur posse quiescere: suae fidei confessionem edidit, qua rursus multorum animos exacerbavit. Deinde queritur de consiliariis, et fortasse, quod mihi non refertur, de nobis. Deus felicem catastrophen non laetis actibus imponat.

Doctor SMITHUS quondam Oxonii professor, qui me de votis monasticis praeterita jam aestate lacessivit, nunc librum Anglice scriptum, contra Dominum CANTUARIENSEM edidit *De re Sacramentaria:* de quo, quum lingua

mihi sit ignota, nequeo judicare. Sed tamen sensum ejus
et ineptias brevi cognoscam. Nam scribit se etiam sub
prælo habere, quæ contra me de eadem re composuit.
Quanquam hæc ego vel parum vel nihil moror : quum a
satanæ atque papæ mancipiis nihil nisi mendacia expectem.
Peccata nostra me terrent, atque pertenuis evangelii fructus,
nec non ex altera parte Cæsaris successus, quem severissi-
mam Dei virgam esse video. Et inter hæc mala, nostris
peregrinorum ecclesiis vacat nugari. Est enim inter illas,
de templo a rege concesso, exorta magna contentio : adeoque sunt animi illarum implacabiles, et eo exarserunt, ut
earum dissidium per concilium regium sit dirimendum :
precor Deum, ut res non male juxta merita cadat : multo
ante voluissem discedere, sed hodie tandem abeundi facultatem impetravi. Scriptum tuum PETRO ALEXANDRO tra-
dam, ut id tibi, quum ipse perlegerit, remittat. Tibi vero
interim, ac omnibus tuis cuncta salutaria ac felicia precor,
una cum JULIO, qui vos plurimum salvere jubet. X
Januarii. Apud Lambeth. Tuus in Christo PETRUS
MARTYR.

CXIII.—TO SIR JOHN CHEKE, (3, 9).

Describes his readings with the ambassador—was appointed
king's librarian—complains of his own talents being
neglected, whilst others, who can do less than he, have
rich prebends given them—about books and MSS.

Augsburg, Jan. 14, 1551.

*ogerus Aschamus domino Joanni Checo, S. P. in
Christo Jesu.*—Dubito an superiores meæ
literæ per FRANCISCUM tabellarium ad te
missæ ad manus tuas venerint. Responsum,
clarissime vir, non expecto : nam video te
gravioribus rebus distineri, quam ut tot literas domini
legati, singulis hebdomadis summo benevolentiæ studio

ad te missas vel tribus verbis compensare possis: quanquam non est ulla tam praesens amicitiae suavitas, quam absentis vel defensa salus gratis officiis, vel culta memoria crebris literis: et contra nihil acerbius illo hominum genere, de quibus Cicero, quum provinciam procuraret, graviter conqueritur, qui absenti illi aut silentio ingrati aut reprehensione injurii exstitissent. Nos obscuri et humiles, hac parte feliciores sumus, quia nec dolemus si praetereamur silentio, nec timemus ne laedamur invidia: quos nec ἀχαριςίας sensus multum movere nec ἀδικίας aculei acriter pungere solent. Cupio equidem ad te creberrimas prolixasque literas scribere; non facio, et certo consilio et justa de caussa: nam res gravissimae, quae hic geruntur, literis domini legati aut privatis ad te aut publicis ad regium concilium perscribuntur. Si ego easdem res scriberem, et officium mihi commissum proderem, et laborem quum mihi inanem, tum tibi molestum sumerem: sin alias res leviores, quotidianas, plateis jactatas, cum mendacio excogitatas, sine auctore disseminatas adferrem, tuae dignitatis, prudentiae, judicii rationem habere non viderer. Praeterea otium mihi minimum suppetit, ut, si maxime voluntate id cuperem, minime tamen facultate praestarem. Nam dominus legatus, quum otium a publicis negotiis datum est, in peragranda Graeca lingua quotidianis et maximis itineribus utitur; in nullo diversorio quiescit, ad nullum diverticulum deflectit, et jam incipit percurrere, propediem spero pervolaturus, ut nihil egisse se existimet, si reliquos Anglos in hoc cursu superet, nisi ad vos etiam aspiret olympiacos, quod facturus est, etiamsi caveatis. Ad hunc modum ego tempus traduco: aut studeo, aut cum domino lego, aut transcribo literas quas dominus ipse scribit in Angliam: rarissime proficiscor in urbem, sed omnem meam voluptatem ex domestico meo officio quaero. In omni officii genere, quod domino meo præstare possum, (nam quod non possum, exigere uti spero non vult) universam meam operam, diligentiam, observantiam, cum summa voluntate, fide, constantia exhibebo. Et quanquam hoc postulat ratio et honestatis meæ, et bonitatis illius, te tamen, ornatissime vir, veluti præsentem spectatorem factorum meorum omnium ob oculos quotidie propono, ut nihil absens committam, quod tibi præsenti non probarem. Et quemodmodum tua unius opera huc missus sum, sic mea in memoria semper inhærebit illa CICERONIS sententia, "graviorem esse sponsionem alienæ honestatis, quam alieni æris." Neque quicquam mihi in hac longinqua absentia mea frequentius obversatur, quam ut assidue laborem, ut antiquæ tuæ in me benevolentiæ aliquis indies novus cumulus accedat, etc.

In Græca lingua diligens sum, in Italica aliquis, in Latina nullus : nam usum habeo illius legendæ infrequentem, loquendæ insolentiorem, scribendæ rarissimum. Ad aliquot menses libenter viserem Italiam. Quod scripsi ad te superioribus literis, aliqua utilitas hujus itineris mei ad te præcipue perveniret. Nam si me liberum, et integrum, non ad varias res distractum, ad notationem temporum, locorum, rerum, et hominum apponerem, nullus esset reipublicæ motus, religionis status, literarum progressus, morum et disciplinæ gradus, vicissitudines, expectationes, aperta consilia, secreta studia, quæ ullo modo expiscari potuerim, quin tibi ea omnia perscriberem. Si ope tua opes mihi ad hanc rem suppeterent, hoc beneficium et hoc tempore gratum et in hac absentia mihi et meis gratissimum haberetur. Hæc postulatio mea, cum uno verbo tuo conjuncta, facile quod volo assequeretur. Non sum tam durus mihi, ut non sentiam, quid et ipse possim, quid etiam aliqui non possunt, quibus eximiæ præbendæ ut nominantur passim tributæ sunt. Præfectura, ut tu scis, bibliothecæ regiæ mihi conceditur; si hanc jacturam alia non compenset commoditas, possum ego meam deplorare ἀτυχίαν: non possunt alii suam excusare ἀδικίαν nisi alter alterum circumvenire in nullo vitio ponendum sit. Multis nominibus amo BARTHOLOMEUM TRAHERNUM, et facilius patiar tam honesti viri caussa præcludi bibliothecam, modo aditus mihi pateat ad aliquam similem conditionem. Si tu, optime vir, indigeres ulla opella mea, opinor nosti, quo animo, quo studio, in id totus incumberem: sentiam et ipse quam feliciter trado et commendo meum negotium tibi: alium, qui benevolentia plus velit aut facultate opportunius possit hoc mihi perficere, nullum habeo. CLEMENS ALEXANDRINUS imprimitur Florentiæ, πρὸς Ἑλληνὰς λόγος προτρεπτικὸς, Liber I, παιδαγωγὸς Liber, περὶ ϲρωμάτων. Impressus est Romæ THEOD. περὶ αἱρησέων, et Venetiis nuper DIONIS CHRYSOSTOMI orationes Græce 80: tractat insignia loca communia περὶ βασιλείας, πλεονεξίας, περὶ νόμου, περὶ ἔθους, περὶ πίϲεως, καὶ περὶ ἀπιϲίαϲ. Hanc olim vertit CAMERARIUS, et alia similia ad usum civilem accommodata. Hunc librum et reliquos mitterem libenter ad te, si commode hinc in Angliam deferri possent. JOANNES JACOBUS FUCCARUS, insignis mercator hujus urbis, curavit sibi ex Italia, ex Gallia, et Germania transcribi elegantissime magnum numerum optimorum Græcorum librorum. Biblithecam nondum vidi: si videro, diligenter notabo si quid venerandæ antiquitatis illic existat. MUSCULUS superiori anno dedicavit ecclesiasticam historiam regiæ majestati: adhuc non intelligit, an liber traditus sit. Si tu, CICELLUS, et COCUS virtutis atque literarum caussas in loco tueamini, opinioni omnium respondebitis; si in extremis literis tuis ad dominum legatum significes quod has meas receperis, gratum faceres; sed longe gratissimum si antiquum benevolentiam tuam exoptatissimis mihi semper literis tuis agnoscere possim. Vale, clarissime vir. Augustæ, XIV Januarii, 1551.

CXIV.—TO LADY JANE GRAY, (3, 7.)

Compliments her and her tutor Aylmer on her knowledge of Greek—names Elizabeth Astley and others.

Augsburg, Jan. 18, 1551.

A. *Clarissimæ dominæ Joannæ Graiæ.*—In hac longinqua peregrinatione mea, clarissima domina, emensus sum grandia locorum spacia, urbes amplissimas perspexi, mores hominum multorum vidi, instituta, leges, religionem, disciplinam diversorum populorum qua maxima potuerim diligentia adverti: nihil tamen in tanta rerum varietate, tam justam mihi admirationem adfert, quam quod hac proxima superiori æstate offenderim te, tam nobilem virginem, absente optimo præceptore, in aula nobilissimi patris, quo tempore reliqui et reliquæ venationi et jucunditatibus sese dent, offenderim inquam, ὦ Ζεῦ καὶ θεοὶ, divinam Virginem, divinum divini PLATONIS *Phædonem* Græce sedulo perlegentem; hac parte felicior es judicanda, quam quod πατρόθεν μητρόθεν τε ex regibus reginisque genus tuum deducis. Perge porro, ornatissima virgo, patriæ decus, parentibus felicitatem, tibi gloriam, præceptori laudem, notis tuis congratulationem, omnibus exteris summam admirationem adferre.

O ELMARUM meum felicissimum, cui talis contigit discipula, et te multo feliciorem, quæ eum præceptorem nacta es! Utrique certe, et tibi quæ discis et illi qui docet, et gratulor et gaudeo. Hæc verba JOANNIS STURMII sunt ad me, de meo munere docendi illustrissimam meam dominam ELIZABETHAM: sed ad vos duos verius traduci possunt; vobis duobus hanc felicitatem integram cedo, quum ego acerbam offensionem sine omni caussa hinc exhauserim, unde suavem laboris mei fructum optimo jure expectare debuerim. Sed intempestive refrico asperitatem doloris mei, qui si non prudentia mea, certe ipso tempore, callum sibi obducere potuisset. Hoc tantum dico; dominam ELIZABETHAM accusare non possum, qua usus sum semper optima domina, nec M. ASTLÆAM quidem: sed si unquam in ELMARUM meum incidero, in ejus sinum abunde meos omnes dolores effusurus sum. Duas res a te peto, mi ELMARE, credo enim te has meas legere, ut tuo suasu et hortatione domina JANA GRAIA ad me quam primum poterit Græcas literas scribat; hoc illa recepit se mihi facturam. Scripsi etiam nuper JOANNI STURMIO, quod hoc ipsum ea mihi pollicita sit; fac literæ tuæ et illius advolent ad nos. Via longinqua est. JOANNES HALESIUS commodissime curabit, ut ad me perferantur. Si Græce etiam scribet ad ipsum JOANNEM STURMIUM, nec te nec illam pœniteret illius suscepti laboris. Alterum est, quod peto, mi ELMARE, ut tu cures quomodo nos inter nos perpetuam hanc vitam una traducamus. Quam libere, quam suaviter, quam philosophicῶς tum demum viveremus? Quid impediret, quo minus nos, exoptatissime ELMARE, frueremur omnibus illis bonis quæ CICERO nunc in ipsa extrema conclusione tertii libri *de Finibus* hujusmodi vivendi rationi tribuit? Nihil in utraque lingua, nihil in omni temporum memoria aut illa superiori, aut hac præsenti esset, ex quo non aliquid ad suavitatem vitæ nostræ excerperemus, etc.

De novis quæ hic sunt, clarissima domina, nescio quid scribam; inanes literæ essent quæ inania adferrent: et quod de suis temporibus conqueritur etiam ipse CICERO, paulo gravior res nulla ad vos referri potest, "quæ non in via per lectionem relevaretur." Præterea omnia hæc loca et omnes hos sermones occupant motus, strepitus, et rumores bellici qui plerique, ut sunt aut cum dolo excogitati aut sine auctore disseminati, sic cum inani aut nulla delectatione ad vos perscriberentur: nec tua multum interesse puto scire. Generale concilium primo Maii Tridenti incepturum: REGINALDUM POLUM cardinalem Anglum, ut ferunt, præsidem illius concilii futurum : præterea, qui tumultus fuerunt hoc anno in Africa; quis apparatus belli fiat adversus Turcam; et quomodo expeditio CÆSARIS in Hungariam in maxima expectatione sit: cujus belli si non miles, certe comes ipse Deo volente futurus sum. Quid attinet scribere de obsessis Magdeburgensibus, et quomodo hi ceperunt Dominum MECLEBURGENSEM: et de universo illo motu, qui omnibus modis, his temporibus, miseram affligit Saxoniam? Hæc fuse explicare, quæ coarctavi in has angustias, nec otium nec tutum est. In reditu meo, qui non longinquus est, uti spero, integrum mihi erit, coram de integro hæc eadem retexere, et singula horum temporum fila longius opportune præsente sermone producere. Liberalitas tua, nobilissima JOANNA GRAIA, præsenti mihi perquam erat grata, sed ea ipsa mihi absenti longe exstitit gratissima. Parentibus tuis nobilissimis, longam felicitatem; tibi quotidianam tui ipsius in literis, in virtute, victoriam; sorori dominæ CATHARINÆ, ut tui simillima evadat; et tantum ELMARO meo, quantum ASCHAMO suo, ex animo quidem exopto. Et nisi vererer gravare tantam dominam pondere levium mearum salutationum, rogarem te ut salutares meo nomine ELIZABETHAM ASTLÆAM, quam quoniam fratris sui JOANNIS summi amici mei in omni morum et suavitate et integritate similem esse credo, libenter diligo. Saluta quæso propinquam meam MARIAM LATIN, et uxorem meam ALISIAM, cujus dictum sæpius memoro quam felicius sequor. Saluta etiam nobilissimum juvenem GARETTUM et JACOBUM HADDONUM. Vale, clarissima domina, in CHRISTO. Augustæ, XVIII Januarii, 1551.

CXV.—TO KING ..... (3, 8).

Written for the ambassador—apologizes for not appearing in person, on the score of illness brought on by changing houses.

Illustrissimo, potentissimoque regi N.—Pro domino legato.—Explicare non possum, illustrissime rex, quanto hoc tempore in mœrore versor, quod, quum reliquis legatis integrum sit et præsens suum officium et suorum principum erga tuam majestatem studium declarare, ego solus tot difficultatibus exclusus, ædium mearum commutatione subita, intempestiva, et inexpectata, inde febris accessione, tum via et per se satis longinqua, et nunc cœli asperitate valde incommoda, his inquam tot difficultatibus exclusus, invitus præteriti officii rationem per literas excuso, quod ipse libentius sermone coram præstitissem. Hunc mœrorem ægre deponerem, et has difficultates gravius ferrem, nisi mihi explorata penitusque perspecta esset singularis tuæ majestatis natura, quæ sic est et insita humanitate imbuta et multiplici doctrina ornata, ut et velit propter summam bonitatem, et possit propter maximam prudentiam, haud aliter officium, si recta voluntate instituatur, ac si feliciter perficiatur, æstimare. Studium et principis et patriæ meæ erga te præsens verbis non amplificavissem: et tamen, quum tua celsitudo quotidie aliquid virtutis cumulo adjiciat, quomodo potest princeps meus non aliqua nova benevolentiæ accessione, novaque indies admiratione, et te et tua suspicere? Admirari volo; arctius copulare non queo vos duos principes, qui tot vinculis simillimæ vitæ rationis, universis naturæ, fortunæ, virtutis, ornamentis, suavitate eorundem morum, varietate multiplicis doctrinæ, uno eodemque amore germanæ virtutis sic conjuncti estis, sic inter reliquos principes omnes elucetis, ut quum solummodo uterque utriqne queat invidere propter summam laudem, non posset alter alterum non amare propter divinam et consimillimam virtutem. Quoties cogito de hac similitudine vestrorum morum, studiorum, voluntatum, doctrinæ, et virtutis, toties equidem exopto, ut quam opinionem virtutis utriusque vestri universi fere homines concipiunt, hanc vos duos, in propinqua aliquando et mutua vitæ consuetudine, tanquam in verissimo aliquo speculo cerneretis. Quum enim, etc. Longior fortasse et molestior sum quam par est; sed ista commemoratio partis illius dulcis sermonis, quem tecum ipse præsens paulo fusiorem instituissem, tam mihi suaviter obrepsit, ut non tam nunc veniam præteriti officii quam longius provecti sermonis his literis meis impetrare debeam: quam veniam si amplitudo tua mihi tribuerit hoc tempore, alias spero, et id quoque brevi, quum valetudinis ratio id tulerit, et ex istis me expediero molestiis, quicquid nunc absens prætereii, non mea voluntate, sed certorum hominum injuria, id præsens aut debito supplere officio, aut justa purgare excusatione, apud majestatem tuam laborabo. Deus largiatur tibi, maxime princeps, ut non tam hostes in prælio, quam teipsum in omni prudentiæ, doctrinæ, veræque virtutis laude indies magis magisque superes.

CXVI.—TO MR EDWARD RAVEN, (E, 1, and I., 50).
Describes his journey since Oct. 3, 1550, and repeats in English many things, which he had already written in Latin. This letter is now fully printed for the first time from Lans. MS. 98. Parts of it are quoted in Tytler's *Hist. of England under Edward VI.* &c. An imperfect copy is found in Sloane MS. 4164. Augsburg, Jan. 20, 1551.

o *Mr Edward Raven, fellow of St John's College, in Cambridge, S. P. in Christo Jesu.*—Our journey out of England to Maclin in Brabant, I wrote unto you from Colen. Observe this— to write unto me how many letters ye receive from me; what day they be written, and from what place. I wrote unto you four letters; from Gravesend, from Calice, from Antwerp, from Colen; and this is the first from Augusta [*Augsburg*].

As I wrote in my last letters, 3 Oct. we came to Maclin. I told you at large both of the abbey with 16 hundred nuns, and also the Landgrave, whom we saw prisoner. He is lusty, well-favoured, something like Mr HEBILTHWAT in the face: hasty, unconstant; and to get himself out of prison, would fight, if the Emperor would bid him, with Turk, French, England, God, and the Devil. The Emperor perceiving his busy head without constancy, handles him thereafter: his own Germans, as it is said, be well content that he is forthcoming.

JOHN FREDERICK* is clean contrary, noble, courageous, constant, one in all fortunes, desired of his friends, reverenced of his foes, favoured of the Emperor, loved of all. He hath been proffered of late, as it is said, by the Emperor, that if he will subscribe to his proceedings, to go at large, to have all dignities and honour again, and more too. His answer was from the first hour, and is still, that he will take the Emperor for his gracious sovereign lord: but to forsake God and his doctrine, he will never do, let the Emperor do with his body what he will.

At Maclin we saw a strange bird. The Emperor doth allow it 8*d.* a-day. It is milk-white, greater then a swan, with a bill somewhat like a shovelard, having a throat well able to swallow, without grief or touch of breast, a white penny-loaf of England, except your bread be bigger than your bread-maker of St John's is wont willingly to make it. The eyes as red as fire, and, as they say, an hundred years old. It was wont in MAXIMILIAN's days to fly with him whithersoever he went.

---

* Elector of Saxony.

4 Octob. we went to Brussels, twelve miles. In the midway is a town called Vilfort, with a notable strong hold of the Emperor's in it. Traitors and condemned persons lie there. At the town's end is a notable solemn place of execution, where worthy WILL. TYNDALL was unworthily put to death. Ye can match Brussels in England but with London.

The Emperor's palace is overmatched with many of the king's houses in England; it is built fair of free stone by duke CHARLES of Burgoyne that married MARGARET, King EDWARD's the IV sister. The arms of Burgoyne and England be joined together in every solemn work. This palace hath a park joined to it, with high walls of stone standing within the walls of the city, full of white bulls, full of trees, and yet no other the rest but fair walnut trees and apple trees.

5th Oct. We tarried at Brussels all the day: being Sunday, I went to the mass, more to see than for devotion, will some of you think. The regent was with the emperor at Augusta; but the French queen, the emperor's sister, was there: she came to mass clad very solemnly all in white cameric, a robe gathered in plaits wrought very fair as might be with needle white work, as white as a dove. A train of ladies followed her, as black and evil as she was white. Her mass was sung in prick-song by Frenchmen very cunningly, and a gentleman played at the organs excellently. A French whipit SIR JOHN bestirred himself so at the altar as I wished PATRICK by to have learned some of his knacks. The mass was as hap was cut short; for the queen came late and was not disposed to tarry long. The queen sat in a closet above: her ladies kneeled all abroad in the chapel among us. The regent of Flanders had left at Brussels a sort of fair lusty young ladies; they came not out, but were kept in mew for fear of goshawks of Spain and France; yet they came to mass, and stood above in windows, as well content to show themselves, as we to see them.

They had on French gowns of black velvet, guarded down right from the collar with broad guards, one nigh another, some of cloth of gold, some of cloth of silver, great chains ornamented with precious jewels. On their heads they had glistering cauls of goldsmith work, and black velvet caps above, full of great agletts of gold, with white feathers round about the compass of their caps. They seemed boys rather than ladies, excellent to have played in tragedies. There was not one well-favoured amongst them, save one young lady, fair and well-favoured. The queen went from mass to dinner; I followed her; and because we were gentlemen of England, I and another was admitted to come into her chamber where she sat at dinner. She is served with no women, as great states be in England; but altogether with men, having their caps on their heads whilst they come into the chamber where she sits, and there one takes off all their caps. The say given they depart. I stood very nigh the table and saw all. Men, as I said, served; only two women stood by the fire-side not far from the table, for the chamber was little, and talked very loud and lewdly with whom they would, as methought.

This queen's service, compared with my lady Elizabeth's my mistress service, is not so prince-like nor honourably handled. Her first course was apples, pears, plumbs, grapes, nuts, and roots; and with this meat she began. Then she had bacon and chickens almost covered with sod onions, that all the chamber smelled of it. She had a roast caponet and a pasty of wild boar; and I, thus marking all the behaviour, was content to lose the second course, lest I should have lost mine own dinner at home.

At after dinner Mr BARWICK's brother, which dwells at Brussels with Mr CHAMBERLAINE, came to me, and genteelly led me to see the city; for this ye must consider, in every town I came in, as leisure would serve, I went in to see all abbeys, friaries, churches, libraries, stationers for books, goldsmiths for old coins. I marked the manners, order, and raiment of each age: I marked the site, the building, the strength, the walls, the ditches, gates, ports, and havens of every town, and what opportunities either by water or land, each town stood by.

These matters cannot be well packed up in a small leaf of paper; but, if I were with you at a problem fire, I would make you partakers of a great deal of my journey. If I had had one Mr AILAND [*Eland*] or ED. RAVEN with me, to have used freely the company of his legs, eyes, ears, and tongue in this journey, I had seen and known both more than I do, or more than most part of men do that have journeyed this way. Our young gentlemen care not for this knowledge. I do so more than most part of men do that have journeyed this way. Our young gentlemen care not for this knowledge. They were much desirous many times to go out with me, but more desirous quickly to bring me in again; thus I stopped more by them than they provoked by me left things I would gladly have seen. Vahane was little with me in our journey, but was appointed to see our carriage safely conveyed.

At afternoon I went about the town. I came to the friar Carmelites house, where EDWARD BILLICK was warden; not present there, but being then at Cologne, in another house of his, I heard their even-song: after, I desired to see their library. A friar was sent to me, and led me into it. There was not one good book but LYRA. The friar was learned, spake Latin readily, entered into Greek, having a very good wit, and a greater desire to learning.

He was gentle and honest; and being a papist, and knowing me to be a protestant, yet showed me all gentleness he could, and would needs give me a new book in verse, titled *De Rusticitate Morum*. We saw the house, and should have drunk if the butler had been within.

6 Octob. from Brussels to Louvain, twelve miles. We came thither at eleven, and went away afore two; and there to feed mine eyes and ears, I was content to leese [*lose*] my dinner. I went straight to Mr BRANSBY's house, standing again the grey-friars door. He was not at home, but was ridden to Antwerp, to have conveyed my lord ambassador to Louvain. He left word, that if he missed my lord by the way, that I in any case should lie and use his house as my own, in his absence. His house is trim. I wrote a letter to him with his own ink and paper. He is loved with all, and regarded with the best; nor doth not use the company of J. CLEMENT and RASTALL, which, to see a mass freely in Flanders, are content to forsake, like slaves, their country. As we entered into our inn, the vice-chancellor, with his bedels, came out of our inn, the vice-chancellor being more like in apparel and port to our priest of Hornyngshey, than to the comeliness of Mr Dr PARKER, and the bedels more like HARRY BARBER and ANGAR, than Mr ADAMS and Mr MEYRES.

I went to P. NANNIUS's chamber, to have talked with him; but he was either drunken at home, or drinking abroad; for he was making merry, and would not be seen, as an English boy, his pupil, told me. He reads TULLY's Orations at nine of the clock: at one of the clock, THEODORICUS LAUDIUS read (whom I heard) *Œd. Tyr. Sophocl. Græcè.* He read that chiding place betwixt ŒDIPUS and CREON, beginning at οὐκ εἶδ' ἐφ' οἷς γὰρ μὴ φρονῶ, σιγᾶν φιλῶ, reading twenty-one verses. His hearers, being about eighty, did knock him out with such an noise, as I have not heard. This college is called *Trilingue et Buslidianum*, where he read. If Louvain, as far as I could mark, were compared with Cambridge, *Trilingue* with St John's, or Trinity college, THEOD. LAUDIUS with Mr CAR, ours do far excel. The reader, in οι, followed our pronunciation. I tarried so long at his lecture, that my lord was ridden out of the town; and as I posted after my lord, so do I now post out of Louvain to Tillemont, nine miles off.

The town is walled, and so is every town we lay in betwixt Dover and Augusta, There I saw nuns and papists dance in the middle of the town at a bridal. These be news to you, but olds to that country, where it is leful [*lawful*] to that Babylonical papistry to serve BACCHUS, and what unhonesty they will, so they meddle not with Christ, and his word: Nam quæ communio tenebris cum luce?

The stark papist in England would spew up his papistry and become a whole Christian at the sight of these dregs of Rome, wherewith the people are more ignorantly and willingly drunk, than with all the good wine of Rhene which they love well enough.

7th Octob. From Tilemont to Trimay ix miles, from thence to Tongris ix miles. At this town's end we met with the Queen of Hungary, posting from Augusta into Flanders, having a thirty in her company, for she had outridden and wearied all the rest, passing that journey in thirteen days, that a man can scarce do in seventeen. She is a virago: she is never so well as when she is flinging on horseback, and hunting all the night long.

This Tongris is notable in CÆSAR's Commentaries; the old walls of the old town be yet apparent in the fields.

8th Oct. From Tongres to Maestricht, called Trajectum, nine miles. A fair city standing on the river Mosa, as good as Trent. In the midst of this stands mills betwixt two boats that never lack water. I marvel that Temmes [*Thames*] hath not the like; and here, at a goldship's shop, I saw the first old coin after I came out of England. The goldsmith told me that a great sort were found at Tongres, which we past from the day before.

10th Oct. As we rode out of Maestricht, there stood in a shop fair white bread to be sold, the loaves being bigger than ever I saw two loaves at Cambridge. My lady sent her footman to buy a stiver's worth, which is twopence. At the first word the maid proffered him thirty-two for his stiver: and he, having as many as either his conscience could require, or his lap could hold, would ask no more.

This day we rode to Gulic, called in Latin Juliacum of J[ulius] C[æsar], the founder. The country by the way may compare with Cambridgeshire for corn, with Busshoprick for soles.

This know, there is no country here to be compared for all things with England. Beef is little, lean, tough, and dear, mutton likewise; a rare thing to see a hundred sheep in a flock. Capons be lean and little; pigeons naught; partridge as ill, black, and tough; corn enough everywhere, and most wheat. Here is never no dearth, except corn fail. The people generally be much like the old Persians that XENOPHON describes, content to live with bread, roots, and water; and for this matter, ye shall see round about the walls of every city, half a mile compass from the walls, gardens full of herbs and roots, whereby the cities most part do live. No herb is stolen, such justice is exercised. These countries be rich by labour and continuance of man, not by goodness of the soil.

If only London would use, about the void places of the city, these gardens full of herbs, and if it were but to serve the strangers that would live with these herbs, beside a multitude which either need, covetousness, or temperance would in few years bring to the same, all England should have victuals better cheap.

I think also there is more wine indeed drunken in England, where none grows, than even there, from whence it cometh. It is pity that London hath not one goodman to begin this husbandry and temperance.

At Briges, in Flanders, we had as fat, good, and great mutton, and fatter, better, and greater capons than ever I saw in Kent, but nowhere else. But now let us come to Gulich, a town of the Duke of Cleves, standing in Gorderland, burned of late years by the emperor, having goodly deep ditches and strong walls, with a great marish of the one side the town; yet the Duke of Cleves is building it anew again, enlarging the town three hundred feet round about from the old walls; making so broad and deep a ditch, so strong and thick a wall, with so many scouring bulwarks point to point, every one answering other, with vaults under the ground to serve infinite loopholes for great pieces, scouring and sweeping within two foot of the earth the whole country about; having within, to back the wall, such a broad ramp of earth as nothing can burst down, that to my judgment neither the strength of Calais nor Antwerp doth pass it. At the east side of the town is building a castle, so fair and large as the Emperor might dwell in; so strong to repulse the Great Turk.

I told, myself, about this little tour five and thirty brick killes [*kilns*]. The duke, hereby, will be so strong as be once able again to bid the emperor basse; but the emperor is a wise prince, which can suffer men to beat themselves with their own purses.

11th Oct. From this town to Colen is eighteen miles. We left Aquisgrave, where the emperor is crowned, on the right hand. This day journey was much through woods, jeopardsome for thieves, called *snaphauses*, in complete harness. There is one vale so good for corn as no piece of Cambridgeshire is like.

When we came nigh Colen, being a fair day, there fell such a mist, because Rhenus fluvius was so nigh, that we lost the view both of the country and also of the city. Colen is not so well builded, by my judgment, as the towns in Brabant and Flanders, nor as here Surnia et Rhetia. We, entering the town, had thought every man had been a butcher, for almost in every shop there hang an ox and half a dozen sheep. The manner is, at this time, to kill their store for the whole year, and, at killing of his ox, he makes a feast to his kinsfolks both of the country and city.

ARNOLD BRICKMAN, Mr SPERING's kinsman, showed me much gentleness, and I made him again good cheer at my lord's table, and by him I wrote into England.

St Peter's Church, where the three kings lie, is fair and large, but not builded up. The steeple, as out of joint, leans to that side which way so ever the wind stands, as ye may see in the description of the city of Cologne which my friend JOHN SCARLET hath. Ye will not believe how constantly every one doth talk here of REYNOLD, of Mount Abbon, one of the sons of Amon, which is said to have wrought at this church more for a penny than other seven could; and so, for envy, was slain sleeping, and cast into Rhine, and found and buried then as a good man, and now here taken as a saint, and for his death they say, the work could never go forward. Some of you hath read the story. Ye may believe it as much as you list, for I only tell you what men here generally say and do talk. The Three Kings be not so rich, I believe, as was the Lady of Walsingham.

If I could have tarried in Colen, I would have sought out then, and written now to you, what certain old monuments of writing they have at Colen for the coming thither of those three kings.

St URSULA there, with the 11000 virgins, be more to be marvelled at. A nun showed us the church and relics; there is in the church no stalls, but five and thirty double stone graves, one upon another, made like troughs, and covered over with stone. In an inward chapel stood St Ursula, formed down to the middle all of silver, not massy, but hollow, standing within a hollow tabernacle, in the wall. About her, in the same order and height, stood ladies and noblemen, (the king's son of Brabant, which should have been her husband, stood next to her), to the number of fourscore or mo, made even after the same sort, of silver, on sawle, which have many of them great wounds. There be heads closed in velvet and satin, set in lockers orderly, with so many bones, couched likewise in order, that books stand not fairer in a study, as I ween two carts would scarcely carry them. There be also many heads of children, new-born or else ripped out of their mother's womb, for they say they were not all maids, but many of them noblemen's wives, and credible enough that this company was thought to have deducenda into a strange country, and tossed by weather on the sea, was brought by violence to this town, being under a heathen tyrant, the which with his men going about to misuse these godly women, and when they could not ravish them by force killed them by force.

Here I would be loath whilst I go about to tell you what I hear and see to be noted a defender of vanities of papistry. I tell what I hear and see, not what I believe and credit: and also you may credit of it no more than you list. If these things were left as monuments of antiquity, not as allurements of papistry, shewing the example of virtues past not abusing the ignorance of the world following, I would delight both to see them myself, and praise them to other, if some of you for my diligence in marking things, and gentleness in writing them to you, should abuse yourselves in laughing me to scorn, either contemning by ignorance things that you know not, or dispraising by frowardness things that ye like not. If I might know by some of friends' letters ye should both make me repent me of my labour past, and ease me also of my labours to come. And for this time I will be bold still to make my friends full partakers of my follies which may be read to the pleasure of some, and displeasure of none, comforting myself that the best old authors for their diligence hath been noted liars, but yet only of them which lacked either leisure to read or learning to understand, or wisdom to weigh things as they be meant and uttered.

But methink I see you all at the fire-side rather content to hear me talk farther than ready to mislike that which is past. The fairest thing in Colcine was Pomeria (ye know what Livy calleth them) so green, so clean, such as I never saw the like. I heard JUSTUS WOLFIUS sometime a reader at Argentine begin ARISTOTLE's Ethics in Greek; he reads in one tone coldly: I can well allow him, not greatly praise him: I heard there a frear D. ALEX. BLANCART read there of Acts there *Sicut eum vidistis ascendentem &c.:* he read lustily with a plain pronunciation, good gesture, ready tongue, but yet like a great papist he did urgere the ixth Epistola of the first book of S. CYPRIAN *propter oblationem pro defunctis*, yet he made a goodly antithesis betwixt active life and contemplative, preferring active. He is thought as well learned and more popish than BELIKE himself. BELIKE reads there Genesis: that day he read not, I went at afternoon to his frierage and saw him. He is somewhat like, methought, JOHN LONG, the paver of Cambridge, but a little older. I thought to have talked with him, to have seen presently his wife, I fancied that it was told me that he had certain books of St BARNARD never printed. His servant brought me word from him that he had such strangers that he could not then talk with me: and thus I cast off to another time, because he suspected me to be a protestant. I likewise cared as little for him, because I knew him to be such a proud popistant, nor would not tarry his leisure, but went about to see the city. .

13 Octob. We took a fair barge, with goodly glass windows, with seats of fir, as close as any house, we knew not whether it went or stood. Rhene is such a river that now I do not marvail that the poets make rivers gods. Rhene at Spires having a farther course to rin into the ocean sea than is the space betwixt Dover and Barwick is broader over a great deal than is Thames at Greenwich when it is calm weather. The Rhene runs fast and yet as smooth as the sea water stands in a vessel.

From Colen this day we went to Bonna, the bishop's town, the country about Rhene here is plain and ioney. We were drawn up Rhene by horses. Little villages stand by Rhene side, and as the barge came by, six or seven children, some stone naked, some in their shirts, of the bigness of PETER AILAND, would run by use on the sands, singing psalms, and would rin and sing with us half a mile, whilst they had some money.

We came late to Bonna at eight of the clock: our men were come afore with our horse: we could not be let into the town, no more than they do at Calise, after an hour. We stood cold at the gate a whole hour. At last we were fain, lord and lady, to lie in our barge all night, where I sat in my lady's side-saddle, leaning my head to a malle, better lodged than a dozen of my fellows.

14 Octob. We sailed to Brousik: 15 miles afore we come to Bonna begin the vines and hills keeping in Rhene on both sides for the space of five or six days journey as we made them almost to Mayence, like the hills that compass Halifax about, but far branter up, as though the rocks did cover you like a pentice [pent-house] : on the Rhene side all this journey be pathways where horse and man go commonly a yard broad, so fair that no weather can make it foul: if you look upwards ye are afraid the rocks will fall on your head; if you look downwards ye are afraid to tumble into Rhene, and if your horse founder it is not seven to six that ye shall miss falling into Rhene, there be many times stairs down into Rhene that men may come from their boat and walk on this bank, as we did every day four or five miles at once, plucking grapes not with our hands but with our mouths if we list.

The grapes grow on the brant rocks so wonderfully, that ye will marvel how men dare climb up to them, and yet so plentifully, that it is not only a marvel where men be found to labour it, but also almost where men dwell that drink it. Seven or eight days journey ye cannot cast your sight over the compass of vines. And surely this wine of Rhene is so good, so natural, so temperate, so ever like itself, as can be wished for man's use. I was afraid when I came out of England to miss beer; but I am more afraid when I shall come into England, that I cannot lack this wine.

It is wonder to see how many castles stand on the tops of these rocks unwinable. The three bishops electors, Colen, Trevers, and Mayence; be the princes almost of whole Rhene. The lansgrave hath goodly castles upon

Rhene which the emperor cannot get. The palatine of Rhene is also a great lord on this river, and hath his name of a castle standing in the midst of Rhene on a rock. There be also goodly isles in Rhene, so full of walnut trees that they cannot be spent with eating, but they make vile of them. In some of these isles stand fair abbeys and nunneries wonderfully pleasant. The stones that hang so high over Rhene be very much of that stone that you use to write on in tables; every poor man's house there is covered with them.

15 Octob. From Brusik to Confluentia xviii miles. Here Mosella comes into Rhene as fair as Trent. The bishop of Trevers hath here two fair castles of either side of Rhene up in he cere (*sic**) in high rocks, one bragging the other, and both threatening the town with many pieces of ordinance.

16 Octob. We sailed to Wecheley eighteen miles, Rhene being still like itself. And here by the Rhene side stands a round house of stone upon seven pillars of stone. My lord and I went up a pair of stairs into it: above it is uncovered and is like a great cock pit. The king of Romans is ever more crowned there by the seven electors.

17 Oct. From Witchley to Binga, xiv miles. Here I bought two fair coins of Diocletian and Maximian for a stiver.

18 Octob. To Magunce xiv miles. This city, the inventor of printing and guns, lies goodly and long upon the side of Rhene. Betwixt Binga and Magunce was noble DRUSUS GERMANICUS the son-in-law to AUGUSTUS slain; where he was buried at Magunce doth yet appear. . . . I read this epitaph which is no more but MEMORIA DRUSI in goodly old letters on an old stone in a broken wall, and I was delighted with the monument of such a

---

* The only copy of this letter in full is corrupt or illegible in many places.

man, and the rather because OVID that knew him gives him such a praise to Livia, saying:—

> Occidit exemplum juvenis memorabile morum;
> Maximus ille armis, maximus ille toga.

Here we left Rhene and took our horse.

19 Octob. To Worms xxi miles, fair way. The great church of this city appears all the way like King's college cradle. The city is great and fair; but because the plague was in it, I kept me in my inn.

20 Octob. To Spira, xviii fair miles, a goodly city. Here I saw first STURMIUS *de periodis*. I found also here *Ajax*, *Electra*, and *Antigone* of SOPHOCLES, excellently, by my judgment, translated into verse, and fair printed this summer by GRYPHIUS. Your stationers doth ill, that at the least doth not provide you the register of all books, specially of old authors. Here is printed STRABO in Greek and Latin together. Polybius is printed in Greek and Latin with twelve books moo than was printed afore: Gerbellius hath written 7 *integros libros in descriptionem Græciæ*. PAULUS JOVIUS, an Italian bishop that wrote the story of the rodes, hath set out this year *historiam sui temporis* to this day, containing Turk, emperor, Italy, French and English matters in two tomes fair printed at Florence. At Spires I saw the bone of a giant from the elbow to to the worst [*wrist*] of the hand, bigger than any man's thigh is commonly. I would not have believed it except I had seen it: such huge bones be at Antwerp, but I saw them not, of a giant of whom Antwerp hath the name. Read in a life of Sabellius what was found in Creta, and therefore less marvel at this. I saw one thing at Spires which I will not pass over: in a fair market place against the north end of the church there stands a cup made of one free stone in form like a court silver bowl to drink beer in: it is fair fawdome [*fathom*] compass about and more. The

new-elected bishop doth fill it with wine and bring good luck to his flock. These verses be written about the edge in majusculis litteris Romanis sane :—

Quid velit hæc relegas? ut launx cavus iste cathinus
Dum novus antistes procerum comitante caterva
Urbem hanc intrat eques huc bacchi Minerva . . . . dit
Virginis a templo cleri simul ecclesiarum
Terminus et binus stat libertatis asylum,
    Et fit confugium, portus et ara reis.

This cup is much like the cup of silver that CRŒSUS gave to the priests of Delphus much-what for the same use, as doth appear in HERODOTUS, 10, 2. This is both German-like and papistical-like, both for the drinking and diligent observing of pageants, rites, and ceremonies.

Here, at Spires, we were a day's journey and a half from Argentine. My lord was willing to go thither; and whether I was or no, you, EDWARD RAVEN, can guess: but word came from Mr HOBBIE, I beshrew him, to haste our journey; or else I had talked with STURMIUS, to whom I wrote, and sent Mr BUCER's letters; and he wrote again to me at Augusta, sending me the copy, which Mrs BUCER brought to me to Cambridge. One sentence STURMIUS wrote to me in his last letter, which some of you will be glad to hear. The sentence is this: "Regis non memini in præfatione, ut nunc loquuntur, ad D. ELIZABETHAM. Ejus Majestati locum designavi in Aristotelicis meis dialogis, in quibus stylum meum quotidie acuo, ut siquid possit contra barbariem, in his ostendat quantulum sit, quod in ea conficienda possit."

21 Octob. A mile beyond Spires we sailed over Rhene in a boat so big and plain way to enter in, that we being xxxiv horsemen and women, not one person did light. We rode this day xv miles to a pretty town called Bretta which town I saw gladly, because it was natale solum PH. MELANCHTHONIS. We lodged at his brother-in-

law's house, his own brother is præfectus urbis. I went to his house where MELANCHTHON was born, we had long talk: he entertained me gentilly and gave me a pistle of his brother's written to him from Whitenbirg [*Wittenburg*] the week before MELANCHTHON and CAMERARIUS .... I am sorry to hear it and sorry to write it, and I trust it be false, and all though honest men here do report it, yet all good men give so much to Melanchthon that they will not lightly believe it be nimis frigidi nimis ἀδιαφοριστάς.

If I had leisure, which I never lacked more here, I would write largely, but God, I trust, shall send me time.

22 Octob. This day we rode through Vangane iii Dutch miles, which were long xvi English miles. Here was a fair church of the Protestants, but smelling a little of the dregs of interim.

23 Octob. This day we rode through the duke of VILE-BERG land, through which runs the goodly river called Neccarus, for the space of ten miles. We rode under such hills of vines as the Rhene hath not the like. This wine of Necar is better esteemed than the Rhenish wine. We passed through a fair town called Castok, and that night we rode to Estling, upon Neccarus. At the town's end we met with a noble lady, which is duchess of Milan and Lorrain, daughter to the king of Denmark. She should once have been married to king HENRY the VIII, before my lady ANNE of Cleve. She had been with the Emperor, and, as some thought, she went a-wooing to the prince of Spain. She had in her company about 300 horses, most part great horse, and gennets. She had four chariots full of ladies: she rode on one, a white palfrey, herself, having sixteen ladies following her on palfreys. She had thirty-six mules laded with her chamber-stuff, besides a number of waggons loaded with other stuff. A great

number of rascals belonging to her kitchen and stable came drabbling in the dirt on foot. I never saw lady of her port in my life.

At Estling we lay that night, after my custom I went to the goldsmiths' shops, and with one man I found plenty of coins, but all brass. I went to his chamber, and for twelve I would have given him two French crowns: five of them were of AUGUSTUS: the other of the xii first emperors: I never saw goodlier. I gave the wife ii battes and vii d. for troubling her house. The man of his gentilness gave me an Augustus, having on the one side *Divus Augustus Pater*, on the other *Providentia*. He told me that the bishops of Trivers and JOANNES JACOBUS FUCCARUS the rich merchant of Augusta, and an earl that is with the emperor, doth seek all old coins they can, both gold, silver, and brass. These three great lords make old coins here too dear except our new money were more plenty and better. I saw here at Augusta three coins emongs a great number, for the which I proffered half a crown a-piece. The first was thick, having of one side four running horses, on the other side an elephant, and this word Cæsar only in fair letters. The second was fair and thick, with this name P. CLODIUS: the third was LIBO SCRIBONIUS. Some of you will jest at my diligence in seeking thus old monuments; but I do it for the remembrance *veteris et amici et præceptoris nostri* Mr PEMBER, whom I do not forget, and I know he would hold me excused, because I write not to him, if he knew what business I have. I pray you, Mr RAVEN, make him partaker of this my trifling talk.

But friends is content with all things. I pray you, Mr RAVEN, use Mr PEMBER as ye would me; commend me to him, Mr RAVEN, and desire him, which I know he doth, to learn Christ out of Christ's own Gospel; and let that *consensus ecclesiæ* alone, which deceives many worthy and learned wits in Cambridge, which is nothing else indeed but a privy sink to convey the dregs of papistry into all places. Papists here openly do use it to confirm the primacy of Rome.

Here was at Estling a wonderful woman, having so big a belly as my friend Mr PATRICK might well have lien in it: it was, as they said, full of serpents. She had gotten them with drinking at a fountain in the fields: she had kept her bed six years: she is about twenty two years old. The emperor, the king of Romans, the queen of Hungary, the duchess of Milan, have been with her. WESTPHALUS, that made the goodly anatome, would by the emperor's commmandment have taken the cure of her, but she would not, supposing he sought more his own experience than her health. I myself went to see her, and saw her in the chamber where she lay wonderful pitifully. Yet her colour was good, there came a cart underneath the window which made a great rattling on the stones, and suddenly I looking on, the thing within began to stir at the noise of the cart, and tossed and heaved her great belly as when a spaniel is within a bed and labours to come out, her face did wrinkle at it and drew her mouth awry terrible, I pitying her and marking her manners departed. Within three days came three or four Spaniards to see her, and they suspecting that all was feigned suddenly pulled off the cloth and found a great ox hide heaved round over her body and a little boy lay with her which could mow it strangely when she list. This woman hath deceived the world, the emperor, king, queen, etc.

24 Oct. We came to Gisling xii miles. This town is pretty, belonging to the city of Ulma, so compassed with rocks as ye would not believe. There is a castle stands on a high rock over the town; ye would be afraid it should fall on your head.

25 Octob. We rode to Ulmes xii miles, and upon a hill on this side the city we saw the Alps of Italy. I did like Ulma best of any city that we had yet seen, and because we tarried there Saturday and Sunday, I will trouble you a little with the sight of this city: it is a little city, which ye may also guess of that which MUNSTERUS writes in his *Cosmographie*, saying that the castle of Cayrum, in Egypt, is as big as the city of Ulmes—look Munster, if I lie, but indeed I think he lies—it stands upon the noble river Danubius, and, believe me, there was nothing which I did yet so gladly see as that river Danubius. I went straight to see the river and to walk on the banks of it, and did me good to remember how HERODOTUS doth describe it, compare it and prefer it to Nilus. I washed my hands in it, and supped on the water, and did wish to have had with me HENRY ELAND, ED. RAVEN, TM WILSON, HEN. PILKINGTON, WILL. TAILAR, etc. Loath I am to leave out any. I wished any of St John's there with me. I wished to have a journey down Danubius through almost all Europa, and I am afraid I shall have my wish at beginning of this spring, for it is thought here in a manner without doubt that we must all go here against the great Turk. Ulma is so builded as I have not seen. HERODOTUS in Cleio doth praise Babylon, because it stood having houses commonly three or four stories high. But Ulma and here at Augusta they be commonly ix house and eleven house high, that it would do a man good to look up to them. The city is of this strength, it is double-ditched very deep: the emperor himself comes not in but with a certain limited him. My lord was presented solemnly by the states of the town, and upon Sunday my lord, my lady, and we went to see the store-house, and beside all the guns that lie already upon the walls, in the first house there stood

lx and ix field pieces, the least of them a demi saca shining very bright. Against the mouth of every gun was a goodly seat made of wood where was chowched up a wonderful number of iron shot fit for that gun, and so in order a long way over the gun and her shot that it was a pleasure to behold it. In the next house lay four thousand arquebuses, a crotch which is bigger than a man can bear, but fit to keep a loop-hole in a wall. These guns likewise had their shot by them in long chests. There lay also in order six thousand hand guns as bright as could be. In the next chamber stood eight thousand armed pikes, in another chamber stood bills and harness a great number for men of arms. Another chamber had in it lead for pellats, barrels of gunpowder, and a wonderful deal of salt petre. Beside these there was a long house; my lord asked what was in it, it was answered forty-eight thousand quarters of wheat for the city against all need; it is so hardened that nothing can corrupt it, yet every housekeeper by the order of the city is furnished beforenand always for certain months. The city keeps always two hundred great horse. Every man hath a conducte [*conduit*] within his yard, not of lead but of wood; for it is so plenty that they build and burn no other here: they have mills here that doth nothing but bore fir trees for cunducts, for lead is scarce. This city is enriched by making of fuschian called in England barburnslie holmes fuschian.

27 Octob. We rode over Danubius to Gamsbroug, the baiting town betwixt Ulma and Augusta. This town is full of Jews: I was amongst them; they speak nothing but Hebrew and Italian. Their boys learn the Old Testament without book: they have goodly old Hebrew books. I would have bought of them as far as my purse would have stretched, but they would sell none. I

bought of a goldsmith, a Jew, two notable old coins in silver, a *Nero* that weighs about iiii oz and a *Domitian* with anchora Aldi. He let me see an Hebrew coin of gold, old and fair, but he would not sell it.

28 Octob. We rode toward Augusta, a mile on this side the city. Sir PHILIPPE HOBBIE, with a great number of horse, where was THOMAS HOBBIE, and GEORGE WHEATLEY, mine old friend, which did convey us honourable to our lodging, which is the abbey of St George. Ye may see it in MUNSTER's description. And thus ye may bid me welcome to Augusta. And if I should bid you farewell also, ye would now give me leave, because I am sure ye are weary of my long talk: but because I think some of you would glad hear how we have done since we came, I will yet a little more trouble you.

I thank God, and my lord ambassador, I lack no money, which is the best comfort in a strange country; only I lack leisure to write to my friends whane I would, and to learn the tongues here as I would wish.

I wrote part of this letter three months ago; and now it is the 3d of January. Five days in the week my lord and I continually do study the Greek tongue, that I am always either looking for my lord's lectures, or else with my lord: two days I write my lord's letters into England: so that I never so much as go into the town, but only on Tuesdays, to deliver our letters to the post. If I had leisure to mark things, and write things, I trow I would come as well furnished home as most part of Englishmen do. And that thing which I thought should have been the cause why I should have sent you many news, doth in a manner forbid me to send any; and that is, because I know so much; and being in this room that I am, I must needs keep them close, because they be credit unto me; and although I knew them otherwise, yet I must and will let them alone. VAHANE hath a better life than either my lord or I. He lacks nothing, he fares well, he lies well, he may do what he list, study what tongues he list, go to the Emperor's court, or elsewhere, when he list. If he do not come home well furnished with much knowledge, he little considers what God doth call him to by this journey. If I were any man's man, as VAHAN is mine, I would wish no better felicity abroad. Those that stopped For. WRIGHT from this occasion, shall never be able to make him amends; for in lacking nothing, he should have studied, and seen what he had list. There cannot be a greater commodity to an Englishman abroad. VAHAN cannot displease me except he will do himself no good when God doth send him such a time to do good. If WRIGHT had ten fellowships of St John, it would not counter-weigh with the loss of this occasion: for, besides Dutch, French, and Italian, which he should have learned, in a manner, whether he would or not, he might have learned as much Greek and Latin, and perhaps more, than in St John's. I am almost an Italian myself, and never looks on it.

If I should tell you nothing of Augusta, I should do such a noble city much wrong. At a few things, guess the rest. Here be five merchants in this town, thought able to disburse as much ready money as five of the greatest kings in Christendom. The Emperor would have borrowed money of one of them. The merchant said, he might spare him ten hundred thousand guilders, and the Emperor would have had eighteen: a guilder is iiii *s.* vi *d*. These merchants be three brethren, FUCCARI, two brethren, BUNGARTNERI, and the SHORES. ISOCRATES is dedicate to JOANNES JACOBUS FUCCARUS, and also DEMOSTHENES: this man is learned and hath gathered such a library of Greek and Latin books as is thought no man else to have. I will see it if I can. One of the Fuccars doth lodge, and hath done all this year, in his house, the Emperor, the king of Romans, the prince of Spain, and now the queen of Hungary, regent of Flanders, which is here, beside his family and children. His house is covered with copper: there be a number of houses in this town, which, set in Cheapside, would over-look and over-brag the whole street. There comes to this town commonly every market-day, three and twenty hundred waggons loaded with things to sell, whereof four or five hundred be only bread, which is as good as ever I saw. There be some innkeepers in this city which pay yearly to the chamber of the city for custom only of broaching wine in their houses three thousand guilders. If the proctor's fees in Cambridge were so good, the office would be more desired. The gardens, the conductes, the buildings, here exceed: one merchant of late bestowed on cieling a little chamber only with wood two thousand guilders. Such merchants is not read upon neither in Greek or Latin.

I have seen the Emperor twice, first sick in his privy-chamber, at our first coming. He looked somewhat like the parson of Epurstone. He had on a gown of black taffety, and only a furred night-cap on his head, Dutch-like, having a seam over the crown, like a great cod-piece. I saw him also on St Andrew's day, sitting at dinner at the feast of Golden Fleece; he and FERDINANDO both under one cloth of estate; then the prince of Spain; all of one side, as the knights of the Garter do in England; after orderly, Mr BUSSIE, master of the horses, dux d'ALVEA, a Spaniard, dux Bavariæ, the prince of Piemonte, the county of Hardenburg.

I stood hard by the Emperor's table. He had four

courses; he had sod beef very good, roast mutton, baked hare: these be no service in England. The Emperor hath a good face, a constant look: he fed well of a capon; I have had a better from mine hostess BARNES many times in my chambers. He and FERDINANDO ate together very handsomely, carving themselves where they list, without any curiosity. The Emperor drank the best that ever I saw; he had his head in the glass five times as long as any of us, and never drank less than a good quart at once of Rhenish wine. His chapel sung wonderful cunningly all the dinner-while. Ferdinando is a very homely man; gentle to be spoken to of any man, and now of great power and riches. The prince of Spain, I think, is not in all so wise as his father. MAXIMILIAN, FERDINANDO's son, now king of Beame [*Bohemia*], is a worthy gentleman, learned, wise, liberal, gentle, loved and praised of all.

We hear weekly from the Turks: our mutton and beef comes from them, for Hungary exceeds in plenty of cattle. We dwell within three or four day's journey from the Turks; I think we shall go against the Turks this year, and if the emperor would go whither I would have him, he should never leave till he came to Constantinople. Madenburdg sore withstands the emperor: it is the strongest and best furnished city in all Germany. On St Thomas's even before Christmas they took and slew four hundred horsemen beside others: they took also the duke of Meychburge, and many gentlemen with him, which was the chief besieger of them; for Duke MAURITIUS of Saxony was gone to resist the counts of Hadeck and Mansfelt, which have a great host beside Luneburg. What end will come of this business God knoweth.

The general council shall begin at Trident the first of next May. Cardinal Pole shall be president there, as it is commonly said. I have seen the Pope's bull already for it.

If Mr CHEKE would get a living of the king, my lord ambassador would send me to see all Italy, and other countries; so I believe. I would report the manner of the general council, and mark the state of the world, as well as some other. I would trust to have here the letters of most ambassadors to their cities, that I might more freely see things than commonly Englishmen do, that go into Italy. My lord hath promised me to write to Mr CHEKE and others for the same purpose: and I do not doubt but my * lady's grace, my maistress, when she shall consider the honest and true service that I did her, will help also to the same.

God's doctrine is so earnest in this town, as I never saw. The churches be made like *theatra*, one seat higher than another, and round about be stages above, as it is at the King's college buttery-door; and in Christmas the pulpit in the midst. The table of the Lord stands comely in the higher end. On Christmas-day I did communicate amongst them. There was above xv hundred that did communicate that day.

At solemn feasts be most solemn communion, the preacher sits all the week before in the church, and doth examine not secretly but by two and three at once, young men and maids and other also of their faith and life. At the communion one minister stands at one end, another at the other end. The first doth dispense the sacrament of the body, the other the Lord's cup; and so they pass by one after another; the whole church sings psalms all the while: there is not one young nor old man, woman, nor child, but they sing. I heard one DR READMAN say he would wish that men should sing prime and vespers and mattins so diligently, that they might have the psalter

---

* The Lady (afterwards queen) Elizabeth.

without book. Verily here, young and old commonly can sing perfectly without book the whole psalter. The præcentor begins the psalm, all the church follows without any square, none behind, none before, but there doth appear one sound of voice and heart amongst them all: it is so reverently, so godly done, that I have wished some whom I love, and yet dissent from in doctrine, and I think they wolle say that they never saw God so honoured in their life.

My chamber is over-against the church: I hear them sing even as I sat amongst them. The church is not able to hold all that come. The church side is whole opened then to me by great windows, there stands moo without the church all this cold winter, rich and poor as they come, than is within any papistical church in this town. The service is done soon by nine of the clock, then go they home, and those servants that were left at home come at ten of the clock, and they sing likewise their service as godly as the other. Thus God's people live here: there be also in this town a number of families, which morning and evening, maister and maistress, child and servant, kneeling all together on their knees say private service to God.

Poor folk go not here a-begging, there stands one every holiday at the church door, with ane iron box locked; where one giveth nothing that cometh by, twenty doth: the women be the comeliest and sagest here that ever I saw. They wear long gaberdines of cloth or silk, like night-gowns that men wear in England. Their heads be wrapped about with fine linen, even as ye see the regent of Flanders painted. There be many of the emperor's court given to God's word: the captain of his night guard was married here, using ceremonies forbidden by the interim, and leaving out those that were commanded, etc.

Ye see, good fellows and friends, how glad I am to talk with you, remembering you always, wishing oft to be amongst you, where is the most pleasant life in the world. I should not take pleasure at things here, if I did not remember how gladly I shall talk of them amongst you. He that is able to maintain his life in learning at Cambridge, knoweth not what a felicity he hath. I pray God I may meet with you there, whom I left at St John's. I do salute you all : I name none, because I would leave out none, and because I love all. I do make you weary. And thus fare you well all in the Lord, and pray for me. Augustæ Vindelicorum, 20 Januarii, 1551. R.A.

CXVII.—TO STURM, (1, 5).

Sent by the hands of Christopher Mount, who was returning to Strasburg—unsafe to write about politics or religion, on account of the insecurity of letters—gives an account of Grindal as tutor to Elizabeth, and about his own parents.

Augsburg, Jan. 24, 1551.

ogerus Aschamus Joanni Sturmio S.P. in Christo Jesu.—Nullas ad te literas, tam opportuno tabellario, dare non possum : et longas non opus est, mi optatissime STURMI, quum unus MONTIUS nostrarum longissimarum instar esse potest. Digressum a nobis tam honesti et integri viri ægerrime fero, his temporibus et hoc loco : non sum tamen tam durus in alios, nec tam mei amans, nec tam meorum obliviscens, ut non commovear sensu desiderii illius, visendi eos, qui ei sunt carissimi. Scribis MONTIO nostro divulgatam esse utriusque epistolam. Tu videris, ornatissime STURMI, quo tuo periculo hominem hactenus tenebris delitescentem in lucem producis. Quanquam id ingenue tibi quod sentio dicam, pluris facio testimonium judicii tui, vel potius amoris tui, quam pertimesco vocem aut opinionem ullius hominis: hoc dictum aut valde arrogantis, aut sui nimium amantis videri potest. Si pecco, quia error est in me, non scelus in alios, a te, qui me amas, veniam expecto, ab aliis quos nihil lædo, offensam non metuo. Si epistola mea nondum impressa sit, hæc duo aut tria verba adjungi illi loco vehementer cupio, ubi dominæ ELIZABETHÆ gradus et progressus in studio literarum explicabam; videlicet, " prima utriusque linguæ fundamenta felicissime in hac principe jacta sunt, assidua opera et diligentia GULIELMI GRINDALLI mei, GRINDALLI mei inquam, et si aliud vocabulum esset in omni ratione amicitiæ, necessitudinis, caritatis, pietatis, quod propinquiorem et arctiorem conjunctionem significaret, quam mei, illud ad memoriam mei GRINDALLI libentissime adhiberem. Fuit enim is Cantabrigiæ discipulus meus, et a parvulo inter parietes cubiculi mei septem fere annos literis Græcis Latinisque institutus. Mores, ingenium, memoriam, judicium tale habuit, quale vix cuiquam in Anglia contigit quem ego unquam vidi. An ego aliquid falso affingo ejus laudibus, intelligunt multi præclari viri qui in Aula illo conjunctissime usi sunt. Adulationis notam non timeo, quia mortuus est; invidorum repræhensionem contemno, quia virtutis laudem in aliis non ferunt, quod eandem in se agnoscere non possunt. Nam ex Academia in Aulam vocatus est a domino CHECO, et brevi doctor ad instituendam hanc principem adhibebatur; post aliquot annos, quum clarissima ELIZABETHA, et suo ingenio et talis præceptoris opera, ad præclaram pervenisset cognitionem, atque meus GRINDALLUS, et suo merito, et D. favore ad eximiam dignitatem adspirasset, ecce tibi, subita peste correptus, diem suum obit. Aula tantum sui desiderium relinquens, quantum haud scio an quisquam alius hos multos annos, me certe majori afflixit mœrore quam obitus utriusque parentis, qui una die et eadem fere hora, quum quadraginta septem annos conjunctissime conjuges vixissent, una ambo ad CHRISTUM morte etiam ipsa jugati commigrarunt. In locum hujus et carissimi discipuli et arctissimi amici suffectus ego sum: ubi invenio ea utriusque linguæ fundamenta jacta, ut dubitarim, an istius ingenium quæ didicit, an illius diligentiam qui docuit, magis admirarer: huic ego quod felicissime a GRINDALLO meo, quanquam sine mea opera, non tamen absque omni meo consilio inchoatum est, diligenter sane et assidue exædificare conatus sum. Hæc verba, mi STURMI, si in suum locum apte reponi possunt, et tuo judicio, et quasi lima sic perpoliantur, ut cum reliquis concinne construi queant, rem mihi peroptatam effecturus es. Nisi te valde amarem et tribuerem omnia nostræ amicitiæ, vererer te ad hunc modum tam imprudenter abuti; sed familiarem esse oportet quæ ficta non est amicitia, et nosti illud CICERONIS tui: [*Ad Att.* 1, 13]. "Quicum omnino nihil fingam, nihil dissimulem, nihil obtegam:" nam illæ sapientes amicitiæ ostendunt fucum, suavitatem non habent, et plus foliorum quam fructus semper ferunt.

In proximis etiam superioribus meis ad te literis, nobilissimæ virginis JANÆ GRAIÆ mentionem feci. Non est, si quid in me judicii sit, dignius exemplum, quod in oculis hominum feratur, quod in lucem et conspectum appareat, quo reliqua nobilitas ad veram laudem et insigne decus evocari possit. Condona mihi hoc, mi STURMI, si cupiam hæc lumina patriæ meæ luce ingenii tui sic accendi, ut quum per se illustria sint, tuo tamen testimonio in eminentem et conspicuum locum excitentur. Literas tuas longissimas avide expecto, quanquam tempus tuum, quod *Aristotelicis dialogis* impartis, interturbare nolim: de illa tamen re audire cupio. Quum dicerem domino legato hodie me literas ad te dare, jussit me suo nomine te plurimum salutare, et libentissime se inire velle rationem tecum arctioris amicitiæ, quem jam multum amavit hos multos annos: hoc tamen se male habere, quod distineatur pluribus quotidie negotiis, quam ut possit crebritate literarum persequi hoc studium quo te complexus est. Nihil libentius facio, quam scribo ad te, sed nisi invenero fidelem tabellarium, cavebo quid cui committam: nam vereor ego illud, quod lepide CICERO tuus conqueritur de suis temporibus: [*Ad Att.* 1, 18]. "Vix quenquam esse, qui epistolam paulo graviorem ferre possit, nisi eam per lectionem relevarit." Si abs te aut MONTIO nostro certus nuntius, de meliori nota, a vobis commendatus ad me accesserit, libenter de motu reipublicæ, de statu religionis, de apertis consiliis, de secretis studiis, quæ ad meas manus pervenerint, vobis significabo. Tuas suavissimas literas, Sturmianis rebus, hoc est, eruditione, eloquentia, humanitate refertas, omnibus istis negotiis, Turcicis, Papisticis, Cæsarianis, Gallicis longe antepono. De quibus tamen hoc tempore aliquid ad te scriberem, nisi D. MONTIUS noster, onustus omnibus gravibus rebus, quæ ubique fere hoc anno gestæ sunt, domum ad vos rediret. Ex cujus sermone opportunius, quam ex mea scriptura singulas res cognosces. Vale. Et saluta mihi JOANNEM SLEIDANUM et VALENTINUM ERYTHRÆUM. Augustæ Vindelicorum, XXIV Januarii, An. Dom. 1551.

CXVIII.—BRANDESBY TO ASCHAM, (5, 21).

Says that he has followed him from Antwerp to Brussels and Louvain without seeing him. [Louvain] Feb. 8, [1551].

Doctissimo et humanissimo viro, Domino Rogero Aschamo carissimo amico suo, Richardus Brandisbæus.—Ex summa spe tuæ præsentiæ in summam desperationem incidi, eruditissime et humanissime ASCHAME; quod eo tristius erat, quo vicinior adjunctiorque rebus optatis esse mihi pulchre videbar. Quum enim audissem Bruxellis eloquentissimum nostrum oratorem dominum RICHARDUM MORYSINUM Antverpiam appulisse, statim decrevi, primo quoque tempore te illumque invisere. Veni igitur, abruptis omnibus remoris, Antverpiam, fessusque ab itinere, eam noctem interquievi. Postridie (fuit ille dies Saturni) te dominumque oratorem a meridie requiro: renuntiatur illum cum sarcinis Bruxellas abiisse, et ubi eo in loco aliquot dieculas commoratus esset, Lovanium petiturum. Hic mihi ingentem intercapedinem temporis pollicitus sum; tamen ne ego mora spem tui conveniendi illiusque salutandi corrumperem, die Lunæ Lovanium repeto, ut domi meæ pro mea tenuitate, et erga illum officiosam reverentiam, et erga te consuetam humanitatem benevolentiamque exhiberem. Hic dum in itinere sum, occurrit mihi ad primum lapidem a Lovanio GEORGIUS GILPINUS secretarius, una cum nostro damosello? statim sermo de vobis: aiunt collectis sarcinulis vos Lovanii non substitisse. Quod mihi primo ut propemodum incredibile, ita re cognita postmodum tristissime accidit. Venio domum: statim illæ mœstissimæ, sed tamen humanissimæ tuæ literæ meis oculis offeruntur, quæ quanquam cum vulnere, dulci tamen, libet verbatim ex memoria repetere. 'Libenter, carissime BRANDISBÆE, tuas ædes vidi, sed multo libentius te ipsum vidissem. Memoriam multorum annorum, et rerum in Anglia gestarum suavi sermone tecum repetere constitui, de te et tuis rebus tibi impartiri volui. Hæc tui absentia vehementer me dolore afficit, scribe ad me, saltem te recepisse has meas: sequemur CÆSAREM.' His verbis lectis, optime et animo meo carissime ASCHAME, non est decorum, si me dicam lacrimis immaduisse; id libenter confiteri me mœstissimo aspectu, immotisque oculis literis tuis inhæsisse; sed redibis, spero, et redibis brevi, et utriusque tristitiam mutuo colloquio consolabimur. Quod si te diuturnior tenebit absentia, quæso communices mihi per literas, de rebus meis quod certum habes. Ego ob insinceritatem quorundam ex meis ne dicam perfidiam, mortuo fratre, multarum rerum mearum satago. Clarissimum et eruditissimum dominum oratorem officiosissime ex me saluta; in cujus obsequium et ministerium offero et devoveo quicquid possum. Quicquid scribes, si miseris Bruxellam, ad ædes domini oratoris Anglici Camberleni, ejus amicitia et humanitate multum utor, optima fide ad me perferetur. Quod serius scripsi, nihil in caussa est, nisi quod CÆSARIS adventus hic expectabatur, in cujus comitatu te hæsurum non dubitabam. Malebam præsens cum præsente quam per literas agere; bene vale, doctissime et carissime ASCHAME. Sexto Idus Februarias.

CXIX.—THE PRINCESS ELIZABETH TO EDWARD VI, (4, 76).

A complimentary letter of thanks for kindnesses, from Hatfield, given her by the king: she went to live there about March, 1550. Hatfield, Feb. 2, [1551].

Illustrissimo et nobilissimo regi Edovardo Sexto.—Amoris erga me tui argumenta nulla, vel plura vel illustriora dari potuerunt, rex serenissime et illustrissime, quam quum proxime fructu jucundissimæ consuetudinis tuæ perfruerer. Cujus sane quum recordor, (quotidie autem recordor) quasi tecum esse et collocutionum tuarum humanitate præsens ipsa frui plane videor. Cæterum quum in mentem veniunt innumerabilia tua illa in me beneficia, quibus isthuc advenientem excepisti, discedentemque abs te dimisisti, non facile habeo commemorare, quantopere in diversas partes distrahatur animus, ancipitemque cogitandi curam adferat. Nam ut ex beneficiorum erga me tuorum magnitudine, amorem in me tuum propensum maximeque fraternum perspiciens, non parum inde gaudii lætitiæque concepi: ita rursus meritorum erga me tuorum multitudinem æqua justaque lance expendens, doleo quod intelligam me eorum vim, ne cogitanda quidem, nedum referenda gratia, ullo unquam tempore consequi posse. Ne tamen tua majestas tot tantaque in me benefacta, aut male locata, aut potius, ut CICERONIS ex ENNIO sumptis utar verbis, malefacta esse arbitraretur: aut denique parum me memorem gratamque esse judicaret; volui nunc saltem, quum re non possem, verbis tuæ majestati gratias agere. Quod quidem ipsum citius a me vel literis vel nuncio misso factum fuisset, nisi opusculum quoddam, quod etiam ad tuam majestatem mittere cupiebam, propositum meum intervertisset. Id quod, quum propter angustiam temporis, quod mihi vel aqua citius effluxisse video, ad calcem, uti me facturum opinabar, a me ipsa perduci minime potuerit: spero nunc hasce literas quantumvis rudes, meam absentis caussam apud tuam majestatem acturas esse, simulque animum erga te meum quomodocunque saltem declaraturas. Nam, ut id plane abundeque satis mutis vocibus a me fiat, minime fieri posse existimo, præsertim quum, ut tua non ignorat majestas, meæ naturæ quasi sit proprium, non modo non tantum verbis dicere, quantum mente cogitare, verum etiam non plus dicere quam cogitare. Quorum posterius, plus dicere, puto, quemadmodum pauci detestantur, ita multi ubique usurpant, maxime vero in aulis principum et regum, quibus id unice cavendum est, ne plures intra cubicula sua κόλακας quam extra aulam suam κόρακας habere videantur. Qua quidem de re hoc loco satis: illud tantum precor, ut Deus conservet tuam majestatem quam diutissime incolumem, ad nominis sui gloriam regnique utilitatem.   Hatfildiæ, II Februarii.   Majestatis tuæ humillima soror et serva ELIZABETHA.*

CXX.—TO EDWARD RAVEN, (E, 2, and L, 57).
On the politics of the day, Augsburg, Feb. 23, 1551.

ertissimo amico meo Edwardo Raven, socio collegii Johannis.—I am much beholden to my lord and my lady. I was yet, thanked be God, never sick. This Rhenish wine is so gentle a drink, I cannot tell how to do when I come home. News ye look for, and few I dare write. Whether the Emperor go against the Turk, into Italy, into Spain, against Madenburge, or come down into Flanders, it is not yet certain. We will go with him whithersoever he go, except he go to the devil. The Turk cometh with a great power against Hungary, but Postellus, which within this three weeks is come out of Turkey to Venice, saith that the king of Persia hath both weakened his strength and emptied his coffers. Tell this to James Pilkington, which did not handle me so gentilly at my going into a strange country as I would have done him. Ferdinando, within these two days, departs hence to meet the Turk aforehand, with his two noble sons, Maximilian king of Beame, and Ferdinando arch-duke of Austria. Maximilian is a prince peerless, except the king our master. He is twenty-three years old, lusty, courageous, wise, hardy, liberal, gentle, learned, virtuous, godly: he can speak eight tongues perfitly. I pray God he may give the Turk an overthrow. He carrieth with him the hearts, good-wills, and prayers of rich and poor, and the commendation of all that is wise.

Fra. GEORGE, a stout friar, and a bishop of Transylvania, (look your maps,) gave the Turks an overthrow this winter : I saw Fra. GEORGE's letter written to the palatine

---

* Exstat hæc epistola in Archivis Bibliothecæ Bodleianæ, propria ipsius ELIZABETHÆ principis manu conscripta.

of Rhene, requiring aid of the princes of Germany. The letter was dated 12 Januarii, 1551. If we go into Turkey, (I pray God we may,) we shall sail goodly down by noble Danubius.

Pope JULIUS is a very king. He hath made a boy of his kitchen, an ape-keeper, cardinal de Monte, whereof he was cardinal himself. Men say now, *Parturiunt montes ; nascetur simia turpis.*

The Emperor last Saturday in his chapel, within FUCAR's house, gave warning to all the electors and states to be at the general council at Trident 1° Maii, where they say cardinal POULE shall be president. But all wise men think there will be no council at all; for the Pope purposing neither to amend his life nor redress his doctrine, may lose more than win thereby. The Germans were never more stouter in God's cause. The Emperor is too wise and forecasting a prince, either to fall out with Germany, or the Pope; for by a general council, he is likely either to make the Pope, of an uncertain friend, a stedfast enemy; or else the Germans, of secret repiners, open foes. Madenburgers be stout persons : the duke of Mecherburg who they took prisoner, is dead, as men say; and it is even now reported, that MAURITIUS hath raised his siege, and Madenburdge strongly furnished for two or three years. Two Emperors have made war against that town, and have left their bodies buried in Magdeburg for monuments, and the town as a maid undefiled. Well! God send quietness to his church. Men think there will be business about Piedmont and Milan shortly.

England need fear no outward enemies. The lusty lads surely be in England. I have seen on a Sunday more likely men walking in Paul's church than I ever yet saw in Augusta, where lieth an Emperor with a garrison, three kings, a queen, three princes, a number of dukes, &c.

Here was justs since Candlemas. The tilt was in a street before the Emperor's lodging. The houses be eight or nine stairs high, that a wonderful number of people may look out of windows. Their spears were small, their decking was above measure. The prince of Spain justed gentilly; for he neither hurt himself, his horse, his spear, nor him that he ran with. Noble MAXIMILIAN ran not.

If VAHAN were an honest fellow, he might write at large of many things; for he hath good leisure.

Well, to bid you farewell: the Turk is set upon war, the Pope upon mischief, the Emperor upon wisdom and policy, the Germans upon God's doctrine; and the Spaniards also be the people of God, for all the world hates them.

I study Greek apace, but no other tongue; for I cannot. I trust to see England shortly, God willing. I am sorry that I have no word from Ireland. Commendations to all, because I would leave out none; to Dr HADDON, father BUCER, JOHN SCARLETT, mine hostess BARNES. If ye will see FUCAR's library, look on Mr PEMBER's letter.——From Augusta, 23 Feb. 1551.

I never yet received letter out of England.

CXXI.—STURM TO ASCHAM, (5, 2).

Written in Mount's library—says he shall finish his Dialogi Aristotelici this year. Strasbourg, March 17, 1551.

Joannes Sturmius Rogero Aschamo S. P.—Scribo hæc in Bibliotheca domini MONTII: fui etiam tota die occupatissimus; itaque ignosces. Gratum mihi est me magni a te fieri, et meas te literas expetere: quorum alterum præstare non possum, ut sim magnus, alterum jam facio; scribo enim, verum paucis; nam pluribus non vacat. Gratiam tibi habeo quod literas ad MONTIUM communes esse volueris; et me sane delectarunt, quum rebus ipsis de quibus scribis, tum etiam tua prudentia tuoque judicio. Cogito tuis omnibus epistolis, uno aliquo scripto publice respondere, ut non me pigrum esse putes. *Dialogos Aristotelicos* conficiam hoc anno: gratum mihi est, quod huc usque pervenerim. Dominum legatum pro me meisque verbis saluta. Vale. Argentorati, XVII Martii, Anno Domini 1551.

CXXII.—TO EDWARD RAVEN, (E, 3, and L, 60).
In continuation of his former letters from Germany.
Augsburg, May 14–18, 1551.

To my assured and especial friend Mr Edward Raven, Fellow in St John's College, S. P. in Christo Jesu.—I cannot think, my good EDWARD RAVEN, that because ye either forget me, or neglect me, ye write nothing unto me. I suppose ye know not how to send. Send to Mr ELAND, and he may deliver them at the White Freers to Mr. STEPHEN HALES, and he can and will send them to me as fitly as you may send to London. My good THOMAS LEAVER hath not deceived me, but written a large letter unto me. I marvel that Mr HENRY AILAND writes not. None of you lacks matter; and your longest letters be most looked for. Write how good Dr MADEW doth, and all his. If I might have had a stroke in bishoprics, I wish, &c. and I would I had been at home in England at that time. Commend me to Mrs MADEW, &c. Tell D. MADEW, if he and I live together, he shall be sure of a stedfast and a loving friend. I ask nothing so much as good-will; for all other goods I trust to provide well enough myself.

Now, Edward, I pray you as him whom I trust and love as myself, mark the manner, towardness, and bringing up, &c. and whether Dr MADEW would be very glad thereof, or no; and whether he is plain in the matter, or double and wavering; for if, &c. Ye perceive what I mean, and add what you list; for in this matter, or in any other, I trust you as myself. Let no man read this letter, or see it; be secret and close; and so bid Dr MADEW. But I need not write this to you. As you send me word of the matter, so shall you hear from me: for as I shall know your affections, so then I will enter into the matter myself more plainly. Ye need not let Dr MADEW see this part of my letter; for now I would only prove by you what that part would think of the matter, if it should be. I do not doubt but ye will both do it friendly, and even handle it wisely; for your counsel, Edward, and advice in that matter, surely I will follow. When ye write, seal your letters so that they may not be opened, &c.

Keep my chamber well: I heard say some was in it; I know not. What you do I am content, and well content. If the master meddle with my interest, I am not content; and he had as good no. Be stout, Edward, and doubt not but I both will and shall be able to bear you out.

Purpose, my Edward, to live in godliness and learning; for that is life only. I see emperors, kings, princes, &c. live not, but play their lives upon stages. Suspicion, care, fear, need, and a thousand miseries and $\dot{a}\pi o\rho i\alpha\iota$, turn and toss their lives.

Edward, I purpose, God willing, that you and I will live together, and look and laugh at the world. I trust to provide for us both; and that little that I shall have take it, and use it as your own.

I am very well, thanked be God, and in great favour with my lord and lady. My lord surely is a witty man, and serves his God, his king, and his country, noble here. If ye hear any thing to the contrary, be bold, Edward, of my word to reprove it. Yesterday we received letters from the king's council, full of thanks and gentleness.

Write how my money is received there, and make mine account well; and think not that 20s. is my debt to you, Edward, but all that ever I have. Write of Bucer, and what my friend Mr HADDON hath written on him; but that I commit to my HENRY AILAND, to write at large of BUCER, because you shall write of other matiers. I trust WILL. TAYLOR, JOHN BEE, and THOMAS WILSON, will not be behind. I pray God I may find these good fellows at Cambridge; for there is the life that no man knows, but he that hath sometimes lacked it, and especially if one be able to live plentifully there.

WILL. IRELAND and R. CALIBUT, in Easter week, departed from Venice towards England through France. I beshrew them, they came not this way; and so tell my good Ireland. And I trust, when he cometh home, ye two will take any thing that I have as your own. I write not this so oft, Edward, as I mean it faithfully, and fro my heart; which doth cause me so oft to repeat it.

I know ye will answer all my letters with one long one. Make one packet of all your letters together, if any other will write, and so send them.

Some news I must needs write.

The Turk's armies entered Transylvania. The great king of Tartary is the Turk's standard-bearer: and the Turk hath made a league with the Sophy, which is king of Persia. We shall have hot war in Hungary; and would to God the Emperor would go thither. FERDINANDO, with his noble son king MAXIMILIAN, were almost both drowned of late in Danubius, going to Vienna.

The Turk's preparations is great *per mare Mediterraneum*, and the Venetians of late have sent a great force into Corcyra. The prince ANDREW DORIA hath chased one of the Turkish captains, called DRAGUNT RAIS, into such a strait upon Afric sand, not far from the isle of Zerbie, that he is like to be taken, with all his ships.

The matiers of Parma and Italy, Ireland shall tell you. Some of the Pope's bishops hath been at Tridentum at the beginning of May, and given the Holy Ghost and xx μας and gone their way, and have deferred the council *ad calendas Septembris;* but I believe it be *ad calendas Græcas.*

Madelburgers be vengeable fellows: they have almost marred all duke MAURICE's men; and yet they be as strong as ever they were.

This I wrote the 10th of May; but this day 12° *Maii* news are come, that ANDREW DORIA is either taken by the Turks, or at least his whole navy lost. The certainty ye shall know shortly; and this day, I hear say, that the siege at Madelburdge is quite dispatched. The French king sets upon the realm of Navarre. So many irons, and so hot, be ill to handle.

I hear from STURMIUS every week.

JERONIMUS WOLFIUS, that translated DEMOSTHENES, and ISOCRATES, is in this town. I am well acquainted with him, and have brought him twice to my lord's to dinner. He looks very simple. He telleth me, that one BORRHEUS, which hath written well upon *Aristot. priorinus*, &c. hath even now in printing goodly commentaries upon ARISTOTLE's Rhetoric. But STURMIUS will obscure them all.

JOACHIMUS CAMERARIUS hath two goodly books in printing at Basil, which he hath been in hand withal many years. The one is Commentaries upon PLAUTUS; the other is called *De Homine;* a lexicon for all things Greek and Latin belonging *ad res humanas.*

The godliness, and constancy, and discipline of this town, is incredible. Three or four thousand singing at one church at a time, is but a trifle. If a papistical church have a dozen, it is well furnished. Upon Shrove Thursday, at night, a wonderful sort of Spaniards did whip themselves naked through the streets, deep with sorrow.

Ye write not to me; therefore I have no courage to do as I would, or else I would write many things to you.

There was many companies, and of the Emperor's house 118, which went at nine of the clock at night, accompanied with 800 torches. No small fools bare torches that night, but very many great lords, in gowns of crimosim and purple velvet, full of agglets of gold. The prince of Piedmont, the duke of Alva, one of the Emperor's council, bare torches that night; a wonderful 'Εθελοθρήσκεια to live so abominable all the year, and then will needs make amends with God whether he will or not.

I could declare you the think goodly as I writ it to my lady of Warwick; but I cannot tell what to say to you, ye be so unkind: I have called VAHAN L. K.* many times, that having so much leisure, he never writes. But I now judge him wiser than I. I know, Edward, there is no fault in you.

If ye will know how I do, I think I shall forget all tongues but the Greek afore I come home. I have read to my lord since I came to Augusta, whole HERODOTUS, five tragedies, three orations of ISOCRATES, and seventeen orations of DEMOSTHENES. For understanding of the Italian I am mette [*meet*] well; but surely I drink Dutch better than I speak Dutch. Tell Mr Dr MADEW, that I will drink with him now a carouse of wine; and would to God he had a vessel of Rhenish wine, on condition that I paid 40s. for it; and perchance, when I come to Cambridge, I

---

* Lazy knave?

will so provide here, that every year I will have a little piece of Rhenish wine.

I would fain hear from my good cousin Coniers. We have word now, that the Emperor cometh down into Flanders the 29th of May.

If I can get leave of my lord ambassador, surely, Edward, I will come home at Michaelmas.

Commend me to all ours Johannenses, and leave none out; Mr PEMBER, Mr BARWICK, good Mr Dr HADDON, JOHN SCARLETT and his wife, and my good hostess BARNES, whom I cannot forget: to all at Wittam.

I write these letters by piece-meal; and this is the first letter you have had from me since Candlemas. Burn this letter. *Valete in Christo.*—From Augusta, 14 *Maii*, 1551.

R. A.

P S. Because this paper is void, I cannot leave talking with you.

Madelburg, as it is said, hath given within this thirteen days a great overthrow and slaughter to MAURITIUS. They say that the marquis of Brandenburgh's *planta pedis* is smitten off with a gun by them of Madelburdge. They have gotten into town many waggons laden with victuals. They have ploughed up all gardens, and sown wheat in them: they have taken up the stones of the streets throughout all the town, and sown wheat in the streets, leaving only a little space to pass from house to house: and it is said there is as goodly wheat in the city as ever grew. This will be both a great help, but chiefly it keepeth the people from idleness. I hear also, that *Consules Madelburgenses* be desired by MAURITIUS to come to Wittemberg, to talk of conditions of peace. God send peace, but peace in Christ.

I would be glad to have a letter from Mr Doctour MADEW, and so tell him. Tell HENRY AILAND, that I am well acquainted with ANDREAS VESALIUS, that noble physician, and yet he was VAHAN's physician, and as VAHAN saith, the best physician in the world, because he gave him pitcher-meat enough. I was never sick, thanked be God, since I came out of England. I pray you make Mr Doctour BLITHE partaker of this news of ANDREW DORIA's and Madelburdg, for he is a man whom I always much esteemed.

If my lady of Suffolk be at Cambridge, know if my lord ambassador's son, little Mr CHARLES MORISIN, be there; and let not, Edward, but go and see him; and I pray you write diligently to me of him: and if he were not so young, I would ye should bring him to my chamber, and show the child some pleasure; at least offer to do it for my sake, &c. Write of his growing, of his wit, of his colour, &c.; for it is a great thing to please a mother well.

Keep these letters secret; show them but by piecemeal: yet, Edward, enquire of him wisely, lest my lady of Suffolk suspect it is done to prove how he is handled: and therefore write to me accordingly to this purpose of the child. But I need not warn you: ye can do me no greater pleasure, for divers causes.

Ye see, Edward, how that with many pens, and divers ink, and sundry times, I write this letter. I trust my will to write shall match the marrs I make in it. I shall be sorry if I hear that WASHINGTON is gone from Cambridge, and glad to hear tell that S. WRIGHT, by diligence, came to that prick, whereunto his goodly wit doth call him. I send my letters to my brother and cousin Coniers open to you, that ye may both see news, largely told, and also learn to lap up a letter.

The French Secretary told me this day, that there are news that duke MAURICE himself is smitten with a gun: but there is no certainty.

Ye see, Edward, how glad I am to talk with you, and loth to depart from you, and therefore how confusedly καὶ οὐ δὶ οἰκονομίας I chop in things as they come.

Good THOMAS LEAVER only hath not deceived me, but written to me diligently. I will requite him, God willing.

Seal your letters up well, Edward, or else they will be read many times ere they come hither. Make your packet of letters like a pack of cards; but keep the same proportion that I do in my letters.

At the closing up of these letters, word was brought, that the prince of Spain, which as to-morrow should have gone into Italy, and so *per mare Mediter.* into Spain, is this day fallen sore sick of a phrenesis; that he was twice this day let blood. Yesterday my lord was with him, and bade him farewell; and then I saw him in his privy-chamber.

I purpose within this seven days by the next post to write again to you, God willing. Now I bid you farewell in Christ, good Edward; for my paper is spent, and it is almost midnight, and to-morrow I write all day to the council. *Saluta omnes.* Show EDWARD CANTRELL some of these news.—From Augusta, 18 *Maii*, 1551. R. A.

CXXIII.—TO FROBEN THE PRINTER OF BASLE, (3, 13).

Speaks of the Greek library of Jacob Fugger, and of other matters about books, &c. Augsburg, June 10, [1551].

Dom. Hieronymo Frobenio nobili Basiliensi typographo, S.P. in Christo Jesu.—Eruditum te, ex tuis scriptis, HIERONYME FROBENI, humanum atque bonum ex aliorum sermonibus esse intellexi: et eo facilius patiebar me adduci rogatu doctissimi viri et utriusque nostrum valde amantis HIERONYMI WOLFII, ut inprimis tibi significarem literis meis illos DESIDERII ERASMI *Antibarbarorum* libros diu desideratos, et olim Romæ RICHARDO PACEO surreptos, adhuc in Anglia reservari. Liber ad me proximo superiore anno adferebatur, et eo utebar Cantabrigiæ aliquot mensibus: integrine libri sunt an λειπόμενόν τι plane ignoro: egi cum illo in cujus manus devenerunt, ut in lucem apparerent: quod ille facile mihi concedebat. Atque quum mihi, ab ineunte ætate, perspecta sit illa multorum officiorum et benevolentiæ conjunctio, quæ vestræ Frobenianæ familiæ cum ERASMO intercessit; hanc rem tibi communicare consilium fuit: ut, si tu ita vis, mea opera utaris ad id, quod tibi de hac re tuoque judicio consultissimum esse videatur. Itaque expecto literas tuas, sequor aulam CÆSARIS: si miseris literas tuas Argentinam, ad JOANNEM STURMIUM, ubicunque fuero, curabit ille ut ad me commode perferantur. Vidi ego Græcam bibliothecam JACOBI FUGGERI, et habeo indicem scriptorum; librorum multi libri sunt nondum in lucem divulgati: quanto major laus esset hujus viri, si tot præclaris auctoribus, non civitatem, ut potens consul, sed mundum et vitam, ut aliquis deus daret, quam compingens eos in perpetuas tenebras, non φιλολόγος, sed βιβλιόταφος merito quidem haberi? Utinam hic vir ad hanc et privatam gloriam et communem utilitatem excitari possit. E Britannia decedens, et nobilem basileam visere et fortem Helvetiorum gentem peragrare sperabam: sed vereor, ut mea negotia his temporibus hoc me patiantur facere. Religionis veræ cursum, literarum cultum et progressum, populi mores et locorum illorum opportunitates avide perspexissem: nunc reliquum est, ut quem fructum ipse præsens ex contemplatione harum rerum percepissem, eundem ex tuis ad me longis gratissimisque literis expectem. Si ulla officii ratio a me, aut in hac aula aut in Anglia, tibi proficisci possit, quantum eniti navareque possum, libenter præstabo; et si cæteris rebus minus queo, amore certe gratique animi significatione, et literarum etiam crebritate tibi respondebo. Vale in CHRISTO JESU. Augustæ, 10 Junii.

CXXIV.—TO FRANCIS ALAN, (3, 14).

Offers a book combining, as he says, *beauty, riches,* and *honour,* and alludes to some archbishop, friend to both.

Francisco Alano.—Tres sunt res, FRANCISCE ALANE, quæ in rebus humanis plurimum possunt fereque dominantur; forma, pecunia, et honor. Formæ, præcipuus voluptatis sensus; pecuniæ, maximus commoditatis usus; honori, summus dignitatis locus merito tribuitur. His enim tribus rebus tres olim deos, vel imperita vetustas propter usum, vel olim docta poësis propter prudentiam, ingeniose affinxit. Nam voluptati ipsam VENEREM; divitiis PLUTUM; dignitati summum JOVEM præesse voluerunt. Postea, eisdem rebus ipsæ philosophorum scholæ ultimum bonum, et omnium semper sapientum sententiæ maximam vim assignarunt. Itaque quum ego probe cognosco te, FRANCISCE ALANE, egregium esse formarum spectatorem; quum te cupio esse ditissimum, quum te judico ad dignitatem esse natum; volui tibi hunc librum offerre, in quo uno tu, quem unice amo, his universis tribus rebus felicissime potieris; formas enim hic non has fastidiosas et quotidianas sed lectas et lautas illas, et Cæsarea majestate dignas, et libere sine impedimento et tuto sine periculo et suspicione contemplaberis. Hic virginum et matronarum vultus VENERE ipsa venustiores, non matres minaces, non mariti truces, non infensi rivales, non parietes, non seræ ab oculis tuis excludent. Divitias hic porro, non ipsius CRŒSI misere collectas gazas, sed illius universi et urbis et orbis imperii cumulatissime congestos thesauros accipies;

adeo ut quicquid vel bonorum frugalitas collegerat in pace, vel potentum vis corraserat in bello, vel tyrannorum libido extorserat in omni tempore, hic tibi quiete, tuto, et certo jure possidere liceat. Honor vero et dignitas quomodo major tibi proponi potest, sive ad imitationem sive ad admirationem, quam CÆSARUM et AUGUSTORUM? Atque ut plane videas, mi ALANE, me in his tribus rebus cogitare tibi non fucum sed fidem facere; non inania verba sed vera ornamenta dare; ecce tibi hæ formæ hujusmodi sunt, ut nullis unquam inescare illecebris, sed veris semper delectare voluptatibus soleant; non natura fallaces, non tempore mutabiles, non soli, non febriculæ obnoxiæ existunt; sed ingenuæ, constantes, integræ, et sanæ semper manent. Hæ vero divitiæ nec me qui illas do exhaurient, nec te qui eas recipis corrumpent: quas ut ego cedo sine dispendio, sic tu nunc et possidebis sine labore, et servabis sine metu, sed uteris sine invidia. Ad honorem vero et dignitatem, quæ proposita tibi est in hoc libro, otiosus absque turba et tutus sine periculo aditurus es: ut eam perbeatam dignitatem, quam CICERO in initio de *Oratore* summo opere laudat, sed nunquam consequutus est, is tibi liber offerre videatur. Ad has tres superiores commoditates summas, accedunt duæ aliæ, doctrina et amicitia; altera, hujus libri; altera inter nos hæc arctissima nostra. Et quæ doctrinæ pars major, quam a maximis imperatoribus gestarum rerum erudita historia? quæ quum ad civilem disciplinam tota referatur, tibi, qui te totum civili vitæ tradidisti, non jocunda solum ad legendum, sed optata etiam ad usum futura est. De amicitia nostra parce et paucis dicam; ne, dum te libenter et merito laudem, meipsum obiter et imprudenter reprehendendum exhibeam: nam quorum voluntates, studia, et in aliqua etiam re, ipsa consentiunt vota, nihil fere nec laude nec vitio dignum inter eos separatum esse potest: benevolentia vero mihi, omnium in hac Aula, grata; certorum hominum etiam jucunda; sed tua sane inprimis optata mihi contingit, cujus humanitatem tantam esse erga me saepe expertus sum, ut nemo sit de quo vel mihi vel meis plus polliceri queam. Et, quum multa vincula studii et amoris nos inter nos conjungunt, nullum puto, aut re ipsa firmius, aut utrique nostrum optatius esse, eo favore et gratia, qua optimus et humanissimus praesul utrumque nostrum sibi tot meritis arctissime devinxit et obligavit. Itaque, si forma sine malis illecebris; si divitiae sine curis; si dignitas sine periculis; si doctrina cum maximo usu; si amicitia cum pari studio, tibi probanda fuerit, hoc meum, spero, consilium tibi offerendi hunc librum minime reprehendes. Deus optimus maximus et te diutissime incolumem servet, et utrumque nostrum utriusque voti quamprimum compotem faciat. Vale.

CXXV.—STURM TO ASCHAM, (5, 3).

Says that the times are very bad, that Ascham's position is among eyes and ears (spies and listeners). He intends to write a Preface and Life, to be placed before the works of Bucer. Strasbourg, June 15, 1551.

Joannes Sturmius, Rogero Aschamo, S.P.—Et ex his quas ad me antea miseras, et ex multis literis quas ad MONTIUM communes post dedisti, plane intelligo, me abs te amari atque etiam amari constanter, nulla offensione silentii mei. Ego vero ad amicos raro scribo, non solum ob quotidianos labores atque molestias; sed etiam propter summum istud Christianae reipublicae tempus. Quis enim quicquam scribat, ut de hoc non cogitet? ut non gemat? ut non conqueratur? praesertim ad amicum: sed vides quanto id fiat cum periculo. Nihil tutum habemus praeter cogitationes, precationes, vota: quae si gemitum aut voculam edant, suspiciosum est, et objectum calumniis facinus; nullus homo turpis est qui tibi tuique similibus viris ac mihi non sit inimicus. Et locus iste vester totus mihi ex oculis atque auribus videtur esse coædificatus. Veruntamen nulla injuria tanta nobis adferri poterit, ut a veritate religionis declinemus. Tibi tamen gratiam habeo quod scribas; et amo quod me amas, et diligo quod ita scribas ut scribis. Nos hic nihil audivimus: omnes gentes aut mutæ sunt, aut sunt in otio. Quid autem magis agitatum et exercitum quam Magdeburgum? et tamen de hoc etiam nihil certi: etiam Parmenses hominum opiniones obmutuerunt. Constitui in libris BUCERI, quos ad EDVARDUM regem scripsit, præfari ejusque vitam conscribere: in qua confectione nihil mihi molestius erit, quam vitare κολακείαν quoties opus esse videbitur. Veruntamen ita libertatem amittam, ut a servitute tamen me vindicem; tu quod potes, in hoc labore, me tuo judicio opeque juvabis. Salutat te TOXITES meus: qui ita te amat propter me, ut tuus esse velit etiam solus, qui meus totus solummodo est. Vale. Argentorati, XV mensis Junii, Anno Domini 1551.

CXXVI.—TO STURM, (1, 6).

Says he will help Sturm, if he can, in writing the life of Bucer. Tells him about the early life and the learning of Redman, and that Cheke had promised to write something about Bucer—seems to refer to the preceding letter.

June [July?] 18th, 1551.

Rogerus Aschamus, Joanni Sturmio, S.P.—Literæ tuæ, prudentiæ et suavitatis plenissimæ, una cum duobus libris a D. TOXITE dono ad me missis, redditæ mihi fuerunt XXII Junii. Suaviter scribis de mea offensione silentii tui: quanquam sic gratus es, quod scribis, optatissime STURMI, ut etiam si non scribas, non possis non esse mihi gratissimus. Amicitiam enim meam, non ineptam tibi et molestam, sed opportunam et gratam probare cupio. Novi occupationes tuas, tuoque sic otio faveo, ut ægerrime ipse feram, si ulla ejus minima pars ab *Aristotelicis dialogis* tuis, et ÆSCHINIS DEMOSTHENISQUE contentionibus, ad alias res abstrahatur. Quantum autem TOXITEM nostrum amo, de hoc ejus in nos communi studio et amore, de benevolentia vel pietate potius, qua patriam meam, qua principem meum exornavit, de animo in veram religionem CHRISTI, de judicio in elegantem doctrinam STURMII, de multis denique aliis veræ amicitiæ vinculis, quibus me sibi in perpetuum conjunxit, brevi literis meis, semper omni officio meo, illi declarabo.

Rogas, ut te judicio meo et ope juvem, in confectione vitæ BUCERI. Qua in re quanquam ope mea opus non habes, voluntati tuæ tamen aliquid, etiamsi non satis, libenter fecissem, nisi librum illum ex Anglia de obitu BUCERI fuse conscriptum, ad te prius quam has literas perventurum intellexissem. Mutua voluntas, benevolentia, et Angliæ in Germaniam, et Cantabrigiæ in Argentinam, et utriusque gentis et urbis studium in veram religionem, in literas, in sanctissimum et doctissimum BUCERUM, ex illo libro facile perspici potest. Admirabile est quod CARRUS noster de REDMANNO refert: ut scias qualis hic vir sit, pauca repetam. Cognatione proxime attingit CUTHBERTUM TONSTALLUM episcopum Dunelmensem: ejus consilio in studio literarum a puero versatus est. Cantabrigiæ et Oxonii aliquot annos vixit. Post Lutetiam vidit: ubi diu commoratus tandem rediit in Angliam ante vicesimum jam annum aut plus eo; instructus ea peritia Græcæ Latinæque linguæ, et sic excultus diligenti CICERONIS lectione ut ejus sive laudis æmulatione, sive præceptionis imitatione, JOANNES CHECUS et THOMAS SMITHUS, admodum juvenes, et omnibus modis æquales, excitati, spretis barbarorum sordibus, uberrimum illum prudentis eloquentiæ succum ex PLATONIS, ARISTOTELIS, et CICERONIS fontibus exhauserunt, quem, in horum discipulis et meis conjunctissimis amicis, HADDONO et CARRO, animadvertis abundare. REDMANNUS, de quo ego institui scribere, totum se sacrarum literarum studio tradidit, tot præsidiis ingenii, doctrinæ, eloquentiæ munitus, ut omnes fere superaret. Usus est semper suavissimis moribus, modestissima vita, communis et bonus omnibus, etiam adversariis, nemini molestus aut durus. Tam præclarus artifex in concionibus suis ad formandam Christianam vitam, qualem ego profiteor me vix unquam audivisse. In doctrina etiam de conjugio sacerdotum, et aliis controversiis rectissime in publicis scholis Cantabrigiæ sententiam et judicium suum declaravit. De justificatione autem solius fidei, nonnihil a nobis discrepavit, et id semper laude et sine aculeis, non tam (uti ego de illo existimo) quod dubitavit de veritate illius doctrinæ, quam quod metuit de licentia vitæ, in quam virtutis manes et tantum verbosi quidem homines præcipites ferebantur. Hoc igitur illustre judicium REDMANNI, sive hominis multiplicem doctrinam sive probatissimam vitam spectes, BUCERO impartitam, universis Babylonicis, Ecciis, Billicis, et reliquis audacter potes opponere. Scriberem ad te copiose, qua pietate complexa est BUCERUM nobilissima dux Suffolciensis, qua cura et curatione ipsa præsens noctes diesque illum fovit; nisi uxor D. BUCERI, omnia, illa opportunius commemoraret. Hunc locum et hanc clarissimam principem, scio, non præteribis, mi STURMI, vel propter exemplum reliquæ nobilitatis, vel propter eam benevolentiam, qua hæc nobilissima femina te etiam complectitur, quæ de te in Angliam accersendo sæpe cogitavit. His etiam proximis superioribus diebus D. CHECUS pollicetur aliud separatum scriptum de obitu BUCERI: quum recepero, statim ad te mittam. Commemoratio harum rerum, mi STURMI, sensum mihi commovet doloris acerbissimi, summique desiderii istius sanctissimi viri; qui et multum me amavit, et plurimum doctrina juvit: cujus unius opera, hæc nostra inter nos amicitia, qua nihil mihi dulcius, arctissime firmata est. In recentissima mea vigent memoria crebri illius mecum instituti sermones, de religionis, de reipublicæ et statu et motu, de literarum recto cursu, de te, de tua singulari humanitate et doctrina, de eo ejus consilio, quando nos conjunctis literis nostris te ad ARISTOTELIS explicationem concitare voluimus. At silebo, ne dolores et augeam meos et non minuam tuos: quanquam in malis, malorum etiam refricatio in sinu et sermone dulcissimi amici nonnihil consolatur. Vale in CHRISTO JESU. Satis est si intelligam te has recepisse, et quum satis otii et laxamenti a gravioribus rebus nactus fueris, vel brevissimas literas tuas, de tuo ARISTOTELE, ÆSCHINE, et DEMOSTHENE loquentes, omnibus illis Turcicis, Papisticis, Italicis, etc., antepono. Si quid fuerit in MONTII nostri literis, tecum communicabit. Junii 18, 1551.

CXXVII.—STURM TO ASCHAM, (5, 4).

Had just received some letters and epigrams about Bucer.

Strasbourg, July 6, 1851.

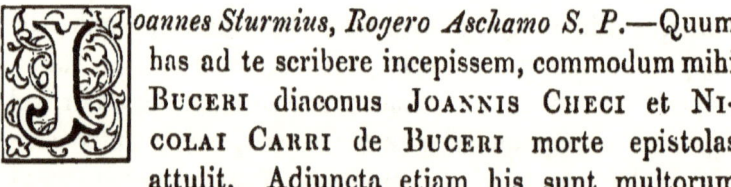

oannes Sturmius, Rogero Aschamo S. P.—Quum has ad te scribere incepissem, commodum mihi BUCERI diaconus JOANNIS CHECI et NICOLAI CARRI de BUCERI morte epistolas attulit. Adjuncta etiam his sunt multorum epigrammata: placet mihi pietas vestræ gentis, placet doctrina et orationis genus. Et tametsi tu mihi tui literis magnum desiderium ejus libri excitabas, tamen vicit voluptas desiderium; ut nunc magis gaudeam me legisse, quam antea videre desiderabam. Ergo ego in vita BUCERI describenda, non solum auctoritate testimoniisque horum juvabor, verum etiam exemplo, imitatione, invitamento. Gaudeo etiam mihi occasionem datam, ut utriusque in meo scripto meminisse possim. Animi virtutes fere easdem video, et doctrinam utriusque excellentem. De principe SUFFOLCIÆ duce antea ex aliis audieram: sed quid in me tantum? grata mihi tamen ejus benevolentia est, et ego de ipsa idoneis locis honorifice quoad potero, de filio etiam, de quo in quadam tu ad me epistola. Fui auctor TOXITÆ, ut ad legatum et ad te suas commentariunculas mitteret: qua in re si quid erroris est, id mihi ascribes. Vale. Argentorati, VI mensis Julii, Anno Domini 1551.

CXXVIII.—TO STURM, (1, 7).

About Lady Jane Gray—obtains a MS. Æschines from Fugger—Sends his salutations to John Sleidan, Valentino Erythræus, and Michael Toxites. Augsburg, Aug. 21, 1551.

Rogerus Aschamus Joanni Sturmio S. P.—Plus et nostræ amicitiæ et tuæ humanitati quam meæ verecundiæ tribui, ornatissime STURMI, quum literis meis superioribus ad MONTIUM nostrum scriptis declararem, quam essem ego cupidus, ut ÆSCHINES et DEMOSTHENES in nobilissimæ virginis JANÆ GRAIÆ nomine apparerent. Neque tum quidem ignarus fui, quam operosis implicatus esses negotiis. Si quod peccatum ergo fuerit, (fuisse nullum spero,) assignabis MONTIO nostro, qui de divulgatione illarum orationum paulo ante ad me scripsisset. Nam quod tu vis, maxime probo, et id tamen scripsi, quod ego unice opto. Opto enim te aliquid dedicare lectissimæ virgini, tui semper, quod ego novi, et tuorum studiosissimæ:

cujus est cultior animus doctrina PLATONIS et eloquentia DEMOSTHENIS, quam fortuna illustrior, aut regio genere, aut accessione amplissimæ quidem sed luctuosissimæ hæreditatis clarissimi ducis SUFFOLCIENSIS avunculi materni, JANÆ GRAIÆ, quæ ejus nunc facta est hæres ex parte dimidia. Et semper mihi ante oculos versatur spectaculum illud, quum offendi clarissimam virginem legentem PHÆDONEM PLATONIS, de qua re, opinor, tibi aliquando scripsi. Et quorsum hæc? Minime, mi STURMI, ut in hac aut ulla re velim esse molestus, sed ut ostendam, quum diu fuerim utriusque vestrum amantissimus, quam vestræ etiam mutuæ inter vos amicitiæ conjungendæ nunc quoque sum studiosus. Amicitia nec tibi dignior adjungi nec illa optabilior offerri potest.

Scripsi ad D. CHECUM in gratiam TOXITÆ nostri, et id perstudiose: scribam etiam, si ita vis, ad Dominum PAGETTUM: si in Anglia essem, multum navarem et aliquid perficerem. Rumores Turcicos, Parmenses, Saxonicos fuse perscriberem, nisi qui has perfert literas, communis noster amicus opportunius ea omnia explicaret. Uter mansurus legatus, an uterque abiturus, quid certi habemus, MONTIUS noster referre potest. HIERONYMUS WOLFIUS præficitur bibliothecæ Fuggeranæ. Impetravi a FUGGERO scriptum ÆSCHINEM cum commentariis; sed librum nondum invenire potest WOLFIUS. Incidi in commentarios SIMONIS GRINÆI in secundum librum *Rhetoric.* ARISTOTELIS: curo mihi describi; sunt enim mea opinione eruditi. Si intelligam te ita velle, mittam ad te, quanquam puto hæredes GRINÆI, qui apud vos sunt, et hæc et multa alia scripta illius viri habere. De recuperata valetudine tua cupidissime aveo scire. Vale in CHRISTO JESU. Saluta quæso JOANNEM SLEIDANUM, VALENTINUM ERYTHRÆUM, et nostrum MICHAELEM TOXITEM. Augustæ Vindel. XXI Aug. Anno Dom. 1551.

CXXIX.—TOXITES TO ASCHAM, (5, 17).

Acknowledges a gift, and speaks of Ascham's queen, his pupil, *i.e.* the Princess Elizabeth, to whom he sends a book.

Strasbourg, Aug. 23, 1551.

*ptimo Viro, Hominique Doctissimo Rogero Aschamo Amico Suo Michael Toxites S. P. D.*— Gratum tibi esse studium meum, ROGERE ASCHAME, erga te gentemque tuam et literarum studiosos, non solum ex literis tuis ad JOANNEM STURMIUM MONTIUMQUE datis intellexi, verum etiam ex munere mihi a te misso clarisime perspexi. Qua ex re non voluptatem modo summam percepi, sed animum etiam sumpsi, ad cætera quoque publicanda quæ promisi. Tribuo enim judicio tuo tantum, quantum ei tribuendum est, qui in linguarum artiumque optimarum cognitione, in philosophiæ præceptis, in sacrarum literarum mysteriis, non tam discendo quam etiam agendo exercendoque, magna cum laude est versatus. Neque enim eruditæ solum sunt epistolæ tuæ ac suaves, sed pia etiam et Christianæ: unde apparet, te et spectasse verum studiorum finem et assecutum eum esse, ut cum eruditione virtutem ac pietatem conjungeres. Quoties igitur lego tuas, toties et te admiror, et reginæ tuæ, quæ te præceptore usa est, totique Angliæ gratulor, cui aliquando tantum utilitatis adferes, quantum adferre et vir optimus et homo doctissimus potest. Sed nunc de me pauca. Ego tibi, ASCHAME ornatissime, commentarium meum miseram non aliam ob caussam, quam quod benevolentia tua et humanitate frui cupiebam: quibus non minus, quam STURMIUS, ut de se ipse et tu de ipso scripsisti, in amicitia contentus esse soleo. Verum tu, ad amorem benevolentiamque erga me tuam, munus etiam addidisti, quod ego a regibus ac principibus, quum datur, accipiendum, ab amicis nec sperandum nec petendum

esse judico. Quum igitur expectationem meam viceris, nec verba solum pro verbis sed aurum potius remiseris, gratias tibi immortales ago, meque daturum esse operam polliceor, ut me tibi ex animo favere intelligas. Quod reliquum in *Quinctianam* citius ad te non misi, fortuna sive Dei potius consilium in caussa fuit. Nam quum vix dimidium impressum esset, alter compositorum, ut ita appellem, ægrotare cœpit, alter ob amici ægrotantis vacationem abire est coactus, ut diu cessare ab opere typographus etiam coactus fuerit. Nunc tamen mitto, rogoque ut librum, quem reginæ tuæ una mitto, ad eam perferri cures. Nam quia ejus feci mentionem honorificam, cupio meum de ejus virtute atque pietate cum eruditione conjuncta animum ab illa cognosci. Miseram ad STURMIUM, quum adhuc in Helvetiis essem, hunc librum ut cum in Angliam una cum aliis mitteret: sed nescio quo casu ille inter suos libros eum reliquerit. Quem ego quum in ordinem libros nuper redegissem, fortuito inveni. In fine *Quinctianæ* apologiam addidi, quoniam sunt etiam apud nos, ASCHAME, qui tametsi quidquid in literis assequuti sunt, id totum a STURMIO habent: tamen et ejus lectiones negligunt, et hoc meum institutum reprehendunt. Malitiosum est genus hominum: quanquam enim dissimulent fraudem, tamen latere non potest. STURMIUM non audiunt: quid ita? Quia sibi belle videntur docti, et quoniam nonnullis quoque docendum est: corradunt undique annotata STURMII, curant describi, inde postea sesquipedalibus verbis ambitiose declamant, et omnia sibi vindicant, pudetque STURMII ullam facere mentionem. Illas ego corniculas deplumare meo instituto statui. Magnos labores impendo, dum studeo omnia proferre, et ea proferre quam emendatissime. Non pauca addo, muto, adimo, et omnibus modis lectori satisfacere cogito. Si id fit, agam Domino gratias: sin minus, tamen aliqui, ut spero, voluntate mea contenti erunt. Idem enim ego metui, quod tu: ne corrupta ab aliquo STURMII annotata ederentur. Id quod jam futurum erat aliquo in loco, nisi prævenissem. Extorqueri hæc a STURMIO difficillime aut nunquam potuissent, nunc nunquam possunt, cum accinctus [*sit*] tam immenso operi. Ego, ut tibi gratificer, si ullo modo fieri possit, ex *Aristotele* ejus *Rhetorico*, quantum est confectum, mittam; et subinde mittam quæ ab eo conficiuntur. Curabo itaque ab aliquo describi: sed velim tibi serves, nec pluribus communices, antequam absolvatur. Divisit eum in libros novem: primus est perfectus, sed nondum emendatus a STURMIO. Hac in re, me tibi gratum esse facturum spero. DEMOSTHENEM statuit a principio legere, quemadmodum CICERONEM; qua in lectione dabo operam, ut ipse annotet artificium, et edat. Vale, mi ASCHAME, et me ama: et si quid est quod me exequi velis, manda. Id enim tibi concessum esse volo. Argentorati, X Calend. Septembris 1551. Raptim inter multa negotia.

CXXX.—TO E. RAVEN AND W. IRELAND (E, 4).
Aug. 31, 1551.

my esteemed friends Mr Edward Raven and Mr William Ireland, Fellows of St John's—S. P. in Christo Jesu.—My good Mr RAVEN and IRELAND, I marvel not a little the cause of your silence, and that so many letters cannot deserve one word again. I have written, that Mr STEPHEN HALES, in the White Friars in London, can readily convey your letters. I fain would know the state of Cambridge, and my affairs there, and especially how my friends do. I cannot think so on you, that you have forgot me. I measure your good-will towards me by mine towards you.

I would hear of all, and namely of Mr MADEW and his house, &c., Mr PEMBER, Mr HADDON, Mr BARWICK, &c.

The Turk is in Hungary with two hosts; the one of one side Danubius, and the other of the other side; 3000 horsemen in either: his navy of galleys at Mileta Insula, where St PAUL was cast up, 28 *Acts*.

The French give the bishop of Rhene's men great overthrows at Parma and Mirandula.

The Emperor, 27 Augusti, hath banished the preachers protestants of Augsburg the whole empire. They were ten preachers, that all went hence the 28th of August. This day schoolmasters are called before the council.

I have written at large to Mr LEAVER, for he only hath written to me; and yet I would have written at large to you, if I had leisure; for I neither can nor will forget you, whatsoever unkindness I find in you. Yet I do not think it unkindness, but rather some just stop that ye have. As for you, Ireland, ye have been but awhile at home; and I know you be slow to write of oldes; therefore I can better excuse you. And as for my Edward Raven, I know there is just occasion, or else I had had letters ere this.

My lord is merry, and one that doth God and his prince as good service as ever did ambassador. Mr WOTTON cometh home, and we tarry; and methinks I know what your Papists at home have talked of that matter.

I beseech you leave not Cambridge for none occasion. I never loved it so well as I do at this day. I am a great man in DEMOSTHENES, and I trust to make him better acquainted with Cambridge than he is there yet.

Keep my chamber, books, and stuff well. I would gladly hear that RICHARD ASTLEY did well. Farewell in Christ. With haste, the last of August, 1551.

CXXXI.—ASCHAM TO STURM (1, 8).

Sent by John Hales, whose learning and acquirements he praises—Speaks of the ravages of the Turks on the Mediterranean coasts and in Hungary. Augsburg, Sep. 27, 1551.

Rogerus Aschamus, Johanni Sturmio S. P.—Nihil libentius facio quam scribo ad te, ornatissime J. STURMI, libentissime vero hoc tempore, quum intelligerem, hunc clarissimum virum JOANNEM HALESIUM Argentinam proficisci. Non dubito, quin tu scias, qualis hic vir sit, ex frequenti MONTII nostri sermone; et credo non ingratum tibi fore pauca quoque ex me audire. Doctrina verissimæ religionis Christi optime institutus est: disciplinæ morum ut assiduus custos, sic censor valde gravis, taciturnus, pauloque gravior natura, ut multi putant, consilio, ut ego judico: quum eo nemo tamen sit, in omni humanitatis ratione, apertior ac facilior. Omnium rerum Anglicarum peritissimus, in quibus tractandis hos multos annos cum summa prudentiæ, diligentiæ, abstinentiæ laude, versatus est. Itaque, mi STURMI, si nostrorum hominum, etiam principum qui sunt sensus et ingenia, et rerum nostrarum his superioribus annis, unde tot motus et conversiones extiterunt, scire cupis, nemo profecto fuit omnium, qui mores hominum melius noverit, qui certiores causas prudentius providerit, aut difficiliora eventa pro sua parte capesssenda, fortius prohibuerit. Literarum amore summo, cognitione vero præclara imbutus est. Quæ ejus laus eo major existit, quod non ex quietis Academiarum fontibus, sed inter medios Anglicos turbulentos fluctus, peritiam Latinæ linguæ perfectam, Græcæ mediocrem, Italicæ absolutam, Gallicæ aliquam, et vestræ, et etiam Germanicæ nonnullam exhauserit: et ad hæc omnia est, mi STURMI, et tuæ excellentis doctrinæ admirator summus, et arctiore consuetudine tua fruendi cupidissimus. Libros tuos avide legit, et sermonem de te mecum frequentissimum habet. Cogitavit adire Italiam, sed totus traductus in admirationem eruditionis tuæ tuique amorem, Argentinam repetit. Digressum hunc ejus a nobis ægerrime fero, sed triste hoc desiderium ejus solabitur frequens cogitatio vestræ inter vos amicitiæ, quam ego gaudebo esse summam: ut non tantum ipse doleam propter suavissimum usum ejus mihi ereptum, quantum gratulor utrique vestrum utriusque et gratam et jucundam conjunctionem. Quum vestræ notitiæ consuetudo et vetustas accesserit, tum hæc omnia, mi STURMI, illustriora quam a me prædicantur apparebunt. De immani et mutua crudelitate, quam Turcæ Hungarique inter se exercent, de expugnata Tripoli, de mari infero universo Turcicis terroribus circumfuso, devastationibus Pedimontanis, de summo motu belli inter Hispanum et Gallum non amplius expectato, sed repræsentato, de legatis utrinque domum missis, et

Quicquid delirant reges, plectuntur Achivi.—[HOR. Ep. 2, 1.]

de fortitudine et constantia Parthenopolitarum, de calamitosa conversione religionis in hac urbe, de mœrore hujus populi, et ejus constantia, et aucto odio in falsam doctrinam;—de multis aliis rebus longissimum tecum instituerem sermonem, si non hæc omnia Dominus HALESIUS opportunius sermone quam ego scriptura tibi fusissime declaret. Si CÆSAR Spiræ subsidat, uti hic rumor percrebescit, libenter visam Argentinam: interea, si nihil scribas, quanquam literæ tuæ sunt exoptatissimæ semper mihi, nihil displicebis tamen: plus enim faveo laborioso tuo otio, quam ut velim tibi ullo modo esse molestus. Et quam gratum est tibi, ut ad me in quadam epistola scripsisti, me tam constanter amare te, sine offensione etiam silentii tui; quanquam tu non siles quidem: tam mihi quoque est jucundum, quod in eodem loco scribis, te aliquando effecturum, ut intelligam te non pigrum fuisse. Gratulor immortali laudi VERTERORUM, quod tuo consilio et eorum merito tecum in tuo *Rhetorico Aristotelico* colloquuntur. Tu enim hoc modo efficies, ut nomen hujus familiæ non solum nobilitatis, sed virtutis et eruditionis insigne posteris esse videatur. Exemplum VERTERORUM usurpavi et ego, et in multis literis meis, ad excitandum nobilitatem Anglicanum ad idem studium et similem laudem. Quum ad hunc locum venissem, ecce tibi hæ literæ meæ, satis impudenter ut solent et fortasse nimis imprudenter, a me visæ sunt quærere, ecquid illis de more mandem ad te de ARISTOTELE, de ÆSCHINE et DEMOSTHENE, de *Analysi Ciceroniana*, &c. Substiti tacitus, et quanquam suaviter mecum ridens, nonnihil tamen reprehendi superius factum illarum, quod non solum hæc omnia abs te impense rogassent, sed nimis importune flagitassent. Commemoravi varias et multiplices tuas occupationes, et quantis oneribus premerere jam rerum susceptarum. Ostendi te, pro tua prudentia, notare illarum non nimis verecundum os, quanquam id pro tua humanitate minime significares. Conticuerunt statim rubore suffusæ, atque si post hæc, mi STURMI, me insciente et imprudente, pergant porro tibi esse molestæ, intelligant te esse iratum et eas tibi fecisse eum stomachum, de quo ipse suaviter scribis ad JULIUM pontificem Nuburgensem. Sed taceo et ipse, ne justius mihi quam meis literis irascaris. Vides quantum tribuo amicitiæ nostræ, apud quem quasvis etiam ineptias meas confidenter promere audiam. Sed, ut quod sentiam loquar, mi optatissime STURMI, quanquam fateor me magno teneri desiderio, teneor quidem maximo, rerum a te susceptarum et jam institutarum, et sedulo etiam superioribus meis literis laborabam, ut nobilissima virgo JANA GRAIA scriptis illustraretur tuis; scias tamen eo hæc omnia spectare, ut ego nihil aliud optare velim, quam quod tuo judicio, instituto, otioque maxime convenire videatur. Vale in Christo Jesu. Augustæ, XXVII Septembris, An. Dom. 1551.

CXXXII.—TO SIR THOMAS SMITH, (w, 273).

This short letter was probably written between April and November in 1551. For Smith went to France in April, and Cheke, who is called *Mr* Check in this letter, was knighted in the following October of this year. [1551]

LTHOUGH long since yet at last I gladly do that which I have daily remembered. Since I came into Germany I might use excuses of my own not writing hitherto, your going into France, your looking daily to come home, the fear that we are in of intercepting our letters, the little leisure that I have to write as I would unto you. But sure no excuse ought to serve me where duty doth bind me, and good will bid me to do otherwise. No little letter would serve to repeat at length the glad remembrance that I often use of your gentleness towards me since that first year I came from Cambridge twenty years ago: you have bound me unto you with singular benefits, which as I never shall forget, so I will labour with good will always to recompense you. Only you and Mr CHEEKE have pulled forward by the example of your diligence, learning, conscience, counsel, good order, not only of studying but of living, all such as in Cambridge have since sprung up; amongst whom I being one taking least profit by mine own negligence, yet taking singular pleasure in both your acquaintances.

So God prosper you in all your proceedings and businesses.

Yours ever fully assured,
R. ASCHAM.

To the Right Worshipful
Sir Thomas Smith, Knt., these.

CXXXIII.—TO THE FELLOWS OF ST JOHN'S,
(E, 5).

On the public events of the time.

Oct 12, 1651.

*o my assured friends the Fellows of St John's College, S. P. in Christo Jesu.*—If I should as often have written to you, as I have remembered that good fellowship and my duty bound to it, and my good-will bent to every one of you, ye should receive every day letters from me of my journey.

I wrote plentifully unto you all, and since oft to Mr RAVEN of mattiers here, and also to Mr LEAVER, which ye read, as I guess, in Stridbridge fair time. That honest company and quiet abiding I daily remember, and wish me often among you, and if it were but a problem firetime; not because I wish me from hence, being with so good a lord and lady, but for the good-will I owe to the house, to you all and every one. I take pleasure in writing this letter, that is, in talking with you, in being at home for a while in St John's, from whence my heart can never be absent. How glad I would be of two words from any of that house, none of you doth feel, that hath not been in like place. I never heard from Cambridge yet. I am content to put the fault on carriage, and do not mistrust your friendships: Mr LEAVER, of all the rest, either is more friendly or more happy to me. I have two long letters from him.

Because the Emperor goeth from Augusta this next week towards Ispricke [*Inspruck*], called in Latin Œnopons, at the foot of the Alps, and after, we think, to Milan, and so perchance to Naples and Sicily, if the French do not trouble our journey; therefore I thought to write in few words, as leisure, which is little, will give me leave.

The Turk cometh on with might and main by land and sea. His quarrel by land into Hungary is this. Being three kings in Hungary, the Turk chief, next FERDINAND, the third JOANNES VAIVODA, king of Transylvania, which is tributary to the Turk. JOANNES VAIVODA is dead, leaving a young prince to be ruled by the queen his mother, and two governors. The one is called FRA. GEORGE, a friar, a bishop, a papist, and therefore this last day made a cardinal. He is wise in council, and hardy in war. The other is called PETROVITZ, a count, a wise and worthy gentleman, and one that favoureth God's word truly. FRA. GEORGE hath laboured secretly this twelvemonth to make FERDINAND king of Transylvania; so that the young prince VAIVODA be provided for honourably in another place easier for him to maintain. The queen and count PETROVITZ did not incline at the first to FERDINAND, loth to fall out with the Turk, which doth keep his promise most firmly where he doth make it, and doth revenge most cruelly him that doth break it. The Turk preserved[?] this practice all this year, and therefore laboured the queen not to break with him, promising her aid and help, as to his tributary, against all persons that would do the young king wrong. At the last, FRA. GEORGE hath brought the queen and count PETROVITZ to FERDINAND's mind, and came all three to the king with all their power. This done, soldiers were gathered on both sides. The Basha of Buda (look where Buda stands in your map on Danubius) was the Turk's general for a while. He came this summer within six Dutch miles of Vienna, and gave the Hungarians a foul overthrow. He killed a great sort; for of five ensigns that went from home with FERDINAND, there returned home but fifty persons; and he carried into Turkey with him 7000 Christian souls, men, women, and children; for they bid no better bout than to carry men away: they ransom few, but kill or carry away all. FERDINAND'S side, after this, gave the Turks an overthrow; so that much cruelty hath been used on both sides. A noble gentleman of FERDINAND'S court, which hath served stoutly against the Turks, was taken and brought to the basha of Buda. Great ransom was proffered, but none received. Certain great dogs were kept hungry, and after many spites and villanies done to the gentleman in prison, he was brought forth, and tormentors appointed did cut gobbets of flesh from his body, even there where the villany should grieve him more than the pain, and did cast these gobbets so cut to the dogs, that ate them in the gentleman's sight. When so many gobbets were cut off, and cast to the dogs, as life would afford, then the dogs were let loose, and so tore him all in pieces. After this the Hungarians took three lords of Turkey: 6000 ducats were offered for their ransom; but word was sent to the basha, that if he himself came to their hands, as they trusted he should, all the gold in Turkey should not save him: and because the Turks will eat no swine flesh, they would prove if swine would eat Turk's flesh; and so kept up swine from meat, which very cruelly devoured the Turks up.* But now BELIERBOGLIE MAHOMET, that hath mar-

---

* He tells the same story in the *Report and Discourse on the State of Germany.*

ried the Turk's daughter, and is general ruler of all the Turk's dominions in Europe, whole Thrace, Macedonie, and Greece, is come into Hungary with two main hosts, of either side Danubius one. He hath written sharp letters to FRA. GEORGE, accusing him for the stir of this war: and even yesterday came word to this city, that BELIERBOGLIE hath won a great city from FERDINAND, and hath cut in pieces all the Christian folk in it, and cometh on, bringing great terror to all Hungary and Austria, and especially to FRA. GEORGE, that he knoweth not which way to turn him; insomuch that many that came to the king, be gone to the Turk's side. All Christendom ought to pray to God, as a most merciful Father, to cast the rod in the fire: for even thus stands the case of Hungary.

MAXIMILIAN, the king of Boheme, FERDINAND's eldest son, is much missed in this war, being now in Spain to fetch home his wife: for an Hungarian told me, where his father should have one soldier for his money, he should have three for his love and good-will owe him. The Hungarians hope it shall be MAXIMILIAN that shall drive the Turk out of Hungary: and it may well be so; for he is, as I wrote once, I trow, to Mr RAVEN, a goodly person of stature and favour, liberal, gentle, wise, learned, speaking eight tongues, hardy, painful, loved of all, except where envy repines; pleasant without wildness, grave without pride, lowly to every one, and reverenced of all, and one whom all Germany, protestants and others, love and commend.

The Turk's quarrel by sea is this. ANDREA DOREAS took the city of Africa, which standeth in Africk, from Dragunt Ras, a Turk, anno 1550. The great Turk required this city again. Whether a promise of the delivery was either not made or not kept, I cannot tell; but the Turk's navy is come so big, that they and the French rule all *mare*

Mediterraneum. When they were once past Eubœa, and the point of *summum promontorium,* we had letters every week from Venice of them. They are 132 great galleys, besides a huge galleon, full of wonderful great ordnance, wherein, as one that was in it said, there was 4000 saddles of men of arms. This great navy brought such terror with it, that the Venetians were fain of frershe [*afresh*] to double-man and victual Corcyra. Sicilia was afraid, Naples was afraid, Rome was afraid, Genoa was afraid, all *mare Mediterraneum* did tremble, whither this great navy would go. At last they light upon St Paul's isle of Mileta, now Malta, kept by the knights of Rhodes. Whether they would not or could not then win it, from thence they departed and came to Tripoli, a Christian city in Africa, over-against Sicilia, kept by many knights of the Rhodes, and well manned and victualled. The Turks gave such cruel assaults, that the gun-shot was heard to Malta. They within asked respite for certain days, and if aid came not from Malta, then to deliver the city. Respite was granted, and in this while they conveyed out of Tripoli 2000 of old men, women, and children, which came all into the Turk's hands. After that the city could not hold out; they gave up upon condition to have their lives. The Turk came in, and thirty knights of Rhodes, most part Frenchmen, were sent to Malta: 200 of the strongest soldiers were put in galleys, and all the rest, young and old, were killed without mercy. The Turk's promise was laid unto him, and he bid him lay the blame on those that had taught Turks to break promise. Thus was Tripoli won this last August; such a haven as scarce is like *in mare Mediterraneum,* which will receive 300 ships. Tripoli may keep Africa from victual, and is like to be an ill neighbour to Sicilia and Italy. The thirty knights of Rhodes went to Malta; but the great master calling a chapiter, hath banished them, as both false and French. They sailed from thence, and by rage of water was driven up in Sicilia, and by the viceroy are taken every man, and cast into prison.

We looked that the Turk would straightway have set upon Malta; but the whole navy is gone over into *Sinum Ambracium*, where Augustus gave Antony the overthrow; and there, as we hear say, have taken up their lodging for this winter. News were brought hither, that many of the Turk's galleys were drowned by over-thwarting the seas; some said forty, some sixteen, some nine; but the ambassador of Venice saith, that he heard in no letter that any ship took harm. And thus much of the Turk's stirs both by sea and land, as is most credibly known and confirmed to be true in this town and court.

Now Μῆνιν ἀειδε θεά! the pope is in a wonderful chafe: he abhors Germany: he is thrust out of France: he mistrusts the Emperor; and yet the Emperor hath more cause to mistrust him: the house of Farnese have robbed him of his treasure: the siege of Parma is given up, and Mirandula cares not for him; his own household wax Lutherians; none will come to his conspiracy at Trent but such as are sworn that no good shall be done there; and if for curst heart he do not hang himself before or October is past, he cometh to Bononia; and if we go into Italy, and happen to meet with him, as we are likely, I will describe him to you from top to toe.

Now to come to *quicquid delirant reges*, καὶ πίπτε δε λαός: I beshrew their hearts, either because they begin now, or else because they began no sooner, whilst the weather was warmer; for now we must over the cold Alps, even now full of snow. The Emperor doth li t'e yet; but the French be a great deal aforehand.

Of those ships taken in those seas towards you, ye

know; and the prior of Capua the same time came to Barcelona in Spain, and using the cloak of the Emperor's arms, came quietly into the haven, and took away with him, in the sight of the Spaniards, seven goodly galleys. The French have a great host in Piedmont, and have won divers cities, towns, and castles, and have well manned them, as St Damian, Cirasco, Cheir, &c. This Chire is bigger than Norwich, as they say that have seen it. The emperor took a foul injury in it; for the citizens opened the gates to the French, and they will keep the gates the faster close against the imperials, lest they drink for this treachery. We look that all the war will be in Piedmont, and that the Emperor and French king will be both there in person. We imperials crack France out of measure, that it shall be beat down of all sides with one mighty army out of Spain, one other out of Flanders, the third out of Italy. If I have convenient time and carriage, I will not fail to let you know the cause of all these stirs* that even now begin to brust out on all sides, and I will be very glad to mark them, and as ready to write them unto you. The Emperor hath many irons in the fire, and every one able alone to keep him work enough; the Turk by land and sea; the French sitting on his skirts on all sides, besides Madelburg, &c.

The Emperor is wise enough, and it stands him on hand even now to be so. The Turk nor the French can neither be made weak enemies, nor sure friends: and therefore as [to] Madenburg, the duke of Saxony, and the lantsgrave, here is even this day fresh talk, that the Emperor will use the gentler choice of those two which the father gave to Pontius his son, when the Romans

---

* The "Report and Discourse" is probably the fulfilment of this promise.

were shut up in *Furcæ Caudinæ*. Ye know the story in Livy: for that way is not now to be taken, *quæ neque amicos parat, neque inimicos tollit:* and therefore ambassadors from duke Maurice, the marquis of Brandenburg, Bremen, and other sea-cities, from the kings of Denmark and Pole, are within six miles of this town: and, as men think, they are come not without the Emperor's means. If I should talk of Madelburdg at length, it would require more than a letter. They are thought more strong and stout than they were this day twelvemonth. It is said that the Emperor required three persons of Madelburdg, their chief captain, the count of Mansfeld, their chief preacher, FLACCIUS ILLYRICUS, and another: but the town would not lose one hair of their heads: and so they are all forgiven. In this matter of Magdeburg, and the two princes captives, I cannot as yet assure you the truth; for the mattiers be now in brewing: but, God willing, ye shall know shortly.

How the good preachers were banished this town the 20th of August last I wrote to Mr LEAVER. This business, if it were to do, it should not be done now. The Emperor's council lay the doing to the heads of the town; and then lay it again to the bishop of Arras, the Emperor's chief counsellor. The papists' churches be as desolate as ever they were; and yet here be more sayers than hearers of masses. The protestants constantly will come to neither. They have obtained to christen in Dutch as they did, and to marry without mass. Every one in his own house, morning and evening, see their whole household kneel down, and sing psalms, and the good man doth read a chapiter of Scripture. Now protestant preachers are sought for; but none dare come, for fear of the former handling.

Ye are weary, I am sure, of my long talk: therefore I

will bid you all farewell, and I pray you pray for me. Commend me to all my friends in the town. I count good Mr MADEW, Mr PEMBER, and Mr ZONE, St John's men. Commend me to Mr REDMAN, Mr HADDON, Mr BLYTHE, Mr SANDES, Mr CAR, Mr BARWICK, &c.; for if I should name all that I would, my paper would not serve. I would I were at your problem-fire when you read this letter; then I would desire Mr DEAN, and Mr LEAVER, to remit the scholars a day of noule and punishment, that they might remember me, that can forget none of that house, praying God to make them all virtuous and learned, and especially in the Greek tongue. Fare well in Christ.—From Augusta, 12 October, 1551.

Yours, R. A.

CXXXIV.—TO E. RAVEN AND W. IRELAND, (E, 6).
In continuation of the last letter.   Nov. 17, 1551.

Charissimis amicis meis Edwardo Raveno, et Gulielmo Irelando, sociis Collegii divi Joannis Evang.—My good RAVEN and IRELAND, I leave chiding you, but I will not leave loving you, write you or write you not. I will be your friend, and you shall be mine, whether ye will or not.

From Mr LEAVER's letters you shall know how all things stand here, of the Turk, of the Imperials, of the French, and of Germany. I have not leisure to write twice of one matter; therefore I will him to communicate to you, and then you may do so to other my friends, as Mr MADEW, Mr BLYTHE, Mr HADDON, &c.

Sturmius goeth forward in *Rhetor*. ARISTOT. The first book is sent to Mr CHEKE, which was purposed to me, but I had rather it should be sent to him. Mr JOHN HALES, my singular friend, sent me a piece of this rhetoric this week. I never saw any thing more to be compared with antiquity, and so I trust Mr HADDON will judge. VAHAN is writing it out a-pace: if he finish it before the post go, ye do receive it; if not now, ye shall have it shortly. STURMIUS* is in hand with *Analysis Ciceron.*; such a book as I believe was never set out in our time. Nobilissimi WERTERI fratres do give him to find him writers 400 crowns a-year, for four years. STURMIUS telleth Mr HALES, that a better and more plentiful analysis might be made of the Greek tongue; and he would make it, if he had help towards the costs. Mr. HALES will write to many of the nobles and bishops in it, as he writes unto me; but I writ unto him, that temporal lords will rather win this praise, than bishops be brought to bear the charges. It were a shame if England should lack this honour, and all learning this profit.

Ye must either content ye for news with Mr LEAVER's letters, or feed ye with the hope of my next to come.

I am sorry Mr LANGDALE is gone from that college, although he did dissent from us in religion; yet we know that God calleth men at divers hours at his pleasure. He was learned, virtuous, diligent, and was once my faithful friend, and, therefore, I cannot but be sorry for his departing.

Commend me to good Mr PEMBER, and tell him I trust he received my letter in Lent. Tell him also that yesterday I saw a new coin, which I would he had, for all the old he hath. It was made in this house where we lie, at Inspruck. It is very like a great Suffolk cheese as any cometh to Stridbridge fair, but somewhat thicker. It is

---

* "Sturmius translation and commentary upon the first book of the Politick is in print and sent to me, I think they have them in England." Marginal note in MS Lansdowne 98, p. 66.

even so heavy as two men can bear of a barrow. There was molten for it, of fine silver, (for I saw the making of it) six thousand and four hundred guilders: every guilder is worth 5s. English and more, except our money be well amended.

Noble MAXIMILIAN and his wife be come out of Spain, and be in Italy coming hitherward. This country of Tyrol, where we be, which is under FERDINAND, doth present this goodly coin to queen MARY, MAXIMILIAN's wife, which is the Emperor's daughter, because she was never in Germany afore. This rich gift is given for MAXIMILIAN's sake, whom all men love above measure. There is of one side of this coin all the arms belonging to MAXIMILIAN and his wife; on the other side stands queen MARY his wife's face, most lively printed, as the old antiquities be. Above her image be these words in Latin: "Sereniss. Duæ Mariæ Reginæ Boemiæ, ex familiâ Regum Hispaniæ, et Archiducum Austriæ progenitæ, jamprimum in Germaniam venienti, Tyroliensium munus, 1551." And although I favour MAXIMILIAN, yet I would Mr PEMBER had it in his chamber. Tell Mr PEMBER also, I do not forget old coins. I have the fairest now that ever he saw in silver, and Domitian cum anchorâ Aldi. Besides the Fuggeri, which have pecks of them, there is a worthy merchant called Mr REM, which had me into his house, and let me see a wonderful sight Greek and Latin. He gave me four at my coming from Augusta: the first was *Sulla Cos.*; on the other side, *C. Pompeius Rufus C. F. Cos.*: the second had on the one side, *Fasces Imperii;* on the other side, an elephant, and under his feet *Cæsar:* the third had on the one side, *Cæsar. Imp. Pont. Max. IIIvir;* a goodly face, young; on the other side a stout, and about it *M. Antonius IIIvir;* the fourth a goodly face, and about it *M. Brutus Imp.*; on the other side, two daggers, and in the midst a thing like a bell, having written underneath, *Fide Martis*. I bought also at Augusta, a strange old face, with long hair; on the other side, in Greek, ΠΥΡΡΟΥ ΒΑΣΙΛΕΟΣ Mr REM showed me also a coin, with a rude face in silver, thick, and about it, in Greek, ΦΙΛΙΠΠΟΥ.

Commend me to good Mr PEMBER, and all my friends, because I will leave out none. Commend me to my hostess BARNES, Dr MADEW, &c., and to all at Wittam. I tell you once again, Mr STEPHEN HALES at London can convey your letters. Farewell. My lord calls.——From Inspruck, the 18th of November, 1551. R. A.

I am glad VAHAN writes to you. By him you shall know more. Gentle RAVEN and IRELAND, look to my duties for the Greek tongue and my oratorship. I would be loth but to hear tell the scholars went forward therein.

CXXXV.—TO STURM, (1, 9).

Has heard from England that Peter Ramus has written against their letters, printed at Strasbourg, about Aristotle, Cicero, &c. Describes himself as short of stature and something of a bowman. Halle, Jan. 29, 1552.

Rogerus Aschamus, Joanni Sturmio, S. P.—Diu et id avide expecto, nunc pene necessario requiro literas tuas, ornatissime STURMI. Ex Anglia enim ad me scribunt certi amici mei, PETRUM RAMUM nescio quid scripsisse contra meas tuasque literas, per te Argentorati impressas. Scis tamen, optime STURMI, quid ego in aliis literis meis de RAMO scripsi ad te, quantum ego illius ingenio, doctrinæ, et etiam instituto tribui; quod existimarem eum ineptos et frigidos aliquos Aristotelicos potius conscindere, quam ipsum refutare ARISTOTELEM. Scis etiam, nisi tibi e memoria excidit aut meæ scissæ sunt literæ, quantum ego PETRUM RAMUM anteposui fratri illi JOACHIMO PERIONIO

cujus ego ridebam Ciceronianos contra M. BUCERUM, et
P. MELANCHTHONEM inepte consutos et male concinnatos;
quum putarem RAMUM recte sentire de Christi doctrina,
et hoc modo, his temporibus et eo loco, suum consilium
tegere; studium tamen declarare, scribendo contra eos
quos animadvertit intendere se apertos adversarios in veram
religionem. Et hoc meum de RAMO judicium, postea
Augustæ, noster HIERONYMUS WOLFIUS, qui Lutetiæ
fuit, verum esse confirmavit. Et in illis etiam literis meis,
quanquam licentiam oris reprehendi, neque nunc probare
volo, ingenii tamen et doctrinæ laudem, et aperte tribui,
et tacite quoque comprobavi illius institutum, meis verbis
insequentibus, quum dico me existimare præclaram "Aristotelis doctrinam, et minus ornatam videri, et magis
obscuram esse, quam ut multorum in eo possit vel studia
allicere voluptas, vel labores compensare utilitas, quia
ubivis fere docetur, sine accurata exemplorum appositione."
Nosti etiam quomodo ego requirebam, ut ad omnem artis
cultum imitationis etiam usus adhiberetur; ne cursus studiorum, vel obscuritate inutiliter impeditus, vel erratione
licenter abductus videretur. Ex animo profecto faveo
RAMO, et si ita res est, doleo illum rejicere meam amicitiam: et suspicor certos Anglos Cantabrigiæ, qui nonnihil
religione a nobis discrepant, eandem ob caussam RAMUM
in nos inflexisse, ob quam ipsi, relicta Anglia, Lutetiam
concesserunt. Sed quomodocunque res cecidit, de me
minus laboro, de te minus miror. Nam, ut hoc verissime
sed apud te dicam, mirum est illius cerebrum, qui nullos
alios quos exagitet sibi proponit, præter ARISTOTELES,
CICERONES, STURMIOS. Invidia non solet suscipi, nec
ulla inimicitia geri cum mortuis [AR. *Rh.* 2, 10]. Sed
fortasse, quia hoc etiam docet ARISTOTELES, maluit RAMUS
inauditum et inhumanum consilium sequi, quam non in
omnibus pugnare cum ARISTOTELE. Contra morem autem

et consuetudinem suam facit RAMUS, qui me petit hominem obscurum, qui an essem nunquam audivisset, absque te fuisset. Sed hoc condonandum est ejus ægroto animo. Nam ægroti ut semper rejiciunt optima, sic quum nunquam requiescunt, resiliunt ad extrema. Neque miror neque multum ægre fero, si ego displiceo Ramo, cui ARISTOTELES, CICERONES, STURMII placere non possunt. Urgebit, credo, et majori impetu in te irruet RAMUS, quum intelliget te inventionem, quam ille removet a sua schola rhetorica, ad artem dicendi in primis referre, et actionem, quam RAMULI isti faciunt, vere te quidem, et cum ARISTOTELE et erudite, in exercitatione potius quam in doctrina collocare. Sed ego RAMI consilium intelligo; Μιμητής esse non vult, ne videretur sequi ARISTOTELEM. Si hoc factum est a RAMO, tu opportune scire potes, et prudenter statues, quod consilium nobis ineundum sit. Tu fortasse aliquando audivisti a D. HALESIO me aliquem esse arcu et sagittis, et esse etiam non magnæ staturæ hominem. Quid ergo impedit quo minus ego tanquam TEUCER clypeo tectus STURMIANO, aut arceam aut contemnam ictus istos RAMI? Potes in Nidrusiano tuo sermone, apto aliquo loco, vel tribus verbis, et illius refutare insolentiam et meum purgare consilium, quum ego non eo animo quicquam scripsi, ut publice convellerem RAMUM. Sin magis placebit tibi silentium, et id quoque in primis placet mihi, præteribo ergo silentio hoc tempore hunc sermonem, et referam me in jucundissimam illam cogitationem, quam indies usurpo, legens tuum Nidrusianum sermonem. Sed ecce illæ ipsæ cogitationes verecundia perfusæ recondunt se iterum et pudentes tuum verentur conspectum: at stulte quidem faciunt, quum is sit noster inter nos amor, qui nec insidias adulationis cum suspicione metuit, nec apertam et liberam veritatem propter ruborem repellit. Cæterum, quanquam cupiunt quidem educi, tamen non possunt istæ cogitationes meæ; sed alio tempore et loco se hoc facturas recipiunt. Interim sæpe mecum mirantur ipsam libri ingressionem tam expectato institutam, tum accessum ad caussam tam mature abs te factum. Idoneas personas, SAPIDUM, ut suscipiat causam naturæ, quia poeta est, ut difficiliores proponat doctrinæ quæstiones, quia et gravis et pereruditus est : VERTEROS fratres, et cupidos audiendi, propter studium, et verecundos ad interrogandum, propter ætatem. Quibus magno judicio abs te tribuitur verborum explicatio. Quo in loco si ego in Nidrusiano tuo interessem vestro sermoni, nonnihil juvarem illorum pudorem : nam plura de conjunctione utriusquæ linguæ abs te summo in utraque lingua artifice, sciscitarer propter meam imperitiam, et frequentius te ob eam caussam interturbarem propter meam impudentiam. Et nisi plurimum amarem nobiles VERTEROS, optarem eos, istos certe novem dies, ob eam ipsam rem, aut minus eruditos aut magis impudentes existere. Atque hoc loco, mi optime STURMI, videris mihi suaviter irridere stultas istas meas et inanes cogitationes; sed me aut stultum ferre, aut amicum non agnoscere debes. Cerasi tuæ anteponuntur, meo judicio, platano CRASSI, quia imitatio illa in CICERONE, mea opinione, non satis tegitur: et hic, credo, me RAMUS laudaret, quia aliquid in CICERONE notare audeo. Jure, mi STURMI, recteque reprehendis theologorum errorem, qui non explicant partes concionis, quæ ab illis distributæ sint. Et quanquam te maxime hortari cupio, ut hos novem libros quam celerrime perficias, quia tamen minus tribuo meo desiderio quam tuæ laudi, quæ parietur tibi immortalis ex confectione horum librorum, propterea te potius maturare hoc opus quam properare ullo modo cupio: sic tamen, ut hoc semper ob oculos præfixum intuearis, quod in concionatoribus soles reprehendere. Sermo ille tuus institutus de auctoritate legum, de judicum officio, quo contineri debent, supra modum mihi placuit: quanquam si omnia, quæ mihi in hoc sermone primæ diei placent, tibi fuse explicarem, librum potius quam ad te literas scriberem. GREMPIUM illum Argentinensem Augustæ libenter vidi, sed alterum illum GREMPIUM Sturmianum multo libentius audirem: nec dubito quin ille vir gravissimas res horum temporum, non aliter quam LÆLIUS PHILUS, aut SCIPIO quidam, pertractaturus est. Locus nunquam tibi aptior dabitur, mi STURMI, explicandi gravissimum tuum consilium, et judicium de rebus istorum temporum, Turcicis inquam, Italicis, Gallicis, Germanicis et Anglicis: et fortasse hoc modo multo commodius, quam si certum aliquod opus de illis rebus instituisses. Multum amo PHILIPPUM VERTERUM, quia te amat, et studia literarum colit, et nobilissimam suam familiam splendore etiam literarum illustriorem facit; sed plus amo, quia ipse tam cupidus est audiendi te fusius dicentem de CHRISTI religione, et te hortatur, quod ego quoque efflagito, ut creberrimum semper longissimumque sermonem semper de Deo ejusque doctrina reliquo colloquio tuo annectas. Et soleo te anteponere omnibus ætatis nostræ hominibus, quum de quavis re sermonem instituis: sed te tibi quidem præfero, quoties de CHRISTO loqueris. Et æquum est, ut is qui tibi seorsim præ cæteris summam doctrinam largitus est, abs te præ cæteris, vicissim dono suo, luce ingenii tui illustretur. Nec te credo aliter judicare, quam ego ad te scribo: sed fortasse molestus tibi sum longo meo sermone. Atque quum ipse cupidissimus sum longissimi sermonis literarum tuarum, prolixior esse volui, &c. Halæ Tirolensium, XXIX mensis Januarii, An. Dom. 1552.

CXXXVI.—TO BISHOP DAY, (2, 50).

Refers to some supposed offence, which he hopes the bishop has forgotten or forgiven, and offers his lordship a psalm written in senarian verse the year before, when the Turks were threatening Hungary. But we learn from Ascham's letter to Raven, dated Feb. 23, 1551, that the Turk was "coming with a great power against Hungary" at that time. The date of this letter therefore might be 1552, were it not that Ascham was then in Germany.

Georgio Daio Cicestrensis Ecclesiæ præsuli dignissimo.—Quum tu his proximis diebus, ornatissime præsul, Cantabrigiam venisses, et congratulatione omnium, consalutatione plurimorum, quibus tecum necessitudo ulla aut notitia intercessit, exceptus fuisses; vix dici potest, quanto nos et consalutandi desiderio et animi nostri ac voluntatis erga dominationem tuam declarandi studio exarsimus. Quod eo lubentius fecimus, quoniam multum diuque pertimuimus, ne aliqua animi tui facta esset offensa illorum temporum iniquitate, quibus nos tum, sive consilio, propter imperitiam, sive judicio, propter ætatem, temere nosmetipsos dedebamus. Fuit tamen quod me semper unice consolabatur, quum ego nunquam existimarem, tantum adolescentiæ meæ temeritatem ad offendendum, quantum prudentiæ tuæ moderationem et benevolentiæ erga me vetustatem, ad ignoscendum valere potuisse. Neque profecto nunc committerem, optime præsul, ut horum temporum recordatione cicatricem imprudenti facto meo jampridem obductam refricarem, nisi totam hanc culpam adolescentiæ meæ fervori esse tributam, omnemque ejus memoriam sempiterna quadam oblivione deletam ac penitus extinctam esse putarem. Itaque quum hanc meam cogitationem tibi hoc tempore significare studerem, et quod munusculum de more tibi esset offerendum circumspicerem, ego ISOCRATIS mei sententiam libenter sequutus, non ex his rebus, quarum tu abundares copia ego laborarem inopia, mihi aliquid selegi: sed tale quiddam, quod quum esset mihi ad tribuendum aptissimum et tibi etiam ad recipiendum non omnino esset injucundum. Hunc ergo psalmum, jam fere ante annum, quum Turca Hungariæ immineret, ad studiosorum nostrorum rationem, in modos senarios illigatum, eo quo soles vultu accipias; quo nihil mihi gratius aut optabilius possit evenire. Deus dominationem tuam diutissime servet incolumem.

CXXXVII.—STURM TO ASCHAM, (5, 5).

About Cicero's work *De Republica*.   Strasburg, Jan. 30, 1552.

Joannes Sturmius Rogero Aschamo, S.P.—Officium quod tibi scribendis literis declarare debebam, id tibi in operis cujusdam confectione honorificentiore præstabo. Hos duos versus volo tibi in hoc tempore pro data fide, et pro excusatione esse, dum persolvam quod debeo. Gaudeo tibi placere *Rhetoricum* meum *Aristotelem*, non quod aliquid esse putem, sed quod gratum mihi sit tuum judicium: veruntamen et quod contextum est retexam, ubi non placebit, et pergam, etiam si absolutum doctrina opus non possum, tamen labore et opera et magnitudine plenum consummare. Dominus HALESIUS et ego librum secundum tibi brevi descriptum mittemus. Sed ecce, ASCHAME, quidam in hac vicinia mihi promisit libros CICERONIS *de republica:* sexies misi ad eum; si adferantur, me quid poterit esse beatius? Senatoriam præ me gravitatem feram, ex antiqua disciplina, si obtinebo. Sed, ut nunc homines sunt, valde metuo ne sit nihil; sed si verum sit, mittam etiam tibi, ut mecum sapias Romanam curiam, et forum, et rostra; verum particulatim, ut, si sapientia te superare non possum, tempore antecedam. Quam vereor ne sit nihil! Veruntamen in epistola quam ad me scripsit, attingit loca quædam et eorum argumenta, quæ non puto esse de nihilo. Non putavi me tam prolixum fore: dabis veniam, præsertim quum nihil habeam novi, id quod proprium esse debet epistolarum, ut inanes esse non videantur. Vale. Argentorati, XXX mensis Januarii, Anno Domini 1552.

CXXXVIII.—SLEIDAN TO ASCHAM, (5, 18).

Quotes Ascham's answer [Jan. 27] to his former letter, written in December, to which he had replied [Feb. 1], telling what had been done at the last sitting of the Council—About European politics generally.   Trent, Feb. 28, 1552.

rnatissimo viro, *D. Rogero Aschamo Anglo Joannes Sleidanus, S.D.*—Ad meas Decembri mense scriptas, accepi responsum tuum datum vicesimo sexto Januarii. Calendis Februarii rursum ad te scripsi : quibus quidem ex literis intelligere potuisti, quid ad postremam sessionem hic a nobis actum sit. Tertia die Februarii cum altero Saxonico legato Venetias adivi, per Patavium et Viennam : et Veronam huc redii ad decimum sextum hujus. Venetiis nihil erat rei novæ, et alioqui sunt magni silentarii. Turca fertur ab iis petiisse transitum suis copiis per ipsorum fines : an impetraverit plane ignoro. Vidimus armamentarium, quo nihil esse potest instructum magis : parant novas triremes aliaque navigia, et his rebus omnibus destinatæ sunt, ut quidam nobis confirmabant, mille sexcentæ operæ. Tentatum ibi fuit nuper nescio quid, et ex suspicione comprehensos esse aliquot, mihi tum quidam arcane dicebat : hic autem fertur senatus scribam esse comprehensum, sed affirmare nihil possum : ut suis rebus diligenter invigilent, caussam habent : et haud scio an ipsorum interitus atque ruinæ initium ab ipsismet aliquando futurum sit : nam in illis æstuariis fluctuum, affectus etiam suos habent æstus. Hic plane nihil agitur : superiori quidem sessione decretum fuerat, debere Theologos interea de matrimonio disserere, sed plane cessatur, idque in gratiam nostrorum, ut quidem præ se ferunt, quos adesse velint : equidem optarim PETRUM MARTYREM posse huc etiam traduci, et CALVINUM et ÆPINUM, ut una cum PHILIPPO dogmatis facerent et confessionem et explicationem.

Pridie quam huc redirem, audiebam in itinere concilium iri prorogatum, propter bellorum tumultus: hic etiam ita mussatur, etsi alii negant. Quod si pacem cum Gallo faciet JULIUS, non assentiente CAROLO, tum certe crediderim dissipationem esse futuram concilii. Cardinalis TURNONIUS Romæ dicitur magna cum lætitia fuisse exceptus, et diligenter agere de pace. De Turca non eadem est fama: parare dicitur ingentes exercitus et terra et mari. Sunt qui dicunt esse tenuissima valetudine ex phthisi, ejusque filium natu majorem consociasse arma cum Persis. Galliæ regis edictum in Lutheranos, ut habet titulus, divulgatum Septembri mense vidisse vos puto: Patavii sum illud adeptus excusum. Habet JULIUS per Italiæ partem illam suæ ditionis et aliis etiam in locis inquisitores acerrimos. Monachi quidam duo nuper abducti sunt Romam captivi, Ravennas unus, Ariminensis alter, qui de cœlibatu sacerdotum, et cœna Domini liberius quædam dixissent. Venetiis mihi jam recens scribitur, monachum quendam captivum ordinis Augustiniani, Roma remissum a JULIO Venetias, impetrata venia, palam in concione doctrinam, quam antea professus fuerat, mirificis modis abjurasse ac detestatum esse, legato quodam pontificio, et quatuor præsentibus episcopis, ita quidem ut populus etiam offenderetur: fuit hoc decimo quarto hujus. Posteaquam JULIUS intellexit, cujusmodi nostra sunt postulata, et quæ doctrinæ confessio per Wirtemberg exhibita, parum opinor afficitur. Hic etiam rumor est, legato hic suo valde iratum esse, quod, tali ut vocant salvo conductu nobis caverit, quodque sessionis prorogationem indulserit. Non eadem omnes spectant in his actionibus, quanquam in hoc uno mirabilem esse puto consensum, ut videlicet dogma istud omne pessundetur, et aboleatur in perpetuum. VIENNENSIS hic mortuus est ad sextum hujus, et aliquot post diebus domum relatus.

TREVIRENSIS ob incommodam valetudinem domum repetit. Quicum ipso huc venit monachus quidam PELARGUS, in concione habita hujus mensis die septimo, per occasionem ejus loci qui est de zizania subcrescente in tritico: multa dixerat de hæreticis quocunque modo tollendis, ita tamen ut triticum non læderetur. Alii quidem hoc etiam addidisse ipsum ferebant, non esse nobis publicam servandam fidem: qua quidem re cognita, Saxonicus legatus alter qui hic remanserat, ad CÆSARIS hic legatos questus est. Accersitus monachus ut rationem redderet sui dicti, negavit hoc posterius; de hæreticis vero loquutum se dicebat in genere, et illum scripturæ locum sic interpretatum esse, de AUGUSTINI sententia: fatebatur etiam, quod si alterum illud dixisset in pœnam se capitis incurrisse, propter violatum concilii decretum. Septima hujus, publici fuerunt hic ignes excitati ab Hispanis et Italis ob electionem: vicesima prima vero propter coronationem JULII, et postridie missa peracta solennis eandem ob causum: et centum opinor annorum indulgentiæ, ut vocant, iis qui interessent attributæ. An non pulchre resipiscimus? An nos anteactorum pœnitet? O ludibrium! De Domino REDMANNO quæ scribis, magna cum voluptate legi, quibusdam etiam hic recitavi, et sane exemplum est, quod omnium permovere possit animos, verum accidit hodie, de quo, post ESAIAM, CHRISTUS etiam loquitur, ut plerique sapientiæ titulo turgidi, non videant videntes ac audientes non audiant. Theologorum Parisiensium articulos doctrinæ superioribus annis editos, nuper autem renovatos, pro concione rex jussit diebus quibusque festis ad populum recitari et explicari; vidisse vos illos puto. Quam sunt astuta et insidiosa hominum consilia! de MAURITII ad vos adventu, non idem est sermo. Lusitani filius hoc mense fertur uxorem duxisse CÆSARIS alteram filiam: de reditu filii rumor etiam est.

Emi Venetiis historiam BEMBI de republica Veneta: num ea sit vobis antehac visa, nescio. PAULUS etiam JOVIUS tomum primum sui temporis historiarum edidit. Quod de meo negotio nihil adhuc certi cognoscam, valde miror, inprimis vero D[ominæ] R[eginæ] silentium. Oro plurimum, ut dominus legatus ne cesset interpellare ac sollicitare. Nam progrediente regis ætate, facilior deberet esse ejus rei confessio, quam ipsemet recte potest intelligere. Te quoque rogo, ut quantum omnino potes, tam præclarum et utile institutum promoveas. Priusquam domo discederem, quod fuit initio Novembris, copiose scripseram ad dominum CHECUM: ad ea nihil esse renunciatum, qui fiat, nescio, multumque me fallit expectatio. Domino legato velim esse quam commendatissimus. Vale. Tridenti, ultima Februarii, 1552.

CXXXIX.—TO SIR W. CECIL, (E, 7: and M, 1).

Mostly about Sir John Cheke's recovery from sickness.

Villach, July 12, 1552.

o *the Right Honourable Sir William Cecil, Knt, one of the two principal Secretaries to the King's Majesty.*—Your short letter, so full of good will every word towards me, hath brought me more comfort in this my far absence from my country (the tidings only of MR CHEKE's recovery excepted) than anything that hapt unto me these many years. Most glad I am that it pleaseth you I may be yours; and as sure I am I shall case to be mine own, when I shall leave to labor to be otherwise. And I pray God my ability may be so happy in doing somewhat, as my purpose is precisely bent to mind all duty and service toward your mastership. And if ye shall hereafter find me no less ready to deserve good will than to desire profit, and as diligent to please you with duty as to trouble you with

suits, than [*then*] let your promise of gentleness and my wish of your favour be sealed up with that sign of goodwill, which did well appear in every word written in your most gentle letter. These few words thus meant shall, I trust, for this time, do the message to your mastership of my willing duty, which hereafter shall be as ready, God willing, to do you long and loving service, as my letters are now, of purpose, short, for fear of troubling your most weighty affairs.

Mr LEAVER wrote unto me a joyful letter of Mr CHEKE's most happy recovery, praying to God in this letter, that England may be thankful to God for restoring such a man again to the king: and well prayed truly; but I am thus firmly persuaded that God wist and would we would be thankful, and therefore bestowed this benefit upon us. God's wrath, I trust, is satisfied, in punishing divers orders of the realm for their misorder with taking away singular men from them. As learning by Mr BUCER, counsel by Mr DENNY, nobility by the two young dukes, courting by gentle BLAZE, St John's by good ELAND. But if learning, counsel, nobility, court, and Cambridge should have been all punished at once by taking away Mr CHEKE too, then I would have thought our mischief had been so much, as did cry to God for a general plague, in taking away such a general and only man as Mr CHEKE is.

Sir, if I might be so bold, I doubt not but your mastership is well ware in seeing our letters fitly deciphered, lest the *fallax* of composition and division (as you know better than I) do sometimes so invert the sentence as in the self-same words thus joined or so separated, a clear other mind may appear in reading than was meant in writing; and because I perceive this in ciphering, I think other may perhaps light upon the same in deciphering.

And thus for this time I will take my leave of your mastership, purposing elsewhen to trouble you with the talk of longer letters, if I may learn that your gentleness will warrant my boldness therein. The Lord keep you, my good Lady CECIL, and all yours.—From Villacho in Carinthia, the 12th of July 1552. Yours and command me, R. ASKHAM.

CXL.—TO CECIL, (E, 8: and M, 3).

About Sturm, Cheke, his own prospects, and other lesser matters.

Spires, Sep. 27, 1552.

SIR: so great thanks for so little a token, must needs prove, both of more gentleness in you, and of great good will towards me.

There is a chart, purposely for MIRANDULA, yet so containing the confines about it, that ye may see the whole plain of Lombardy from Piedmont to Venice, even as a man would wish. Rome is stamped so likewise with the best part of Tuscany about it. These two charts I would I had to send them to your mastership, but Mr GEORGE THROCKMORTON hath both these and other mo, as he told me, which I know ye may both see and use at your pleasure. And I am glad your inducement to have particular charts doth confirm mine opinion in the same.

Sir, I would be very glad to know of your mastership, if I, in place where I am abroad, may, without shenting at home, sometime as occasion serveth talk with the Pope's Nuncio's men, as I do with other agents and Italians here. Hitherto I have not, nor would not do it, for still I knew not whether I might do it or no, nor hereafter will not attempt it, except your wisdom from home would warrant me thereunto. I believe you have better advice from Rome of the whole state and stirs of Italy, than all the rest of ambassadors have, and I would trust so to observe my talk as I should get more of some of them, than any of those should win of me; and I would also do it so as neither any at home should have cause to mistrust, nor those here occasion to hope that I thereby should become papistical.

We were at Argentine, and sorry I was that we saw not JOANNES STURMIUS there. *Worteri fraleres*, to whom he wrote *Nobilitas liberata*, did very gently show unto me divers things of his writing, and amongst the rest, the two first *contrariæ orationes* excellently, as I think, translated and at large as I saw commented by STURMIUS. I had no leisure to peruse it much, but only then I did remember and wish that I had known the hard place in DEMOSTHENES which your mastership once at Shine did show unto me, and I would the gladlier know the leaf and line thereof in some certain print, because when I read that part of DEMOSTHENES not long sithence, I did as a blind horse doth which has cause to stagger in every plain, and yet sometime doth not stumble in the roughest way, because he doth not see the peril of his passage, as I myself did not feel mine ignorance when I am sure I understood not the sentence.

Sir, I talk and trouble your mastership too boldly; but impute this to your own and old gentleness which maketh me to misuse thus your leisure from better businesses. I cannot express how much I take myself bound unto you for that which ye utter, both in my lord ambassador's letters and mine, how ready and bent you be to do me a pleasure when any occasion shall serve thereunto. And seeing ye will needs have me bold, surely for this once ye must bear with me, being although indeed far too bold. It is your pleasure to do me good—I beseech you, hear my fond advice how ye may do it most easily, and where I would enjoy it most gladly, and yet deserve it, or serve for it, as I trust somewhat fitly.

Many times, by mine especial good, with Mr CHEKE's means, I have been called to teach the king to write, in his privy-chamber, at which times his grace would oft most gently promise me one day to do me good; and I would say, "Nay, your majesty will soon forget me when I shall be absent from you," which thing he said he would never do.

Sir, I do not mistrust these words, because they were spoken of a child, but rather I have laid up my sure hope in them, because they were uttered by a king. Next this promise of the king's majesty, my trust is in my lady's grace my mistress, and that rather I trust so, because I am assured in my conscience that I did her faithful and good service; insomuch that master ASTLEY this last year sent me word from her grace, by Mr LEAVER, that her grace would either speak or write to the king for me in any reasonable suit. And surely I have reason, which I should desire, that if I have a benefit done, I might have some cause to thank her grace for it. After these, you and Mr CHEKE be the only stays to whom I do lean; and three ways there be, in one of the which I would be glad to lead the residue of my life: the first, as it is most easy for you to obtain, so is it most my wish to enjoy; and that is that I may, setting out the Greek tongue in St John's, be bound to no other statutes nor acts in the University. Secondly, to have some corner in that office in the court, of the which my lord ambassador made mention to your mastership not long sithence, and in that place perchance, being under your mastership's correction, I could do some good, and besides help forward with some piece of learning in the court, as my lord ambassador hath oft told me I might. If neither of these two ways may be sped, then I would wish I were able to serve my country abroad in this court, or in Venice, or in MAXIMILIAN's court in Hungary, or in some other place; and I would not doubt but mark as warily, and write home as diligently such occurrents that do happen, as some of these strangers do which have so good stipends out of the realm; and in this point I am sure I could do your mastership some pleasure in speedily making you partaker of the affairs abroad. I blush, sir, in writing thus boldly for myself, and I promise you I will not greatly use it hereafter. And in very deed, if I had never come from Cambridge into the world abroad, I would not much labour either to change the state of my living in Cambridge, or else to increase it otherways abroad. Marry, seeing these four years I have served in good place a king's daughter at home or a king's ambassador abroad, men might think strangely of my behaviour if need should compel me still to run to mine old hole, where I must be subject to the pleasure of men's talk concerning my returning thither. At good times in England, the poorest man commonly hath either a new coat, or else his old coat turned; and in very deed, I love mine old living so well, that I had rather have it turned than any new provided; and I know it to be so fit for mine use, that I am assured I could do good service therein to the common wealths, and if it were not so strait but that I might stir myself in it, as I would, surely it should last me as long as I should live; yet it should be a great deal the warmer if your mastership would help me to line it a little better, and specially against this winter, which draweth towards me very fast. In summer time I know light and unlined garments be fittest for men's use; but if it shall be mine ill-luck still to wear mine old Kendall coat in winter, I must with much shame—Pardon me, sir, that I make not an end of my sentence. Mr THROCKMORTON calleth so fast for my letter that I must make an end.

Sir, I pray you to think that that which I write, as yearning to talk with every man in generallie, doth only proceed of a good will to do diligent service abroad; if your mastership think otherwse, then I pray you let this be written only to you. I am most glad that ye somewhat commend my service here; in very deed, if my ability were able to march with my good will, diligence, and truth, I should do some good therein.

I am ashamed to trouble your mastership with such ragged and ill-ordered letters, but my hope is, you will pardon all. The Lord keep you and my good lady Cecil. —From Spires the 27th of September, 1552.

Your mastership's to command,
R. ASCHAM.

CXLI.—TO SIR R. MORYSON, (H).

Roger Ascham's communication with Mons. d'Arras at Landau, Oct. 1, 1552.

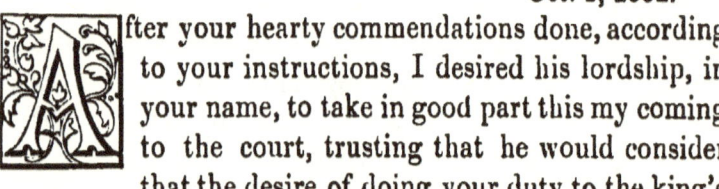

After your hearty commendations done, according to your instructions, I desired his lordship, in your name, to take in good part this my coming to the court, trusting that he would consider that the desire of doing your duty to the king's majesty did move you to send me to him at this time. For now, when you had learned that the ambassador of Portugal was in the court, and that you were sent from a greater prince than he was, you trusted his wisdom would consider that you could not make a good reckoning at home, of your duty abroad, except you might be both in the court and in the camp, as well as he. Therefore your suit was, that you might also forthwith come thither; for his lordship might be well assured, that he of Portugal, nor the king his master, could be more glad, the one to write, and the other hear, of the emperor's most prosperous success, in all this journey, than you were, both presently here, and also to write it diligently home; nor no prince nor country more in daily expectation of the emperor's majesty's lucky proceedings, than is the king's highness our master, and all his whole realm of England; and here I paused.

Mons. D'ARRAS's answer was:—As concerning the ambassador of Lusitania (for so he named him always), I pray you desire your master not to think much, that the emperor at this time hath given order to the ambassador, and to Secretary GROSS, to intreat for the convey of his daughter to her husband, the king of Lusitane's son, which is the only cause of the abode of that ambassador in this court. And so likewise, if your ambassador had any matter of intreaty betwixt the two princes, he may come or send at his pleasure. Likewise I trust he will consider, that it standeth the emperor much in hand to be well assured, that under the pretence of the ambassador's retinues, the enemies have not too open means to look into his majesty's matters and doings. Therefore, except some special matter of the emperor and princes whom they serve, do require otherwise, all ambassadors must be content that his majesty, for his own private affairs, do as his wisdom shall lead him thereunto. And concerning the king your master's glad expectation for the prosperous success, his majesty thereof is most assured. And here the bishop with a friendly countenance said unto me, "Ye know these matters do belong not a little to the king your master, for ye are not ignorant how this year the Frenchmen have robbed England above £150,000; and beside all old spites of France done unto England, we trust the king's majesty, his honourable council, and realm, cannot forget how unjustly not long since the French king hath dealt with him, in his younger years, even when he was troubled with stirs at home, *nec id ratione justi belli, sed potius injusti latrocinii, ut alias consuevit facere* (these were his words), as the emperor's majesty was always England's friend, as his ancestors have been, and will continue unto his life's end." His words were earnestly spoke in these matters, which being too deep for me to wade in, I thought not good to enter into them; but this much I thought it meet to say, that I knew the king's wisdom and his council did so weigh, he his honour, and they the safety of his person and wealth of his realms, as neither wrong would be borne, nor benefits be forgotten, which were done to his grace and his realm, and so turned to my errand again and said,

"Seeing the emperor's majesty will not have the ambassadors with their retinue in his camp, yet because my master knoweth that certain agents be suffered to tarry in the court, at least it might please your lordship, that JOHN BERNARDIN the king's majesty's servant, may attend likewise there, who might without fail there speedily write home his majesty's good proceeding in this journey."

His answer was, "Indeed certain agents belonging to cities and princes under his majesty, as from F. GONZAGA PIETRA di Toledo, Piacenza, &c., remain in this court to serve the emperor's own purposes for these places, but all other must be content to follow his order; for assure yourself, no agent, secretary, or man of any ambassador shall be suffered to write or tell out what is done here, but if they be taken, they must suffer such order as is appointed by the emperor's majesty. And JOHN BERNARDIN less than any other. For, when I was on the other side of the Roan, BERNARDIN came unto me, as he said, to take his leave of me, for on the next morrow he would take his journey into England, saying he could not agree with my lord ambassador, purposing, belike, *hoc sermone me capere*, which thing I was not content to hear, but so dismissed him. And surely if he come any more to this court, *jubebo illum apprehendi et comprehendi vinculis*, and I pray you tell him so for me, if it be your chance to see him hereafter. And I pray you commend me heartily to my lord ambassador, and tell him he shall, of all ambassadors, be the first certified of our affairs, and in his private matters he must be content to send neither you nor no other of his men, but write by some belonging to this court, and I will friendly and speedily dispatch his requests. And thus I, having speedy access at my coming, and gently dismissed at my parting, came my way. R.A.*

CXLII.—TO STURM, (1, 10).

Regrets that he has gone to Strasbourg, and found that Sturm was from home—Venetian ambassador at Spires—Sir Richard Morison is now writing an answer to Sturm's letter. Spires, Oct. 20, 1552.

ogerus Aschamus Joanni Sturmio, S.P.—Non ego scribere, sed tu facillime cogitare potes, ornatissime Jo. STURMI, quam libenti animo ego Argentinam accessi, et quam mœrenti desiderio illic te non reperi. Libenter peragravi Germaniæ magnam et Italiæ aliquam partem: sed nihil, in tota hac peregrinatione, cogitatione mea aut jucundiori aut frequentiori exoptabam, quam aliquando videre Argentinam quidem, sed potissimum in suo Nidrusiano meum STURMIUM. Cogitabam ego, longo sermone,

---

* This letter (together with one from Sir Richard Morison), is found in Hardwicke's State Papers, Vol. I, p. 48, as transcribed from the originals in the State Paper Office.

tuto et solitario, in tuum sinum infundere, quomodo his superioribus temporibus, in hac aula Cæsarea singulæ res gestæ, veri excitati sermones, ficti jactati rumores fuerunt. A fuga enim Œnipontica ad hodiernum diem, memoriam singulorum dierum continenti ordine conservavi. Risisses audiens me narrare, quanto metu Villaci, secundo Julii, imo longe ma'ori quam Œniponti decimo nono Maii, et universi nos tacti et singuli fere disjecti et ad fugam effusi sumus. Quem terrorem revera PAN aliquis, aut nympha ex Alpibus in nos immiserunt, inanes autem, et rumores de Turcis, et suspiciones de Venetis nobis attulerunt. Hæc et multa alia tibi narravissem, et a te quoque plurima, quæ aliis in locis sed iisdem perturbatis temporibus gesta sunt, accepissem. Sed istam jacturam aliqua ratione alias fortasse resarcire possumus; illam vero ego non queo redimere, quam feci spei mei interveniendi tum temporis eruditissimæ illi disputationi Nidrusianæ: id quod ego inepte credo et moleste, sed cupide scio et familiariter fecissem: præsertim quum puto me potuisse incidere in illum diem, qui sermoni tuo, cum GREMPIO instituendo, assignatus est. ANTONIUS et PHILIPPUS tam veri nobiles quam Germani fratres, præsentissima sua humanitate, nonnihil levaverunt meum absentis tui desiderium; ostenderunt mihi secundum librum, atque profecto gratulatus sum moræ atque negotiis GREMPII, et in eo loco opinor video tuum consilium; certe multum probo tuum judicium: quod GREMPIUM, ni fallor, reservas ad fusissimam explicationem earum quinque rerum, de quibus potissimum, in omni republica, gravissimæ deliberationes instituuntur. Si hæc præsens audivissem, et ex ore utriusque vestrum, præsentibus auribus meis, summa consilia, et illustria exempla, non priscorum solum, sed potissimum nostrorum, imo istorum et principum et temporum excepissem, putassem me non minus felicem esse, quam video illos præclaros viros fuisse, qui apud PLATONEM et CICERONEM hujusmodi sermonibus interveniunt.

Credo te, mi STURMI, et quantum audeo te hortor, comparare et instituere totum hoc opus, non tam ad eruditissimas præceptiones, quad ad civilem horum temporum et morum usum. Omnia tibi suppeditant, purissima religio, rarissima tempora, partium meliorum studium, rerum experientia, principum notitia, usus, judicium, eloquentia, omnia profecto summa. Quid volo tu vides, et quid potes ego intelligo. Quantum debes veræ religioni, caussæ meliori, patriæ libertati, aliorum injuriæ, tuo etiam stomacho, atque omnium bonorum desiderio tribuere, meo consilio non leviter æstimabis. Vides quo evectus sum, mi STURMI, et fortasse mirari vis, quo judicio hæc requiro in explicatione præceptorum rhetoricorum, eo ipso profecto judicio, quo ipse usus est, qui suum amicum rogavit, ut in se ornando omnes historiæ leges negligeret. Et eo rectius in hac caussa me sentire puto, quam ille ipse intelligendi dicendique præceptor, quod is nonnihil se amare, ego ad summam amici laudem, ad præsentem maximum usum, ad posteram et nunquam interituram admirationem omnia referre videor. Vereor, mi STURMI, stultus tibi videri, ineptus atque insolens, in toto hoc loco; si non quantum semper censuræ tuæ prudentiæ ego soleo tribuere, tantum nostræ amicitiæ, quum ad te scribo, putarem abs te concedi. Sed pergo ad alia.

Est hic Spiræ una nobiscum clarissimus vir D. MARCUS ANTONIUS DAMULA, Venetus legatus ad CÆSAREM, tui studiosissimus, et mei amantissimus, multiplici doctrina, linguarum peritia, et usu magnarum rerum, quibus, in insulis et reliqua Venetorum ditione, summa cum laude prudentiæ et abstinentiæ præfuit, mirifice excultus. Ego ab illo multa audio de CONTARENO, BEMBO, et SADOLETO;

et ille vicissim sæpe a me perquirit de STURMIO. Aiebat mihi se misisse ad te donum, quum esset proxime Argentinæ, et maxime indoluisse quod tum caruerit expectata consuetudine familiaritatis tuæ. Rogavit me, ut aliquam diligentiam, in suo studio erga te declarando, et te nomine suo officiosissime salutando, adhiberem; et nisi hoc tempore in lecto infirmus decumberet, hunc meum mihi sane pergratum laborem suis ipse literis longe gratioribus levavisset. Intelligat quæso proximis tuis ad me aut si vis ad illum literis, et me memorem et te gratum existere. Accessione præclaræ amicitiæ nullas opes præclariores esse duco. Rogavit me ut cras ad se venirem, et mecum adducerem Rhetoricum tuum Aristotelicum, ut illo dulci sermone acerbos doloris sui aculeos, quibus pungitur, veluti ablineremus. Atque quum ego libenter legam et ille auscultabit avide, uterque profecto gratissimam tui memoriam usurpabimus. Vide quam prolixus sum, mi STURMI, quoties ad te scribo, quod facio, vel quia te plurimum amo vel quia tecum loqui videor vel quia te ad longissime scribendum elicere cupio. Quum essem Argentinæ, putabam me veterem Spartam videre, exceptis vestris fortissimis mœnibus: et multum laudabam Laconicam illam et frugalitatem in victu, et tristitiam in vultu, mores simplicitate rustica potius horridos, quam ad versutiæ levitatem comparatos: animos quidem magnos, sed eos quidem Laconico more valde cunctantes. D. Legatum scias tui esse studiosissimum, qui sic in Angliam de te scripsit, ut nec melius nec aliter ego ipse exoptarem. Quando ad illum scribis, scribe diligenter, nam inter omnes Anglos neminem repperi, qui, quod prudenter et erudite scriptum est, aut æstimet graviori judicio aut accipiat gratiori animo. TOXITES noster fuit nobis longe gratissimus, quem olim eruditum virum ex literis, nunc optimum hominem ex consuetudine et moribus facile esse judico. D. Legatus credo nunc tibi rescribit; ex illis spero literis plura intelliges. Saluta quæso nobiles illos fratres, ANTONIUM et PHILIPPUM VERTEROS. Vale in CHRISTO JESU. Spiræ, XX Octobr. An. Dom. 1552.

CXLIII.—TO CECIL (E, 9 : and M, 5).
Still on his own plans for bettering his income.

Spires, Nov. 28, 1552.

SIR—How much I am bounden to Mr MORYSIN, Mr CHEKE, and to you, for moving, furthering, and obtaining the suit made for me to the king's majesty, I cannot now signify in a short letter, but will labour the length of my life to show myself unto you all three with duty, good will, and service; although not the fittest man for that office, yet never unthankful to any of you for the benefit; trusting, though I do not satisfy the place fully with ability, yet to content your wisdoms so with my diligence, that it, waiting always, Sir, upon your good advice and counsel, and at all times being thoroughly instructed by your wisdom, and gently corrected by your judgement, may, though not be worthy to win praise, yet be able to eschew blame, and shall either I trust not much deserve to be reproved of other, or when in fault, be both ready to amend that is past, and very wary to offend in the like to come. To Mr MORYSIN I was much indebted before, to whom as I am most willing to owe, so am I also most ready to repay him with service, or to content him with good will. I esteem not the benefit to be little to have spent these years with him in seeing so many countries, in marking so diverse manners, in being weekly partakers of the greatest affairs, that chance almost anywhere; and this life thus led hath been to me both more pleasant, as I feel presently, and more profitable, as I trust for time to come, because

it was spent in his company, which holdeth straight forth
in all his doings, that way only, which God's glory, his
prince's honour, his country's profit hath pointed him to
follow. Mr CHEKE's readiness in forwarding that suit I
do guess of his long continued good will toward me, and
of the love wherewith I have always reverenced him. To
your mastership I acknowledge myself to be so much the
more bounden than to any other, as I have less deserved
it of you than of some man else. And the further I was
off being so remembered, with the nearer bond my heart
and service shall be ever more bound unto you; and in
communing thus with my whole duty unto you, I will follow
the manner of wayfaring men, among whom though some
rise very early, yet other that lie longer, do so recover
their late rising with speedy riding, that they were not so
far behind the rest in setting out as they be before all in
running to their inn; so likewise, though I have overslept
myself, and did not rise with the timeliest to bring you
my service, till I was called up and awaked by your
gentleness, yet, God willing, I will make such speed with
ready good will, which shall, I trust, content you so well,
as though I had set out with the first. And as this benefit is surely greater for itself, greater for you three which
did move it, further it, and obtain it, so is it greatest of
all for him that did grant it; a king, by nature my sovereign, by favour my good lord, and by virtue such a king
as is most worthy to be king of many kings and kingdoms.
For myself, I dare promise no more, but good will and
diligence; yet thus much I am boldened, because that
kind of learning which sometime was most pleasant for
my study in Cambridge, shall now be most necessary for
my duty in the court. But being come thus far, WESTON,
my lord ambassador's man, bringeth me word what stop
is in the matter, at which sudden frowning of fortune

God be my judge I was no more inwardly sad, than I was at the former fawning of the same, outwardly glad. No, I that have seen in one half year two of the greatest princes subject to such tosses and toures of ups and downs, had learned very little, if such two great examples could teach me nothing; but most glad I am to see your mastership's good will, expressed in Mr MORYSIN's letters, so bent to do me good, and therein as I will gladly follow the choice of your wisdom, whatsoever you shall think fit to bestow upon me, so do I now like those that will catch what they can, be it benefice or prebend, or what else, though they be neither able nor willing to discharge it. If I might go to Cambridge with my patent augmented a little, with liberty to be bound only to set out the Greek tongue in St John's, I will not now say how profitable a member I could be to the commonwealth. And herein I had written a long letter to your mastership a se'nnight ago, long before WESTON told me of the change; I let Mr YAXELEY read a piece of it, but because I know your businesses ought not to be troubled with long letters, I defer it to the next post. And now in very deed, for my lord's businesses, I have not leisure to finish it and write it as I ought to such a man as I know you be. If I might, when it please you, do you service in the court, and when I could sometime creep home to Cambridge, I had rather do so than either dwell at Durham or Winchester. And moreover, if I did not yearly give unto you a good reckoning of duty well done to the country's weal, I would be content to lose your friendship; which loss, as God be my judge, I would esteem to be the greatest that ever now can happen unto me. I trouble you, Sir, and have strait leisure myself. Therefore, Sir, as concerning my matters, if it would please you of good will to make the lots for me, and when you have so done by your wisdom to draw for me too, I am assured my luck shall be good, the which wholly I commit to God's prudence and your gentleness. I send you, Sir, by Mr YAXELEY a map, the best that ever I found in all my businesses here abroad, specially for Germany, Italy, and Hungary: it containeth whole Europe, and so much of Asia and Africa as is either known by men or spoken of in learning, save only in the east part it stretcheth not far enough to the Medes and Persians. And as it is general for the whole, so is it in most places so particular for every city and town as the like that I have not seen. The worthy ambassador of Venice, *Il Signor Marco Antonio Damula,* in this court, did give me two of them, the one I send to you, the other to Mr CHEKE, which poor token of good will I trust ye will both take in good part. And thus the Lord preserve you with my good lady Cecil.——From Spires this 28th of November, 1552.

Your mastership's most bounden so to be, R. ASCHAM.

CXLIV.—TO HUBERT, (3, 12).

Prevented from going to see him, Cisner, and Micyllus, at Heidelberg by the siege of Metz having been raised. Argues for the new way of pronouncing Greek, introduced by Sir John Cheke.   Brussels, March 6, 1553.

Rogerus Aschamus Huberto suo, S.P.—Multos magno dolore et me non mediocri affecit subita illa Metensis obsidionis derelictio, doctissime HUBERTE, quæ impedimento fuit quo minus Heidelbergam accesserim: ubi singularem voluptatem ex suavi consuetudine, et erudito sermone, tuo videlicet, MICYLLI, et CISNERI, percepissem. De recta namque Græce pronuntiandi ratione, quomodo inter nos constitutum fuit, commode et fuse disputassemus. Magnum fructum scio ex vestra eruditione, et palmam ipsam credo ex meliori caussa domum reportassem. De HUBERTO meo, hoc est, de summa bonitate tua et multiplici doctrina, et de illa instituta nostra disputatione, sæpe multumque cogito: et ita cogito, ut id literis aliqua ex parte nunc tentem inchoare, quod opportuno sermone coram plene præstare potuissem. Ex hac tamen una re, et mutua scribendi ratione, duplicem capiemus commoditatem, nam initam nostram amicitiam literarum crebritate stabiliemus; et institutam nostram disputationem magna cum voluptate persequemur: persequemur autem eo modo ut modum literarum nunquam excedamus : propterea, singulis literis nostris singulam quamque Græcam literam expediamus. et sic nostræ literæ nunquam nimis longæ, et materies scribendi semper valde copiosa nobis proposita erit. Auspicemur igitur faventibus musis, et agnoscite caussam : nam vos tres, quos habeo adversarios, libenter in hac caussa patior esse judices. Prodeat ergo utraque pronuntiatio, vestra et nostra; pugnent inter se. Quibus telis? Rationibus? Facile accipio. Doctrina? Id a vobis doctissimis expecto. Testibus? Et ego quoque laudo. Rationes scio nullas habetis, nisi quas subornavit multiplex vestra doctrina. Sed testes quos? Excutiendi enim sunt. Testem habetis primum, usum, quia omnes pronuntiant ut vos exceptis nobis Anglis. Deinde producitis ipsam Græciam, quæ hodie retinet vestram pronuntiationem, cujus auctoritas longe anteponenda est istis divisis toto orbe Britannis. Si usum intelligitis priscæ illius ætatis consuetudinem, quum vixit et scripsit ARISTOTELES, qui adhuc in libris doctorum hominum conservatur et viget, usum et ego recipio. Sin usum vultis hunc vulgarem, imperitum, et quotidianum, a prisco illo doctissimo usu longe alienissimum, tot mutationibus corruptum, tot erroribus implicatum, et temporis longinquitate exesum, ego vero non admitto. Usus, nisi doctrina et ratione nitatur, præceps in errores semper ruit; et hinc fit quod nunquam ulla fuerit vel respublica tam recte gubernata, vel lex tam sancte posita, quin unius consuetudinis vitio sit tandem eversa atque labefactata. Taceo, quos errores solus usus in ipsa verissima Christi religione producit, fovet, et tanquam sus porcellum suum in fœtido sinu amplectitur, et mordicus etiamnum defendit. Vis corrigere, vis emendare aliquid, quod vitiatum sit? Solus usus repugnat, et sese opponit, clamitans, Consuetudo! Consuetudo! a qua vulgus et imperiti homines ægerrime divelli possunt. Vos ergo duces scientiæ videritis, an tantum usui omnis erroris auctori et propugnatori in hac caussa tribuendum sit: præsertim quum nulla res exstet quæ quotidianis mutationibus magis obnoxia sit, quam verborum sonus et pronuntiatio. Præterea quum Græca lingua diu jam recesserit ex usu vulgari et sermone hominum, et sese omnino abdiderit in doctorum libros, taceat ergo et facessat usus vester ex hoc judicio, et prodeant libri, quos "nec JOVIS ira nec ignis, nec ætas omnis potuit corrumpere," libri, inquam, antiquioris illius fidei, quanquam nullius libri vocem et testimonium rejicio, quem vos tres dignum et idoneum testem judicabitis. Ast libri, dicitis, non loquuntur, non possunt exprimere sonum literarum. Scio tacebunt omnes libri et literæ, et erubescent de vestra corrupta et vitiata pronuntiatione loqui; at de nostra copiosa et luculenta dicent testimonia. Sin ulli libri de vestra quicquam loquuntur, producite, nullum rejicio: et ego vicissim libros doctissimos summæ auctoritatis pro mea in medium adferam, et id jam statim, quum ad disceptationem accessero. Alter testis vester est ipsa Græcia. Recte. Græcia scilicet, quæ jam nescit loqui, novit recte pronuntiare? Græcia, quæ jam diu amisit suum imperium, gloriam, ingenium, doctrinam, imo nomen suum, et linguam, retinet tamen, si diis placet, ipsam veram pronuntiationem? Græcia tot urbibus eversis, et ipsa suis pulsa sedibus, et tot barbarorum cedens invasionibus, pronunciationem tamen puram, inviolatam, et nulla mutatione jactatam hactenus conservavit? Alii profecto testes melioris fati et fortunæ quam isti miseri Græci vobis quærendi sunt; nam non solum cum vobis tribus, sed cum Græcis ipsis, qui nunc vivunt, libenter pugno, quum Græca lingua nunc dierum non magis sit propria Græcorum hominum, quam lingua Latina Italorum: nisi hoc fortasse dicturi sunt, se aliter quidem sed melius pronunciare quam veteres illi doctissimi Græci consueverunt, et tunc pugnabo cum his, qui ad inveteratum aliorum errorem singularem etiam suam adjicient impudentiam. Quisquis ergo in hac caussa contendere vult, præsidio scientiæ non errore consuetudinis sese muniat. Doctorum monumentis, ubi tota jam habitat Græca lingua, non Græciæ olim, nunc barbariæ regionibus, unde omnis exulat doctrina et ipsa etiam lingua, hanc disputationem contineat. Et hæc de universo genere pronunciationis: nunc brevissime de una litera, ut rationem literarum non libelli magnitudinem nobis proposuisse videamur. De *a* non contendimus, nisi quum coaluerit in dipthongum αι, sed eum locum rejiciemus ad nostram de vocalibus disputationem: β ergo prodeat. Hic longe discrepamus: sed audiamus quomodo vos et quomodo nos efferimus, et penes vos tres judicium esto utri rectius pronuntiant.

Hoc verbum κυβίρνω vos sic effertis, *chiverno*, in qua una dictione tres errores admittitis, in κ, in υ, in β. Latini hoc verbum suum fecerunt, nec solum vim in significatione, sed etiam veritatem in pronunciatione retinent, solum mutantes primam literam tenuem κ, in suam mediam γ, id quod Græci veteres sæpissime fecerunt. Itaque nos efferimus κυβίρνω cum Latina lingua *guberno*: sed de κ et υ suo loco. Nunc testes idoneos proferamus, an cum vobis dicendum sit *verno*, an cum nobis *berno*. Producite testes vestros: conticescunt omnes, excepto mendaci usu, quem comites sui, error et ignorantia, obtorto collo et impudenti facie in hunc locum provehunt. Audite nostros testes, quos vos scio non rejicietis. Primus est doctissimus EUSTATHIUS, qui sic explicat illum HOMERI locum, βῆ δὲ κατ' Οὐλύμποιο, &c. Bῆ, iniquit, est ipsissima vox ovilis: jam utrum ulla ovis effert *vi* ut vos, an *be* ut nos, judicetis. Anglæ scio omnes oves et Germanæ et Italæ pro nobis faciunt; sed fortasse Græcæ oves olim non balabant, sed vilabant, &c. Ast, qualis hæc, dicetis, disciplina est quæ petitur ab ovibus? Certe rubore non perfundimur discere ab ovibus, quum in simili caussa ille, cui similem nemo potest nominare, non erubuerit a cane literam ρ perdiscere. Et discere ab ovibus, est discere ab ipsa natura, quæ constans semper et sui simillima existit, nec varietatibus et mutationibus obnoxia est, ut usus vester et fluctuans consuetudo. Sed alterum testem proferamus.

Ecce MARCUS CICERO, qui Græce loquendo ipsis Græcis gloriam, ut ille ait, eripuit, in epistola illa, satis vobis nota, de *obscenis verbis*, [*Ad fa.* 9, 22,] dicit, quum audit βίνει putidum Græcum verbum, sonat idem quod *bini* Latinum. Sin *bi* sonuisset CICERONI *vi*, quemadmodum nunc sonat vobis, mentionem *vini*, non *bini*, proculdubio fecisset: itaque, aut tunc CICERO βί non recte, aut vos nunc male pronunciatis. Tertium testem expectatis? non levem, sed in omni caussa gravissimum auctorem, divum AURELIUM AUGUSTINUM producimus, qui planius, si quid planius dici potest, quam aut EUSTATHIUS aut CICERO hanc rem decidit.* In libris de *Doctrina Christiana*—

* Et *beta*, uno eodemque sono, apud Græcos literæ, apud Latinos oleris nomen est. Lib. ii, cap. 24, p. 35, Edit. Froben. item vol. i, tom. 3.

caput non occurrit, quia liber non est ad manum—dicit, quum audit nominari herbam *beta*, videtur illi nominari secunda litera Græca, quo modo nos nunc efferimus: sin vero pronuntiasset AUGUSTINUS, quemadmodum vos, *vita*, id est anima, non *beta* herba, auribus ejus circumsonuisset. Quartum vultis testem? Nisi epistolæ modum mihi proposuissem, et quintum et decimum etiam produxissem. Verum sequemur illum, qui in graviori caussa dicit: In ore duorum aut trium, &c. Et cui EUSTATHIUS, CICERO, et AUGUSTINUS non satis faciunt, illi ego satisfacere non laborabo. Itaque aut me falsa retulisse, aut istos tres non recte scripsisse, aut nos veram et germanam, et propterea Germanis hominibus aptissimam pronuntiationem asseruisse ingenue fateamini. De pronuntiatione reliquarum literarum, reliquis literis nostris deinceps ordine, Deo volente, persequemur. Saluta doctissimos viros, MICYLLUM et CISNERUM: quorum literas et tuas de pronunciatione avide expecto. Saluta etiam literis tuis clarissimam illam feminam OLYMPIAM, quæ sola, pro sua singulari eruditione et summo judicio, si patrocinium nostræ pronuntiationis susceperit, de vobis reliquis minus laborabo. Vale, optime et doctissime HUBERTE, et me quod facis ama. Bruxellis, 6 Martii, 1553.

CXLV.—TO CECIL (E, 10: and M, 77).

Wishes to return to Cambridge. Remarks on his past life, &c.

Brussels, March 24, 1553.

IF I should write oft, ye might think me too bold; and if I did leave off, ye might judge me either to forget your gentleness, or to mistrust your good will, who hath already so bound me unto you, as I shall rather forget myself, and wish God also to forget me, than not labour with all diligence and service to apply myself wholly to your will and purpose; and that ye shall well know how much I assure myself on your goodness, I will pass a piece of good manners, and be bold to borrow a little of your small leisure from your weighty affairs in the commonwealth. Therefore, if my letters shall find you at any leisure, they will trouble you a little in telling you at length, as I promised in my last letters delivered unto you by Mr. FRANCIS YAXELEY, why I am more desirous to have your help for my stay at Cambridge still than for any other kind of living elsewhere. I having now some experience of life led at home and abroad, and knowing what I can do most fitly, and how I would live most gladly, do well perceive there is no such quietness in England, nor pleasure in strange countries, as even in St John's college, to keep company with the Bible, PLATO, ARISTOTLE, DEMOSTHENES, and TULLY. Which my choice of quietness is not purposed to lie in idleness, nor constrained by a wilful nature, because I will not or can not serve elsewhere, when I trust I could apply myself to mo kinds of life than I hope any need shall ever drive me to seek, but only because in choosing aptly for myself I might bring some profit to many others. And in this mine opinion I stand the more gladly, because it is grounded upon the judgment of worthy Mr DENNY. For the summer twelvemonth before he departed, dinner and supper, he had me commonly with him, whose excellent wisdom, mingled with so pleasant mirth, I can never forget: emonges many other talks he would say oft unto me, if two duties did not command him to serve, the one his prince, the other his wife, he would surely become a student in St John's, saying, "The Court, Mr ASCHAM, is a place so slippery, that duty never so well done, is not a staff stiff enough to stand by always very surely, where ye shall many times reap most unkindness where ye have sown greatest pleasures, and those also ready to do you most hurt to whom you never intended to think any harm." Which sentences I heard very gladly then, and felt them soon after myself to be true. Thus I, first ready by mine own nature, then moved by good counsel, after driven by ill fortune, lastly called by quietness, thought it good to couch myself in Cambridge again. And in very deed, too many be pluckt from thence before they be ripe, though I myself am withered before I be gathered, and yet not so for that I have stood too long, but rather because the fruit which I bear is so very small. Yet seeing the goodly crop of Mr CHEKE is almost clean carried from thence, and I in a manner alone of that time left a standing straggler, peradventure though my fruit be very small, yet because the ground from whence it sprung was so good, I may yet be thought somewhat fit for seed, when all you the rest are taken up for better store, wherewith the king and his realm is now so nobly served. And in such a scarcity both of those, that were worthily called away when they were fit, and of such as unwisely part from thence, before they be ready, I dare now bolden myself, when the best be gone, to do some good among the mean that do tarry, trusting that my diligence shall deal with my disability, and the rather because the desire of shooting is so well shot away in me, either ended by time or left off for better purpose. Yet I do amiss to mislike shooting too much, which hath been hitherto my best friend, and even now looking back to the pleasure which I found in it, and perceiving small repentance to follow after it, by PLATO's judgment I may think well of it. No, it never called me to go from my book, but it made both wit the lustier, and will the readier, to run to it again; and perchance going back sometime from learning may serve even as well as it doth at leaping, to pass some of those which keep always their standing at their book; beside that seeking company and experience of men's manners abroad is a fit remedy for the sore, wherewith learned men (many men say) be much infected withal, which is "the best learned not always to be wisest." A sentence not spoken of some for nought, yet used for the most part in the mouth of such as either know not what they say of ignorance, or care not what they speak of spite. They think simplicity to be folly, and subtlety to be wisdom; they judge bashful men to be rude, and past shames to be well mannered. And after these men's opinions, if a man be not πολυπράγμων in doing, or will not πλεονεκτεῖν in all matters for profit, or list not καιροφυλακεῖν all persons for favour, or cannot τραπελίζειν at all times for pleasure, or to speak most fitly in Saint Paul, if he do not wholly σχηματίζειν τοιούτω, he shall be counted of them ἰδιώτης ἀπειρόκαλος and *ineptus*, how learned, well mannered, and fit to many good qualities soever he be. But I am afraid ye will think that I go about more earnestly than craftily, either to excuse my own fault or too much negligence in study at Cambridge, or to hide mine own folly of too little experience in affairs abroad: yet in very deed, I will neither fondly accuse mine own lacks nor busily note other men's lusty and lucky boldness, although examples men say be neither old, far to be fetched, nor few to be numbered, but young, at home, and of divers names. And thus, by chance, in remembering shooting, I have almost forgotten my matter and your mastership's little leisure on so great affairs. Therefore, sir, to be short, ye bind me to serve you for ever, if by your suit the king's majesty would grant me this privilege, that reading the Greek tongue in St John's I should be bound to no other statutes within that university and college: and some reason I have to be made free and journeyman in learning, when I have already served out three apprenticeships at Cambridge. This suit also, I trust, is not made out of season, when things are rather yet to be ordered by the grace of our visitors than by the law of any statute; but I hear say the visitors have taken this order, that every man shall profess the study either of divinity, law, or physic; and in remembering thus well England abroad, they have, in mine opinion, forgotten Cambridge itself. For if some be not suffered in Cambridge to make the fourth order, that is, surely as they list to study the tongues and sciences, the other three shall neither be so many as they should, nor yet so good and perfect as they might. For law, physic, and divinity, need so the help of tongues and sciences, as they cannot want them; and yet they require so a man's whole study, as he may part with no time to other learning, except it be at certain times, to fetch it at other men's labour. I know universities be instituted only, that the realm may be served with preachers, lawyers, and physicians; and so I know likewise all woods be planted only either for building or burning; and yet good husbands in serving use not to cut all down for timber and fuel, but leave always standing some good big ones, to be the defence for the new spring. Therefore, if some were so planted in Cambridge, as they should neither be carried away to other places, nor decay there for lack of living, nor be bound to profess no one of the three, but bond themselves wholly to help forward all; I believe preachers, lawyers, and physicians, should spring in number and grow in bigness, more than commonly they do. And though your mastership get me the privilege, yet God is my judge, Scripture should be my chief study, wherein I would trust, either by writing or preaching, to show to others the way both of truth in doctrine and true dealing in living. Yea, if I do not obtain this suit of liberty in learning where I am sure I could do much good, than [then] I beseech your mastership help to bestow some little benefice on me, where I might in a corner occupy the small talent which God hath lent me; and if I shall be neither so lucky as to enjoy the first, nor judged fit to be called to the second, then there is a third kind of living wherein I could find in mine heart to lead my life for a while, if your wisdom will me not otherwise, and that is in living abroad in some strange country for a year or two. This last day as I talked with a Signior MARCO ANTONIO DANULA, the ambassador of Venice, to whom I am exceeding much beholden, he said unto me if I had desire to live for a year or two in Constantinople, Damasco, or Cairo, he would provide I should be in place where I should be partaker of weighty affairs. I said, my desire was bent much that way, save only, I would not be in place to receive any wages more than the benefit of a table. Marry, in reading with some great man, when leisure should give leave, the course of the Greek stories or other part of learning, I could endeavour myself, but I would live surely by the benefit of my prince and country. He said if he had known my purpose before NAVAGERIUS went last ambassador to the Turk, he could so have placed me as I should hereafter have caused him much thank. Therefore, Sir, if I do not obtain neither of my requests at home, I trust I could do the king's majesty good service and your mastership much pleasure abroad by diligent advertisements of affairs from thence, if by your means the king's majesty for a year or two would bestow some honest stipend on me, that mine entertainment from home might so give me credit abroad, as I might have both liberty to learn and leisure to write such things as were worthy to come to your knowlege. Sir, my trust is, you will not judge me unconstant for this university in choice of my living, but rather one that would lievest live as I find myself fittest to serve my prince and my country; for, as God be my judge, I had rather follow fitness in myself than search profit in any living, otherwise I would not prefer such a kind of living at Cambridge as I do, when divines, lawyers, and physicians, have such easy preferment to so goodly provisions as they have. And if I might without suspicion of folly declare mine own opinion of mine own fitness, then I could say I have missed where I thought myself somewhat fit to serve, and that was the place which your mastership did obtain of the king's majesty for me; but your goodness that would do that, I know will do me as good a turn when occasion shall serve thereunto. Thus as I wrote once, I ween, to your mastership, I have made my lots and set them in order as I wish them to chance; and if it please your wisdom to draw for me, even as I know ye can discern the fittest, so shall I esteem it to be the luckiest, whatsoever shall come first to your hand. And think not that your gentleness doth more bolden me now to make this suit, than it doth bind me for ever to be at your commandment, as God knoweth, who have you and all yours in his keeping. I would be glad to hear that ye have received these letters.——From Brussels the 24th of March, 1553.

Your mastership's to command,

R. ASCHAM.

CXLVI.—CHRISTOPHORSON TO ASCHAM, (5, 7).

Regrets that he was not at Louvain, when Ascham went there to see him and Brandesby—Sends four of Philo's works which he had just printed in a Latin Translation at Antwerp.

Louvain, Ap. 23, 1553.

Joannes Christophorsonus Rogero Aschamo S.P.—
Mihi Antverpia Lovanium reverso, ASCHAME
ornatissime, significatum est, te eo mei solum
et BRANDISBÆI nostri visendi caussa venisse,
diligenterque et valde amice de utroque nostrum a PETRO NANNIO percontatum esse. Quod quidem humanitatis officium uti vehementer equidem amplector, (habuit enim permagnam sane tuæ erga nos benevolentiæ significationem,) ita certe doleo plurimum, me eo tempore abfuisse, quo uterque nostrum de rebus utriusque ultro citroque tam opportune colloqui potuisset. Nam est quidem viris, doctrinæ liberalis et honestarum disciplinarum studiosis, quoddam quasi penitus insitum desiderium, si modo ulla inter eos intercedat necessitudo, ut hic de illius, ille contra de hujus studiis certior fieri magnopere cupiat. Quod profecto in me ita jam exardescere sentio, ut nihil magis mihi in optatis sit, quam ut plene cognoscam, quid Musæ ASCHAMI nostri moliantur; sileantne, quod CICERO scripsit de VARRONE, an celent potius ea, quæ in hac legatione regia commentatæ sunt: quarum indolem ita soleo admirari, ut nihil plane fuerit, quod me ad politioris literaturæ studium magis incitaverit: quarum in oratione gravitas ea fuit, ut animos audientium non ad prudentiam solum erudire, verum etiam ita permovere potuerit, uti quo vellet facile impelleret: quæ etiam in scribendo tam elegantes esse solent, ut suavitasne sermonis, qui tam concinne et artificiose constructus fuit, an prudentia in sententiis, quæ tam crebræ erant in oratione positæ, me magis oblectaverit, plane nesciam. Sed spero me brevi, Deo juvante, tecum coram colloquendo istam meam, qua tantopere flagro, cupiditatem omnino expleturum. Interea temporis mitto ad te quatuor libros PHILONIS, quos modo Antverpiæ imprimendos curavi; in quibus de Græco in Latinum convertendis si tuo judicio,

quod propter acumen tanti æstimare soleo, uti licuisset, tum certe non dubito, quin multo perfectiores politioresque in manus hominum venissent: quos quidem non tam perficiendi spe, quod MARCUS TULLIUS de suo oratore scriptum reliquit, quam experiendi voluntate edidi. Verum mihi persuasum habeo, te et alios tui similes, hoc est, qui propter singularem doctrinam in hoc genere excellunt plurimum, non modo meam probaturos diligentiam, verum etiam, si quid non ita diserte conversum sit, me de eo perhumaniter admonituros, ut amoris caussa me docuisse potius quam inscitiam reprehendisse videamini. Atque te, ROGERE doctissime, etiam atque etiam rogo, ut quum hi libri meæ erga te benevolentiæ declarandæ gratia ad te missi sint, eos grato atque benevolo animo accipias; tuque, qui et propter eximiam in omni genere doctrinæ præstantiam cum primis possis, et propter veterem nostram necessitudinem libenter velis, judicium de illis libere facias, mihique vere et ex animo quid sentias per literas significes: uti licet non in his qui jam editi sunt, in aliis tamen libris quos habeo in manibus, tuum consilium mihi adjumento esse possit. Vale. Lovanii, IX Calendas Maii, 1553.

CXLVII.—STURM TO ASCHAM, (5, 8).

Promises books—speaks of the siege of Metz, &c.

Strasbourg, May 9, 1553.

oannes *Sturmius Rogero Aschamo S.P.*—Simul mihi nunciatum est nuncium discedere, et hæc scripsi: quare dolet mihi non me posse esse loquacem. Amo te ob amorem tuum erga me, et studiorum morumque, ut mihi videtur, similitudinem: nisi quod tu me sis in scribendo crebrior, in judicando prudentior, et experientior usu tractandoque res nostri seculi. Sed tamen voluntas est par: non enim

tibi concedam ut tu me plus ames quam ego te diligam.
Mittam tibi brevi non solum alterum *dialogum Aristotelicum*, verum etiam tertium. Sed in hoc tertio sermone,
GREMPIUS noster nos fefellit; non enim adfuit nova
legatione impeditus: quare si de republica et legibus non
ita disputabitur, ut res postulant, malo id mihi ascribi,
quam in GREMPIO non retineri. Totum sermonem de
elocutione et dicendi generibus tibi tribuam; quo nihil
vidi in hoc genere acutius. Atque utinam ita stylus meus,
ut tuum ingenium; nam est aliquando hebetior: itaque,
ubi confecero, mittam tibi ut acuas et emendes. De
Metensibus gratum mihi fuit audire; sed ingratum tantos
sumptus frustra fieri, tanta lue tot taliumque hominum,
non tot per decennium ante Trojam, quot illic una hieme.
Nisi imperii principes eripiant eam urbem et Lotha-
ringiam, habituri sumus nos vicinam nimis potentem.

Dominum MORISINUM doleo ante revocatum esse,
quam eum ego donarim aliquo munere nostræ bibliothecæ et styli. Mei Rhetorici sermones omnes contine-
bunt meos et amicos et patronos; sed tamen aliqua seorsim
aliquibus: modo pariam quod nimis diu parturio, spero
tamen partum non fore monstrosum. Quum ad Dominum
CHECUM scribes, rogo ut ex literis tuis intelligat, me ejus
esse et studiosum et percupidum. Scripsi ei nuper brevissimas, sed metuo has et nuper missas inanes fuisse, et
nimis longas. Nam quum non habeo quod scribam, puto
nimium esse quantulumcunque scribo: præsertim ad talem
virum, et in re nulla. Si vis scire quantum te amem, pete
aliquid a me, quod in mea sit potestate. Magnum esse
oportet, et carius quam ACHILLI Briseis fuit, quod tibi
negare possem: neque quicquam tam laboriosum, quod
tua caussa non cupiam sumere, suscipere, recipere, et
quoad queam, efficere. De Germanicis rebus nihil habeo
quod scribam, tanta est confusio amicitiarum, bellorum,

prædationum. Hæc subito scripsi, sed ita ut malim tibi animum meum, et cor ipsum ostendere, quam verbis indicare amorem, quorum utrumque quoniam videre non potes, experire quæso cujusmodi sit quum voles et quoties voles. Vale. Argentorati, IX mensis Maii, 1553.

CXLVIII.—BRANDESBY TO ASCHAM, (5, 6).

Regrets that he has a second time missed seeing Ascham, he has heard his many virtues described by Nannius his friend who entertained Ascham in his own absence—will stay five days longer at Mechlin, hoping still to see him.

Mechlin, June 11, 1553.

*ichardus Brandisbæus Rogero Aschamo S.P.—* Nescis, eruditissime ASCHAME, quanto mihi dolori fuit, te bis summo cum desiderio mei Lovanium excurrisse, et semper frustra: sed in ultima frustratione, id saltem læti quod NANNIUM conveneris, non fratrem meum, hoc est, fere alterum, sed prorsus meipsum. Gaudeoque te tuaque omnia ita illi placuisse, qualia a me describi solent. Ille mihi dixit, virtutes, quas in scriptis tuis deprehendit, etiam in vultu et moribus deprehendisse: est enim ille, ut optimus conjector indolis, ita physiognomus haudquaque imperitus. Dici non potest, quantopere laudarit in te tuisque scriptis civilitatem, modestiam, humanitatem, et caritates tuas inenarrabiles: et tantam sanitatem in sententiis, tantam elegantiam in verbis, tantam moderationem in numeris, tantam concinnitatem in rebus contexendis, tantam lucem in omnibus, nihil non in te exquisitum, sed tamen nihil affectatum, vires insignes sine immanitate, dulcedinem summam sine ignavia, brevitatem cum succulentia, rursus prolixitatem sine luxuria, rotundum quiddam et crispum, sed sine æterna micatione, qua seculum PLINII laborat, florentiam sine muliebribus fucis, casti-

gatam et enucleatam dictionem, sed sine anxietate scrupulosa, qua Ciceroniani nostro ævo sese emaciant, et quasi compedibus revinciunt. Hæc ipsius de te verba, atque ista formula concepta fuere: quæ quia gratissima erant, et summo judicio profecta, meis scriptis inserui. quamobrem vereor, ne plus in NANNIO possideas, quam ego hactenus possedi: non tamen invideo. Candidæ musarum fores, et erga ASCHAMUM corpore et animo candidissimum, quicquid in NANNIO, quicquid in omnibus, quicquid in me ipso possideo, patere et expromptum et obvium esse debet. Ego in proximo tumultu Gallico res meas Mechliniam convexi: ibique per æstatem manebo, domicilium meum tibi indicabit hospes in Sancto GEORGIO: ibi te expecto, et si mature me de tuo adventu certiorem feceris, NANNIUM evocabo, tui videndi cupidissimum. Ego ad quinque dies Mechliniæ hærebo, defixus ibi tui expectatione, neque pedem interea foras elaturus. ne denuo nobis oboriatur istius absentiæ calamitas. Clarissimos dominos oratores inclytissimi regis nostri officiose a te meo nomine salutatos velim. Vale. Mechliniæ, XI Junii, Anno Domini 1553.

CXLIX.—TO SIR WILLIAM CECIL, (3, 10).

Sends him a gold and a silver coin of Augustus Cæsar.

Brussels, June 7, 1553.

rnatissimo viro Dom. Gulielmo Cecillo.—Magna cum voluptate, vir ornatissime, cognovi ex literis tuis ad Dominum MORYSINUM, quanta animi propensione eniteris, ut me tibi beneficio tuo in perpetuum devincias. Spes quam proponis, est mihi admodum certa: et res quam expecto, erit valde grata: sed omnino tua voluntas est longe jucundissima: quæ ita expedita est ad bene de me merendum, ut omnem in me præcurrat vel gratias agendi facultatem. Itaque quum gratiæ quas tibi referrem sunt penitus nullæ, et quas tibi haberem, sunt etiam perexiguæ, ego superatus re, et destitutus oratione, referam me ad eam, quæ sola mihi reliqua est compensandi rationem. Subsequar te voluntate, studio, et perpetua mea observantia, cujus propositi mei duos luculentos obsides mitto ad te, duos insignes CÆSARES, qui ut se tibi præsentes sisterent, ego, veritus nec hunc æreum deum nec illum aureum diabolum, utrumque in literas inclusi tuas. Aureus nummus minus erit tibi gratus: nam quid pessimo principi cum optimo viro? Sed quia materies est purissima, et opus præstantissimum, fortasse juvabit te intueri illam tyrannidem et immanitatem quæ etiam nunc apparet in ipso vultu, et in ipsis faucibus, quomodo in SUETONIO etiam scite describitur. Æreus nummus est valde insignis, et ita insignis ut ex hac mea facultatula nihil habeam, quod tibi tanto viro tanto meo patrono pretiosius offerre possim. Superiore mense fui apud Don DIEGO DI MENDOZZA, virum literarum amantissimum et omnis antiquitatis peritissimum: ostendit mihi magnam nummorum vim, dedit aliquot, rogat ecquos haberem? eduxi hunc æreum quem præsentem habui; inspecto nummo, respexit ad me: Intelligis, inquit, quem nummum habes? AUGUSTI CÆSARIS, inquam ego: Recte, ait ille; at ex omni temporum et vetustatis memoria, nullus nummus insignior isto ad hominum manus pervenit. Legis, inquit, in TITO LIVIO, de templo JANI bis clauso universa pace constituta; primum regnante NUMA, post imperante AUGUSTO: quo anno CHRISTUS nasci voluit. Sen. Pop. Que Rom. imperitus providentiæ Dei, referebat hanc universam pacem ad providentiam AUGUSTI, et facto Sen. Con. salutabat eum et divum et patrem, feriens hunc nummum, cum templo JANI clauso, et hoc verbo *providentia*. Interrogabat me unde haberem? Respondebam, in oppidulo secundum Rhenum sito. Credibile, inquit : nam paulo post DRUSUS et TIBERIUS illa loca circumcirca bello infestabant. Obtuli ei nummum dono, quoniam videbam illum eo delectari, sed noluit accipere, addens dignum esse, quum in Angliam redirem, quem Regiæ majestati offerrem. Sed nimius sum in re tam levi, præsertim ad talem virum, et memor tuæ humanitatis, imprudens oblitus sum auctoritatis et occupationum, quibus distineris. Recipies una cum his literis chartam MIRANDULÆ, cum maxima parte Longobardiæ et longissimo volumine Padi fluvii. Credo te antea habere; sed quid impedit duobus locis eandem affigere? Nisi explorata mihi esset tua humanitas et singularis in me benevolentia, nec tam res leves nec literas tam inanes ad te mitere ausus fuissem. Vale, ornatissime vir. Bruxellis, Julii 7, anno 1553.

CL.—TO SIR JOHN CHEKE, (3, 11).

Has learnt that Cheke had been chosen into the council—speaks of Hoby (afterwards Sir Thomas Hoby), his own occupation of writing in English an account of what was passing in the world, and sends a golden coin of Antoninus Pius as a present to Cheke.   Brussels, July 7, 1553.

Rogerus Aschamus Domino Joanni Checo.—Is mihi nuntius longe gratissimus fuit, ornatissime vir, quo te in regium senatum cooptari ad nos allatum fuit. Sed quia hæc dignitas, doctrinæ, prudentiæ, et integritati tuæ, omnium hominum voluntate, consensu, et voce, tanto antea debebatur, non eam tibi uni, imo non tantum tibi eam gratulor, quantum his, quibus meo judicio major prudentiæ laus in te eligendo, quam tibi felicitatis pars in conscendendo ad hunc dignitatis locum accessura est. Gratulor itaque universo nomini Britannico : primum vero, et quidem præcipue, optimo nostro principi, quod cujus te pueritia usa est excellentissimo præceptore, ejusdem jam adolescens, virilis, et grandæva deinceps ætas, in longissimos annos enndem te prudentissimum et fidelissimum habitura sit consiliarium : quorum alterum tuæ præstanti eruditioni, alterum insigni probitati et spectatæ prudentiæ, utrumque regis et regni nostri summæ felicitati, totum vero hoc quicquid est immortalis Dei benignitati, qua te principem et universam Angliam uno hoc beneficio beare voluit, libenter attribuimus. Plurimum enim gratulor nostræ rei et publicæ et literariæ et Christianæ, quarum trium rerum salus tam tibi semper cara exstitit, ut singularis nunc singulorum hominum tranquillitas, exoptatum studiorum otium, et purioris religionis quies, in tua jam plurimum unius auctoritate, in excellenti doctrina, in ardenti erga Deum studio, sint deinceps conquietura. Gratulor multum quidem Cantabrigiæ, quæ te genuit : sed unice collegio divi JOANNIS, quod te docuit: quia altera te habuit optatissimum alumnum, alterum florentissimum discipulum, utrumque nunc te videt utriusque optimum potentemque patronum. Seorsim vero ultimo in loco gratularer ipse mibi, nisi hominis sui nimium amantis hoc esse videretur : gratulor tamen et impense gratulor ; sed ea ratione, ut alias malim opera aliqua mea et observantia cor ipsum ostendere : quam nunc verbis indicare studium et benevolentiam. Hanc meam lætitiam adauget hominum in his regionibus et nostrorum et exterorum lætans certansque de hac tua dignitate congratulatio: separatim vero sermones THOMÆ HOBBÆI, quos mecum creberrimos usurpat de tua probitate et sua in te singulari observantia : hic juvenis præclare ostendit, ex cujus artificis prodierit officina. Frater ejus Dominus PHILIPPUS vir prudentissimus utitur eo et utitur solo ad omnes res pertractandas in hac Cæsarea Aula: in qua perfunctione, tam opportune, diligenter,

considerate, et tacite se gerit, ut illorum seminum, quæ
tu in eo puero Cantabrigiæ jecisti, non nascens jam aliqua
spes se proferat, sed florens eaque insignis maturitas in
eo nunc adolescente facto sic emineat, ut recte quidem
meo judicio ipse faceres, si effeceris, ut is intelligat, te
non solum illum in hoc cursu libenter cum voluptate
spectare, sed ipsum tam præclare currentem cum aliquo
etiam applausu incitare; quia nullus stimulus ad virtutem
aptior adhibetur, quam laudati viri læta collaudatio.
Hunc ergo totum tuum tibi adjungito, et saltem aliqua
salutatione, in aliorum literis, ad majorem spem excitato.
In sinu meo nonnunquam conqueritur, se plurimas literas
ad te scripsisse, se tamen scire non posse, an ad tuas pervenerint manus. Vos vero vetulos, obscuros, effœtos, et
tacentes, παρακμάζοντας contemnere potes, istos autem
insigniores adolescentes natos ad lucem, crescentes ad
laudem, et surgentes ad præclaram fortunam, præterire
non debes: quanquam nec me quidem præteris, cujus
mentionem in literis tuis ad Dominum MORYSINUM tam
memoriter et amanter facis. Minus sæpe jam ad te do
literas, quia vereor scribere, præsertim ad tantum virum,
et in re aut nulla aut levi: propterea metuo, ne istæ
literæ aut nimiæ aut intempestivæ sint, quum tibi nec
molestus esse, nec ineptus videri ullo modo velim. Superiore tamen mense, scripsi ad te, per famulum D.
CHAMBERLANI: lætor, si illæ tibi traditæ fuerunt, propter
duos vetustos nummos, alterum C. CÆSARIS, alterum
P. CLODII, quos in eas includebam literas. Literæ, quas
proxime ad me dedisti, traditæ mihi fuerunt superiori
anno Argentinæ; gratissimæ quidem illæ, sed non adeo
quemadmodum cæteræ esse solent jucundæ. Judicabam
enim ipsas valde amantes, sed opinabar tum quidem eas
non nihil esse pungentes; quarum aculei mihi aliquandiu
inhæserunt. Quod ipsum credo mihi accidit, quia nihil

abs te profectum lego, cujus non singula pondero verba, singulasque appendo sententias, ut ipsum animi tui intimum eruam sensum, et quo pluris te facio, eo magis semper sum sollicitus quid de me in ulla re existimes. Sed scrupulum, quem inanis injecit metus, certum excussit judicium, nec volui committere, ut opinioni meæ leviter susceptæ quam benevolentiæ tuæ mihi perspectatissimæ plus ullo modo tribuerem. Et hunc metum mihi concedes valde amanti, et hanc libertatem tuæ assignabis humanitati, quæ facit ut libere proloquar etiam ea quæ inaniter cogito.

Si scire cupis, quidnam hic rerum ago, intelligas me nunc describere certas illas caussas, quamobrem Parmensis, Salernitanus, Brandenburgensis, et Saxo Cæsarem deseruerunt; deinde continentem singulorum dierum memoriam colligo, quid in Aula Cæsaris contigit, ab Œnopontica fuga usque ad Metensis obsidionis derelictionem: quibus temporibus, magnæ amicitiarum, dissidiorum, prædationum, bellorum confusiones, mutabiles fortunæ varietates, et gravissimæ rerum conversiones exstiterunt; quas iserias omnes, ἀχαριστία, dolus, perfidia, libido, avaritia, ambitio, tyrannis, et θεομαχία, exacta libertate, violato jure, fœdata religione, contempto ipso Deo, permiscuerunt. In his rebus veritatem sequor, ornatum non quæro: scribo enim Anglice, et mihi soli ac meis sociis problematariis, et propterea non luci, sed nocti, ut harum rerum dulci sermone et recordatione proximas has hyemales noctes nos inter nos fallamus. Fuit tempus, ornatissime Chece, quum talem materiam etiam Latine mediocriter perpolire potuissem; sed succus ille purioris dictionis, quem ego hausi ex his fontibus, quos tu perfluenter quidem mihi sed felicissime aliis multis aperuisti, totus nunc exaruit, et stylus, quem excellentis ingenii doctrinæque tuæ cos mihi etiam nonnihil exacuerat, nunc omnis est retusus, ad duram hanc meam et desperatam etiam ex melioribus studiis meliorem fortnuam: at fortunam non deplorare meam, sed tibi gratulari tuam institui. Domi hoc coram praesente sermone opportunius faciam.

Nostrum reditum in dies singulos appropinquare speramus, quem ut acceleres etiam atque etiam rogo: id quod facio commotus rerum, non domesticarum stulto desiderio, nec exterarum inconstante fastidio, quum magnam capio et voluptatem ex consuetudine prudentissimi viri, et utilitatem ab experientia gravissimarum rerum; praeter usuram rectae conscientiae in perfungendo illo munere fideliter et constanter, quod tu mihi imposuisti. JOANNES STURMIUS nuper scripsit ad me, petiitque ut ex meis literis ipse intelligeres, illum tui esse et studiosum et percupidum; sed quo plus ille me amat et melius de me existimat, eo timidius sumo et parcius facio quod ipse rogat: itaque rejicio te ad judicium duorum optimorum virorum CHRISTOPHORI MONTII et JOANNIS HALESII, qui laudem doctrinae maximam; sed humanitatis, prudentiae, usus, consilii, judicii, et religionis, longe majorem STURMIO tribuunt. Compendium fortunae suae, credo, non quaerit: sed suavitatem benevolentiae tuae maximopere appetit; quum is sit, qui praeclare possit in summis versari nummis. Attamen vehementer ipse dolerem, si laudem praestantis illius operis περὶ ἀναλύσεως utriusque linguae aut Gallus aut Polonus optimo nostro principi eriperet.

Aureum nummum ANTONINI PII his literis inclusum ad te mitto: felix illud seculum propter auri puritatem et artificii praestantiam, sed longe felicius propter optimum principem. His priscis monumentis delector, non solum quia fidem vetustissimae memoriae faciunt, sed quia ad ipsius aeternitatis naturam proxime accedunt: soli enim nummi, isti praesertim aurei, nulla temporis longinquitate vitiari possunt, quum cæteræ res universæ tempore consumuntur. Vale, ornatissime vir, et me ut soles ama: quia nullum beneficium majus aut gratius mihi ipsa tua benevolentia unquam judicabo. Bruxellis, 7 Julii, 1553.

CLI.—CISNER TO ASCHAM, (5, 20).

Had received by Hubert two letters from Ascham at once, on the 14th of May—writes solely about the new way of pronouncing Greek. Heidelberg, July 18, 1553.

Clarissimo viro, D. Rogero Aschamo Anglo, amico suo observando, Nicolaus Cisnerus.—Accepimus ab HUBERTO nostro binas literas tuas, eodem tempore pridie idus Maii, quæ nos partim delectarunt, partim perturbarunt. Nam grata nobis vehementer est memoria nostri tua, quam tanta benevolentia et amore in nos declaras: ut plus etiam, mihi præsertim, quam res et veritas ipsa concedit, largiare. Itaque nisi nobis omnino de te persuasum esset; te propter humanitatem tuam, et studiorum conjunctionem non permissurum unquam, ut ex animo effluamus tuo; valde te rogaremus ut quam voluntatem literis significasti perpetuo conservare velles. Sed quia nobis de tua constantia nullum est dubium, nos etiam operam dabimus, ut cœptam nuper inter nos notitiam, bono literarum, et mutuis officiis indies magis atque magis confirmemus. Quod vero non suspicari modo, sed ut certo statuere videris, nos a tuo judicio de recta Græce pronunciandi ratione dissidere, id grave nobis molestumque est. Nam tametsi Dominus HUBERTUS amicus noster summus significavit, te nobiscum de recta linguæ Græcæ pronunciatione conferre voluisse, tamen quia eam nobis facultatem tuus nec opinatus et improvisus a nobis discessus eripuit, non credo te cognoscere potuisse, quid nobis in illa caussa probetur. At, credo in eam de nobis opinionem, ex sermone clarissimi viri Domini HUBERTI venisti: qui quum eadem nos secum uti pronunciatione dixisset, quod nostram tueri, vestram infirmare conatus est, eodem tu etiam in loco nos ponendos esse judicasti. Et quanquam nos plurimum Domino HUBERTO tribuimus, nec dubitemus, quin, pro eruditione sua singulari, exquisitas ad id quod sibi defendendum sumpsit, rationes habeat, tamen quæ tibi cum illo suscepta est controversia, eam in nos derivari nolumus. Nec si in usu convenimus, idcirco eum quoque pari ratione comprobamus. Etsi enim non ita sumus affecti, ut a quibus opinione dissentimus, ab iis voluntate disjungamur: tamen officio boni viri fungi volumus; opiniones nostræ ad veritatem sunt revocandæ, quam prudenter evertere, et falsitatem stabilire velle, sive id ex animo sive gratiæ caussa fiat, longe ab ingenuo homine alienum esse debet. Quare, ut et facilior tibi sit nobiscum agendi ratio, et certius de nostra sententia judicium, non alienum esse videtur, in universo genere perscribere, quid nos de recta Græce pronunciandi ratione sentiamus. Quod mallem a Domino MICYLLO susceptum esse, qui, quæ volumus, rectius, apertius, et elegantius explicare posset. Sed quia id ille onus mihi imposuit, cujus nec voluntatem negligere nec auctoritatem aspernari licet, peto a te, ut hanc imprudentiæ et temeritatis culpam illi potius quam mihi tribuendam putes. Quum igitur consideramus, nos nec in vocalibus, nec in diphthongis, nec in consonantibus etiam, quæ cognationem inter se quandam habent, ullam fere adhibere in offerendo soni distinctionem, facile damus depravatam et vitiosam esse apud nos pronunciandi consuetudinem. Nam quid illa varietas inter ι, η, υ, ει, οι, si nulla soni sit in iis dissimilitudo? Jam, qui commode in THEOCRITI versibus, quod et MICYLLUS sæpe nos admonuit, ποιεῦνται et ταυρὸς exprimi possint, nisi αυ et ευ, non *af* et *ef*, sed, ut Latine taurus, et eurus sonaremus? Quare et ERASMUM recte in libello de pronunciatione judicasse censemus, et eorum institutum probamus, qui morem corruptum ratione pura emendare conantur. Quid igitur est, dices, quod non eorum numerum augetis, qui in id incumbunt, ut depravatam pronunciationem restituant et corrigant? Primum, quia apud nos in Germania, in omni genere literarum principes non immutarunt, sed in communi vulgarique usu permanent; deinde, quod periculum est, ut, ne, si ad rectam rationem aspirare velimus, in contrariam partem his turbatis seculis peccemus; præsertim quum non omnium certa nobis ratio constet. Nam nondum nobis exploratum est, quomodo veteres $ει$ et $αι$ diphthongos, $θ$ et $φ$ consonantes pronunciarint. Hæ (?) quoniam omnibus fere ætatibus diversas opiniones, varias contentiones, multos errores, de germana cujusque linguæ pronunciatione fuisse reperio, ut multum vitii in nostro more esse fatear, ita haud scio, an cum veterum ratione nimis expressus ille $ἐν$ $διφθόγγοις$ ambarum vocalium vim suam retinentium sonus congruat. Neque enim tam obtusas aures Athenienses habuisse existimo, ut non animadvertere discrimen inter $λιμὸς$ et $λοιμὸς$ potuissent, si tam crassa fuisset et aperta soni differentia. Itaque ut nos in tanta quasi linguæ et oris peregrinitate illam rotundam et volubilem Græcorum pronunciationem consequamur, summa nobis diligentia, assiduo usu, limato judicio, natura idonea opus esse judico. Nam quo horridior est vox nostra, spiritus asperior, sonus vastior, eo difficilius ad lenem illam, pressam et æquabilem vocis moderationem, qua olim in Græcia usi sunt, accedere possumus. Quo circa timemus, ne in hac impuritate et insolentia a vitio in vitium, ab errore in errorem, incidamus. Quod scimus cuidam nostratium accidisse: qui, ut commune vitium in suppressione alterius vocalis in diphthongis effugeret, dum vastius utramque diducit, omnibus se deridendum præbet. Quid igitur? satinne hoc est, ut non delinquere videamur? errorem nos quidem, ROGERE, fatemur: sed quia auctores nobis et duces desunt, qui pristinam et incorruptam pronunciationem apud nos revocent, tollere eum non possumus. Neque enim tantum nobis eruditionis et auctoritatis sumimus, quicquam ut nos, nova hac in re, præstare posse existimemus. Velim igitur tu apud illos, quorum doctrina, existimatio, et auctoritas altiori in loco posita est, efficias, eam ut in scholas docendo inducant: nos quoque operam dabimus, ne nostro officio defuisse videamur. Quod si vobis in Anglia bene hæc pronuntiationis emendatio successerit, erit id nobis tam gratum, quam quod gratissimum. Bene vale. Heidelbergæ, XV Calend. Augusti, 1553.

CLII.—BRANDISBY TO ASCHAM, (5, 22).

Expresses his sorrow for the death of Edward VI, and begs him to write to him at St George's Tavern, Mechlin.

Mechlin, July 18, 1553.

*ichardus Brandisbæus Rogero Aschamo S.P.* —Optime et eruditissime ASCHAME, optimi regis mortem ex animo doleo. Nimium illud nunc VIRGILII de MARCELLO in nostros dolores congruit.

Ostendent terris hunc tantum fata, nec ultra
Esse sinent.

Et obnixe te rogo quid vides, et quid futurum speres nobis perscribe, ut POMPONIUS ATTICUS tibi elegantia ingenii, morumque et animi sinceritate simillimus, ad CICERONEM suum scribere solebat: sed ut tu bene ATTICUS, ita ad BRANDISBÆUM minime CICERONEM scribes, neque minus scribes, quod parum dignus videar tuis tam expolitis et enucleatis literis. Cupio nunc quam prolixas literas. Si quid autem ad me scribes, optime celabitur. Literas tuas Mechliniam mittas quæso ad Tabernam Divi GEORGII: reddentur optima fide. Bene vale, optime et amicissime ASCHAME. Mechliniæ, die XVIII Julii, 1553.

CLIII.—STURM TO ASCHAM, (5, 9).

About Bembo, Cicero, &c.—advises Ascham to write a history of what he has seen in his travels. Strasburg, July 22, 1553.

Rogero Aschamo S.P.—MONTIUS noster sero me de ABELI discessu monuit. Itaque hoc tempore tibi tres meos *Aristotelicos Dialogos* non possum emendatos mittere. Descriptos habeo: verum non fido puero scribæ. Mittam primo quoque tempore, quoniam in præsenti fieri non potest, atque haud scio an potero ad omnes epistolæ tuæ partes respondere: quare capita ego præcipua deligam. Placet mihi petitionis tuæ principium, verecundum profecto et liberale atque urbanum: ut faciam quod facio; hoc est ut eloquentiæ lumen splendore ingenii, industriæ, et doctrinæ meæ, sic enim scribis, illustrem. Modesti est viri et liberalis, pro se nihil sed pro omnibus aliquid magni petere, quod in alterius sit potestate: sed hæc tria in mea potestate non sunt, sed sunt in me prima illa duo exigua, doctrina nulla: ergo jocari te magis, et me excitare ad industriam potius arbitror, quam recte judicare, aut plane errare benevolentia, et caritate, ut parentes in forma liberorum. Licet enim mihi etiam tuo argumento uti, ne solus sis modestus. De BEMBI epistolis et de historia ejus recte judicas, id quod sinui tuo sit commissum, ejus epistolæ scriptæ mihi magis quam missæ esse videntur. Indicia sunt hominis otiosi et imitatoris speciem magis rerum, quam res ipsas consectantis. CÆSAREM nullo fere in loco expressit: HERODOTUM

minus. In principio URBINI ducem, verbis magis CICE-
RONIS quam animi dolore et sententiis luget. CICERO
verius HORTENSIUM, et ornatu decentiore. Lege rursus
Brutum, et compara utrumque. Vide quantum te amem,
qui hæc audeam ad te, sed tu me provocasti. Galli
eodem modo admirantur BUDÆUM, de quo quid sentias,
ex tuo de BEMBO judicio possum æstimare. Sed profecto
viri doctrinarum studio magni, et ejusmodi, ut nobis et
auctoritate et exemplo plurimum profuerint: verum
desino laudare, ne de tua fide dubitare videar. Quin tu
historiam scribis, ASCHAME, qui tam belle historiæ leges
nosti? non adulor; vere dico officii tui esse historiam
scribere. Quamnam inquis? earum rerum, quas in Germania legisti, audivisti, vidisti. Simulata MAURITII ad
Œnopontum adventatio: CÆSARIS necessaria fuga: pax
consecuta, et ea nunc inclinata: et postremum cruentum
istud bellum, et MAURITII mors: si verum est quod dicitur, an non hæc magna, et te digna? aut tu istud facito,
quod potes præ ceteris, aut desine a me rogare, quod
mihi est difficile et arduum.

De dialogis meis respondi: mittam propediem descriptos et emendatos. Domino CHECO honorem tantum obti-
gisse lætor; semel ei scripsi brevi, sed vereor ne fuerint
importunæ literæ, atque idcirco nimis prolixæ. Domino
CECILLO mihi plane jam non vacat scribere, propter
subitam hujus profectionem: cum dialogis mittam; interea
tu meis literis viam sterne, ut mollius ad eum perveniant:
et si potes animum in me quam primum tuis literis con-
firma. Nam pudet me ad tales viros: vereor enim ne
ipse mihi videar aliquid tribuere, si scribam ad tales, ad
tantos, præsertim non notus. Sed quid hoc est? tu ad
me nihil de regis valetudine. Deum immortalem! quam
omnes boni, et literis negotiatorum, et rumoribus hominum, de ejus morte, non enim ausim graviori verbo uti,

fuimus perculsi! heri tandem literæ de ejus salute allatæ fuerunt, datæ octavo hujus mensis. Inchoaveram Eclogam,

> Audierant nymphæ crudeli funere DAPHNIM: etc.

non DAPHNIM nominabam: et alius versus fuit, et aliud cognomentum: hunc posui, ut videres quem statuerim imitari. Nunc et hanc famam falsam repetam, et contra istam postremam obducam, et argumentum exstabit jucundius mihi ad scribendum. Non enim is sum pastor, ut canere possim, et aliis ad legendum, ut ne utroque sim molestus; satis enim molesta res est versus malus: mors est, vox adjuncta deterior. Vale, et me ama: non excuso brevitatem, non enim putavi me tam prolixum esse posse. Vale, salve, atque vale. Argentorati, XXII Mensis Julii, Anno Domini 1553.

CLIV.—HUBERT TO ASCHAM, (5, 19).

Excuses himself for not having written—refers to Cisner's letter about the pronunciation of Greek, and adds a long argument on the same subject. Heidelberg, Aug. 9, 1553.

octissimo Viro, Rogero Aschamo Cantabrigiensi, amico suo observando, Hubertus Leodius, S. P. —Quod ad aliquot epistolas tuas, eruditas sane et jucundas, hactenus non responderim, doctissime ASCHAME, ne putes quæso negligentia tui, aut negotii pro quo scriptæ erant, factum. Absit enim hoc a me procul, ut tantum amicum negligam, vel reipublicæ literariæ signa deseram, mutatisve armis transfuga in tua castra confugiam. Turbulenta tempora, et vertigo capitis, qua dudum laboro, non tulerunt me hisce rebus vacare, quæ meditatione egent. Præterea expectabam OLYMPIÆ ad nos adventum, quæ certiora et nimirum, in iis literis ab ineunte ætate nutrita, doctiora scribere potuisset, quam a me queas expectare. Sed proh dolor! ea in oppido Swinfurto una cum marito, longo jam tempore gravi obsidione cincta detinetur. Quapropter, ne te diutius literis nostris frustrari querare, exoravi CISNERUM, ut nostro, hoc est suo, MICYLLI, ac meo nomine rescribendi officium susciperet: quod ille non gravate fecit, putoque ab eo tibi saltem in parte satisfactum iri. Quod si etiam a me ultra quid sentiam requiris, neque in hoc tibi deesse volo. Scito igitur invictum me in acie perstare nec velle sacramento absolvi, sed ut, quemadmodum tu, a βῆτα quoque incipiam, admitterem forsan hanc literam non sonare ut *y* nostrum factum consonans, si vicissim confiterere, hoc non esse perpetuum: neque enim ut malim dicere βάλσαμον et βάρβαρος per β, ita βαδίζω et βαίνω et βάλλω *badizo* et *baino* et *ballo* dicerem: sed potius per quasi *y* mihi sonuerint, consulens aurium judicio. Insuper βίος id est vita, per γ quam per ϐ: malo etiam βῆτα id est beta, ut JUVENALIS, dicamus quam *vita*, et *alphabetum* quam *alphavitum*. Sed ut certum habeas exemplum et auctorem, scribit EUSTATHIUS Græcos quosdam Βίλιππος pro Φίλιππος, et alios βαλλήνη ἀντί τοῦ παλλήνη et loqui et scribere, propter vicinitatem, et consonantiam β cum φ et cum π. Ecquid faciunt Bavari, ut ex barbaris aliquid præsidii assumam? Nonne dicunt pro barbara Warvara? et sic de aliis B habentia, W Germanicum, pro *b* usurpantes. Sed de β satis: nunc veniamus ad η. Non persuades sane mihi eam literam sonare ut duplex εε: neque usquam dicit EUSTATHIUS ejus esse soni; etiam si dicat esse imitationem vocis ovium, non propterea sequitur eam literam ad amussim sonare vocem ovillam. Quod ut verum esse scias et tuo te jugulem auctore, ponam ipsissima EUSTATHII verba Εἰς τὴν ἰῶτα ῥαψῳδ.

Βλόψ μέντοι, τὸ μονοσύλλαβον συνέϛαλται, ὅπερ ἐϛὶν, τῆς κλεψύδρας ἦχος μιμητικῶς κατὰ τῆς παλαίους, ὥσπερ φασὶ ϗ

κὐξ ἐπὶ τῆς ψήφȣ κατὰ μίμησιν καὶ αὐτὸ, οἶδε αὐτοὶ φασὶν ὁμοίως
μιμητικῶς ᾖ βὴ, οὐ μὲν βαὶ μίμησιν προβάτων φωνῆς. Κρατῖνος
'Ο δ' ἠλίθιος ὥσπερ πρόβατον βὴ βὴ λέγων βαδίζει.

Hæc eadem scribit et SUIDAS. Audis esse imitationem, non expressionem vocis. Aliud autem est imitari, aliud exprimere, aut adsequi vocem: quemadmodum, quod pace tua dixerim, tu imitaris in scribendo CICERONEM, non exprimis, aut adsequeris. Præterea audis Atticos βὴ, non βαῖ vocem ovis esse μιμητικὸν, quod magis ovinam vocem repræsentaret, siquidem voluisent ipsissimam vocem ovis repræsentare aut exprimere. Veluti etiam dicunt βληκὴ, ceu βλήκημα vocem ovis esse dictionem, nihil ut ovis sonantem, etiamsi sciam interpositione τοῦ λ fieri, et quid sonat Latinis. Balatus simile ad ovis vocem, et tamen balare dicitur ovis; sic latrare canis, sic grunnire porcus, et hujusmodi: sic et etiam βὴ non vere exprimere vocem, sed tamen esse vocem ovis improprie dixeris, et non βεε, propterea sonare, sed βε, η longo. Jam adsertum puto ἦτα suam genuinam vocem, et ε longum, vel ι sonare Græcis, neque veteres aliter hac litera usos puto, nisi ut charactere ab ε vel ἰῶτα differret, non sono, et signum foret, longum esse ε vel ἰῶτα, quod est indifferens, leniterque mihi sonuisse: pari modo videtur dicendum de ὄμικρὸν et ὦμεγα, charactere quidem, sono vix quicquam differre. Latini scribunt *h*; Itali non exprimunt, nisi usque adeo exiliter, ut aspirare non deprehendas; sic Græci etiam aspirationem notant; Æoles prorsus rejiciunt. Plerique σ non admittunt, ne videantur sibilare, alii η per α malunt exprimere, ne videantur imitari oves: usque adeo delicatas habuerunt aures. Diphthongum ει non tuo, sed nostro more sonuerunt, quod ex tuo CICERONE non potes negare in dictione bini, ubi binei illi dicendum fuisset, pro βινεῖ. Quod si consulas aures, deprehendis longe dulcius sonare per ι, et hinc fit quod non immerito a Saxonibus et Helvetiis rideantur Suevi, hianti ore hanc diphthongum proferentes, in *meum, tuum, suum.* Quapropter, mi AschAME, ne sonueris mihi βἑτα, sed potius βἑτα, vel βῆτα per ιῶτα; neque quum ὤμεγα pronuncias, videaris os plenum pultibus habere, vel auriga esse. Quod si objicias mihi Dores, admittam apud indoctam et rudem plebem olim fuisse moris, ut apud Theocritum [*Id.* 15, 87], ἐν Συρακυσίαις, mulieres quædam irridentur ab homine aulico, et erudito, non ferente eas Dorice garrire, hoc est, nimium latiori ore loquentes, in his versibus,

Παύσασθ', ὦ δύςανοι, ἀνάνυτα κωτίλλοισαι
ΤΡΥΓΟ'ΝΕΣ ἐκκναισεῦντι πλατειάσδοισαι ἄπαντα.

Docti autem et civiliores non multum curarunt ω an ο proferrent, ut qui ω et υς dipthongum in ὄμικρον et ιυ mutabant, prout exigebat necessitas, ut apud eundem in hoc versu,

Μή μευ λωβάσησθε τὰς ἀμπέλος, ἐντι γὰρ ἄβαι.

ubi Dorice ἀμπέλως dicendum fuit, et ἀμπελυς communiter, ubi *οο* mutant in *ευ*. Iones solvunt diphthongos, alii aliter, ut appareat Græcos non magnopere curasse pronunciandi modum, quem tu tantopere exigis in lucem revocare. Habuit una quæque natio suum idiotismum. Sed dic quæso mihi, quam e quinque illorum linguis tuum servasse modum, et quomodo probabis? Quod enim per characteres id argumento asserere conaris, opinionem probas, non scientiam : et quo tempore ita loquebantur, certe doctissimum Ciceronis seculum tibi adversatur, quem tamen Græcissime locutum, etiam admiratione Græcorum, non ignoras, ut tu ipse in dictione *bini* intellexisti. Præterea scis quam inviti Dores et Æoles in secundis et tertiis personis et infinitis ει dipthongum exprimant, quin potius expungunt : dicunt τύπτω, τύπτες, τύπτε, et Æoles τύπτης, τύπτη, τύπτεν in infinitivo, item dicunt Dores κῆνος ἀντὶ τυ ἐκεινος : ἰς ἀντὶ τοῦ εἰς. Deberetis etiam atque in primis docere, veteres, quum proferrent vestro ut vultis more, melius, suavius, et doctius locutos fuisse, et rectius fecisse, quam posterius seculum; tenaciusque retinendum, quæ mater EVANDRI et OSCI atque VOLSCI loquebantur, quam quæ aurea CICERONIS ætas garrivit. Haberem adhuc plurima scribenda, de reliquis diphthongis et literis; quibus ostenderem, vos innovatores literarum, ad mille quingentos annos observatum pronunciandi modum velle jam confundere, et ad Phœnices et CADMUM revocare, vehementerque errare: sed nec caput meum admittit, imo et amanuensi uti compellit, et te alias ob amissum juvenem regem, nimirum tristem et calamitosum, nolo vehementius conturbare. Quare, mi ASCHAME, boni consule, et clarissimum Dominum MORYSINUM meo nomine plurimum saluta, atque vale. Heidelbergæ, nono die Augusti, Anno Domini 1553.

CLV.—NANNIUS TO ASCHAM, (5, 14).

Says he has written to Paget—he sends back a letter which Ascham is to alter and to send again to him.

Louvain, Aug. 18, 1553.

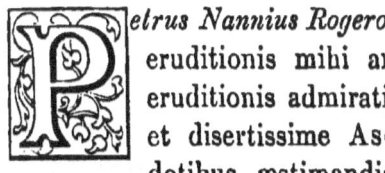

etrus Nannius Rogero Aschamo.—Admiratio tuæ eruditionis mihi amorem peperit, non amor eruditionis admirationem: quaproper, optime et disertissime ASCHAME, non erro in tuis dotibus æstimandis, ad quas judicium non amorem adhibeo; et soleo in perpendendis et amicorum et inimicorum virtutibus, satis incorruptus censor esse: sed hoc interest, quod dotes amicorum applausu et gratulatione, inimicorum dolore, non invidia prosequor. Doleo enim id mihi meisve deesse, quod inimicis superest. Epistolam ad PAGETTUM scripi, suspenso certe animo, quum sensus illius non calleam, et qua parte teneri possit, in tantis mutationibus rerum, non ad liquidum intelligam

Usus sum divinatione, utinam felici, certe admodum sedula: non ausus fui petere, ut tuam fortunam tueretur, ne oleret illi, me à te ad hoc instigatum fuisse. Adjunxi multos, et inter multos te, ut quod dicerem verisimilius esset, et minime subornatum videretur. Tu judicabis mutabisque ut voles: si te aut BRANDISBÆUM in consilio habuissem, melius ad illius affectus, et ad rem præsentem moderatus fuissem dictionem: nunc id per absentiam vestram obtingere non licuit, etiam si mihi ejus consilium permisisses. Valde desidero tuum adventum, cum quo liberius loquor, quam scribo. Literas tuas remitto, sed ea lege, ut, subductis iis quæ oculis multorum non velis exponi, mihi reddas. Ego enim eruditorum literas, quales tuæ sunt, quæ optime lucem ferre possunt, libenter amicis ostendo. Vale. Lovanii, XV Calend. Septembris, 1553.

CLVI.—STURM TO ASCHAM, (5, 10).

Has written to Paget about Ascham, and now sends a copy of that letter. Strasburg, Sep. 17, 1553.

Joannes Sturmius Rogero Aschamo S. P.—Scripsi de te ad DOMINUM PAGETTUM; et ut libenter et vere scripsi, ita molestum fuit, quod ad hoc usque tempus Doctor MONTIUS tabellarium nullum habuit. Scribo ad eum, te ignorante, ut vides, et certe puto id recte factum esse: tametsi tu quidem potes laudari, et pluribus, et amplissimis verbis, vere scribo. Amo te, et colo, ob eas quas in te intelligo esse virtutes. Non possum tibi jam respondere ad capita tuarum literarum: nam Montius noster cupit has vesperi habere literas, ut suis adjungat, et ego jam sum occupatissimus. Scribo Domino PAGETTO, quo faciat ut intelligas, et ex eo non ex me, quid scripserim: non possum tamen aliter facere quin tibi meum amorem indicem, et tibi earum literarum exemplum mittam, sive isthic sis Bruxellis, sive in Anglia. Si ignoranter feci, ignosces, qui nostram consuetudinem scholasticam non ignoras. Vale. Argentorati, XVII Septembris 1553. Uxor mea te salutat, et quoniam tu me amas, ipsa te diligit.

CLVII.—STURM TO PAGET, (5, 11).

Praises Ascham's virtues and learning, and asks Paget to intercede, that Ascham may keep the same post at the court of Queen Mary, which he had held under Henry VIII and Edward VI. Strasburg, Sep. 17, 1553.

Joannes Sturmius Domino Pagetto S. P.—Luctuosissima quidem nobis ad audiendum fuit, et adhuc ad recordandum acerbissima est, regis mors, qui in tanta fuit expectatione clementiæ, prudentiæ, doctrinæ, religionis, ut non vester solum, verum etiam noster, et omnium rex hominum fore videretur. Sed de hoc alias; nunc de quo cœpi scribere. In hoc nostro et luctu et mœrore tamen recreat nos non mediocriter, te pristinæ dignitati et honoribus restitutum esse; et jam mihi gratulandi occasionem datam esse; quum dolendi antea, non consolandi potuerim habere. Quanquam non tam tibi gratulandum sit, quam Angliæ universæ, quam bonis omnibus. Fuerunt mihi semper gratissimæ ROGERI ASCHAMI, tamen nullæ gratiores literæ, quam in quibus de tua bonitate scripsit, quæ nulli nisi sibi ipsa nocuit. Scripsit in quadam epistola, ubi de tuis laudibus scripsit, te ad juvandum omnes homines natum esse. Credo, si jam scriberet, scriberet te solum ejus caussa esse natum. Et quanquam non dubito, quin ei ultro adfuturus sis: tamen ego mea sponte, etiam ejus caussa, ad te scribere statui. Et ut videas me nullam mihi velle apud te novam gratiam colligere, in hac tua restituta dignitate, qui in spoliata scribere non potui, de me nihil scribam, neque petam aliquid pro me deinceps:

sed pro Aschamo meo; de eoque scribam, nihil aliud in hac epistola cogitans, quam illius studia, literas, otium, quietem. Fortassis autem opus non habet commendatione mea, tamen me sollicitum reddunt rerumpublicarum conversiones, quæ absque periculis et injuriis esse non possunt.

Ego Aschamum amo, præpostere quidem, tamen hoc ordine meorum consiliorum amo: primum, quia me ab eo amari sentio, ex suis ad me studiosissime scriptis literis: deinde ob similitudinem studiorum, ut non solum idem apud auctores intelligere, verum idem velle videamur, tum propter doctrinam, quæ nisi maxima esset, non posset ita ad me scribere, ut scribit. Postrema caussa est, quam tu maxime facies, ego propter adulandi suspicionem primam ponere non potui: regni vestri utilitas, quam non solum ad commoditatem, verum etiam ad dignitatem refero. Nam ita carus est multis nostris principibus, et civitatibus propter humanitatem, elegantiam, doctrinam, suavitatem, quas virtutes ex se habet: deinde propter amicorum commendationes, quas ejus virtus merita est, ita, inquam, gratus, et carus est, ut dignus videatur, qui in perpetuis sit legationibus: sed ita doctus, ita studiosus, ita idoneus ad literas nostras, ut optandum sit, eum perpetuo esse in scholis doctorum hominum. Et quoniam ad utrumque peræque idoneus est: rogo te, ut quem locum ante habuit duobus regibus, eundem hac regina retineat: quoniam idem Aschamus est, qui fuit excellenti doctrina, ingenio miti, mansueto, tranquillo, omnium amans, nulli inimicus. Vide quanta scribam sollicitudine, non cupio solum eum manere eum, qui fuit: et per te manere, et commendari serenissimæ reginæ: verum etiam ut intelligat, meam commendationem sibi apud te profuisse. Cupio enim ei imprudenti et non cogitanti adesse, ut eo post me amet magis. Nosti enim illud Isocratis consilium, quod Demonico dedit; illud mihi bono erit, si ASCHAMUS intellexerit suam salutem mihi curæ ad te in hac dignitate fuisse. Scriberem plura, nisi antea scripsissem de solo ASCHAMO me scribere: et non velle rogare, ut cogites me tuæ dignitatis studiosissimum esse, et vestri regni salutem, quietem, amplitudinem,· magnopere expetere. Vale. Argentorati, XVII Septembris, Anno Domini 1553.

CLVIII.—TO BISHOP GARDINER, (3, 18.)

Refers to his former letters written in English to the Bishop He now petitions for one of these three things, either to have a pension to study at college, or to be attached to the suite of some king's minister abroad, or to be appointed Latin Secretary to Queen Mary, as he had been to Hen. VIII, and to Edward VI.　　　　　Oct. 8, 1553.

*om. Wintoniensi.* — Obitus EDVARDI optimi nostri principis, vitalis quidem illi, luctuosus vero mihi, et meis rebus perquam calamitosus exstitit, optime præsul. Itaque quum mens mea mæroribus confecta, et fortunæ meæ curis, inopia, et solitudine valde implicitæ impeditæque fuissent, non lætus ego, sed totus gemens, literas illas meas superiores Anglice scriptas, minime lautas, sed omnino lugubres, tibi offerebam. At vero, quum eas ipsas literas sermone barbaras, scriptione incultas, prolixitate molestas importuneque petaces, tanta humanitate, non solum ipse legeris, sed aliis etiam ostenderis, committere certe nolui, quin et mentem et manum excitarem, ut has novas lætiori loquentes voce, et lautiori indutas veste, atque gratiori institutas ratione, amplitudini tuæ offerrem. Intellexi enim et ex aliorum sermone, et ex tuo non solum vultu sed voce excepi, quam præsenti retines memoria mea postulata; et quam parata animi propensione eniteris, ut me tibi beneficio tuo in perpetuum devincias. A quo

nexu tantum abest ut me expedire velim, ut in ea ipsa vincula arctius me induere, omni labore, fide, officio, et observantia mea, perpetuo laboraturus sim. Et quanquam spes, quam ipse mihi proponis, est admodum certa, et res quam ego abs te expecto erit valde grata, voluntas tamen illa tua, qua me tuendum suscipis, est omnium longe jucundissima, et tua voluntas ita expedita est, et sic quasi evolat, ad bene de me merendum, ut non solum eam ullo meo officio consequendi spem, sed omnem etiam agendi gratias præcurrat facultatem. Et quum gratiæ, quas tibi merito tuo referrem, sunt penitus nullæ, et quas tibi jam habeo maximas, sunt illæ etiam meo judicio non satis dignæ, ego itaque, superatus re et derelictus destitutusque oratione, subsequar te certe, grata vicissim voluntate, parato officio, et perpetua observantia, et sic conferam me ad eam, quæ sola mihi reliqua est, compensandi rationem. Non est enim mos horum temporum, clarissime præsul, non consuetudo horum hominum, non tui loci et dignitatis, sic descendere ad usum hominis mei ordinis, imo, non est humanitatis, sed divinæ cujusdam naturæ, tam esse paratum, sic esse propositum ad benefaciendum omnibus, atque id etiam his, qui nullo suo officio, nec antea promereri nec postea compensare tantam tuam benevolentiam queant. Et hoc est quod antea dixi, mihi proponi quidem certam spem, et expectari etiam gratam rem, sed tuam mihi benevolentiam longe omnium esse jucundissimam : qua tua benevolentia nullum ne tuum beneficium quidem mihi gratius esse poterit. Et tamen, ut ingenue dicam, non tantum gratulor mihi illam ipsam tuam benevolentiam, quantum tibi gratulor eam tam præclaram benefaciendi naturam. Imo, non tibi tantum talem tuam naturam, quantum universæ Angliæ suam felicitatem, cujus rem, et publicam in Curia, et literariam in Academia, multis jam jactatam modis, variisque diu afflictatam miseriis, consilio nunc tuo juvare, eruditione promovere, tantopere conaris. Quarum rerum salus tibi jam semper cara exstitit, ut jam spes tandem affulserit singularem nunc singulorum hominum tranquillitatem, exoptatum studiorum otium, totiusque reipublicæ quietem, in tua jam plurimum unius auctoritate, in excellenti doctrina, in ardenti erga rempublicam studio, deinceps conquietura. Et quum prudentissima nostra princeps maximam harum rerum curam tuæ unius æquitati, doctrinæ et moderationi credidit atque commendavit, nonnihil et ipse lætor, tria illa mea postulata illiusmodi esse, ut sive otium studendi in Academia, sive negotium scribendi in Aula, sive laborem peregrinandi in aliena regione, tua gratia et favore sortitus fuero, omnes vitæ meæ rationes his rebus omnino inservire necesse sit, quibus tua prudentia præest et moderatur. Nam si otium in Academia ex sententia mihi concessum fuerit, quod imprimis opto, omne illud dico otium, non languidum ad inertiam, sed quietum ad alacritatem, eo incumbet et excubabit, ut linguæ et literæ nonnihil ad meum fructum, plus ad aliorum usum, potissimum vero ad tuam laudem, quarum tu jam antistes es, colantur et efflorescant. Sin peregre profectus fuero, ut vel mea excolam studia, vel reipublicæ inserviam commodo; bone Deus! quam frequentes et prolixas literas, et singulis aptas personis, et accommodatas rebus, et distinctas locis, et partitas temporibus, atque omnia quidem fideliter, caute, et considerate ad te perscriberem! Usum etiam nonnullum ad hanc functionem adferre possim; nam istius proximi superioris, et Mauritani motus, et belli Gallici temporibus interfui; in quibus magnæ amicitiarum, dissidiorum, prædationum, bellorum confusiones, mutabiles fortunæ varietates, et gravissimæ rerum conversiones exstiterunt. Ubi præsens oculis meis perspexi, quantum ἀχαριςία, dolus, perfidia, libido, ambitio, θεομαχία has miseras res humanas permiscent et conturbant. Fuit tempus, eruditissime præsul, quum talem materiam etiam scriptione perpolire mediocriter potuissem; sed succus ille purioris dictionis, quem ego hausi ex optimis utriusque linguæ fontibus, totus jam exaruit; et stylus, quem mihi spes sita in EDVARDO principe nonnihil exacuerat, nunc vehementer est retusus, ad duram hanc meam, et absque te fuisset, plane desperatam inopiam et solitudinem. At vero si aura favoris et gratiæ tuæ mihi, quomodo spero, aspiraverit, ita me excitabo ad novam spem, et comparabo me ad tuum sensum et voluntatem, ut te nunquam pœniteat hoc in me contulisse beneficium.

Tertium meum postulatum fuit, ut ad literas regiæ majestatis Latine conscribendas ponar, quod mihi officium EDVARDUS rex benigne assignavit. Ad hoc munus, quanquam non ingenium, nec artem, fidem tamen et diligentiam, atque nonnullum quum mentis tum manus usum in simili perfunctione, adferre possum. Quæ tres res, ductu prudentiæ tuæ gubernatæ, si non laudem mereri, reprehensionem certe vitare queunt. Itaque sive in Academia, sive in Aula, sive peregre vivam, ego et omnes vitæ meæ rationes, in tua voluntate, gratia, et auctoritate conquiescemus. Et has tres meas petitiones his etiam literis repetere statui, ne non te rerum mearum, sed me mei ipsius immemorem esse ostenderem. Hoc ab humanitate tua summopere impetrare cupio, ut sciam Academiæne, Aulæ, an peregrinationi me destinare velis, ut ad illud vitæ institutum me interea comparem: hos enim mihi nimis graves sumptus vereor ut diu possim sustinere. Pensionem, quam mihi liberaliter concessit HENRICUS OCTAVUS, et benigne confirmavit EDVARDUS SEXTUS, nullo modo dubito quin confirmatura etiam sit nobilissima nostra regina. Itaque literas, quas patentes vocant, mihi scribi curavi, ut gratia et auctoritate tua, manu et sigillo regiæ majestatis de more obsignentur. Dominus noster JESUS CHRISTUS ter eipublicæ literariæ, Christianæ, æquissimum judicem, optimum patronum, et doctissimum præsulem diutissime servet incolumem. Octobris 8, Anno Dom. 1553.

CLIX.—TO THE SAME, (3, 19).

Sends him a copy of the Psalms of David in Greek verse—compares him to Socrates, both having composed poems in prison. [1553.]

idem, quum offerret illi Apollinarium.—Est hic libellus, ornatissime præsul, re, tractatione, lingua, insignis; *Psalmos* enim DAVIDIS eleganti carmine eoque Græco complectitur: res et lingua, altera vitæ, altera studio tuo aptissime convenit. Et quam carmine etiam delectaris, scio, cujus condendi usu, et suavitate, illam superiorum temporum, et castigare insolentiam et lenire acerbitatem frequenter consuevisti. Hinc certam facio conjecturam, simillimorum hominum simile esse studium, consilium par, et eundem fere sensum. Te, optime præsul, intelligo, et SOCRATEM Atheniensem; uterque enim potenti calumnia, simili de caussa, ingratæ jussu patriæ, in custodiam datus est. Utrique vestrum in tanta et hominum injuria et temporum tristitia, et indignitate loci, æqualis fortitudo, constantia par, idemque etiam relaxandæ mentis propositum fuit consilium. Uterque enim illigando in carmen, ille, ut PLATO narrat, fabellas ÆSOPI, tu grandiores res, sollicitam carceris solitudinem soliti estis mitigare. Reliqua omnia paria, dispar fuit sola fortuna: vitam enim illi ingrata abstulit patria, tibi pene restituit gratiosissima regina. Carmen igitur, quod tum in deposita jacentique fortuna fuit gratum, in erecta jam atque florenti erit perjucundum; tale præsertim carmen, quod rem optimam optima explicatam lingua continet. NONNUS in faciliori versatus materia, versu, mea opinione, magis impedito magisque obscuro usus est. Itaque hunc libellum tibi offerre volui, ut esset studii atque observantiæ meæ aliquis testis, et pro me meisque etiam rebus apud prudentiam tuam, licet non flagitator importunus, postulator tamen non satis fortasse verecundus. De fortunulis meis constituendis minus jam laboro, quum tu me tuendum tibi suscepisti: vereor tamen nonnihil, ne perpetuam potius benevolentiæ tuæ memoriam colere, quam fructum beneficentiæ tuæ diu exspectare queam. Tenuitas enim mea me jamjam Londino abiget, et officium compellat nunc, brevi etiam Cantabrigiam coget, ne exigua non mea sed temporis transgressio facile mihi eripiat, quod multi anni longaque studia et vix et diu collegerant. Et quanquam non dubito, quin ego tuæ auctoritatis præsidio munitus, tuæque prudentiæ ductu gubernatus possim, licet non ingenio et facultate, fide tamen, diligentia, et taciturnitate, munus illud scribendi literas Latine sustinere: ad cum tamen locum sollicitus accedo, quum sic in Aulam principis ex schola BIANTIS prodiero, ut non solummodo mea, sed nonnihil etiam alieni, mecum apportaturus sim. Sed hæc me cura minus perturbat, quoties cogito cujus mea et spes bonitate nititur et res auctoritate constituetur. Deus, &c.

CLX.—TO SIR W. PETRE, (3, 20).

Solicits his interest in procuring the office of Latin Secretary, and is thankful that Petre yesterday promised him the pension of Peter Vannes [a former secretary who received 40 marks a year], and a half of it in ready cash. [1553.]

om. *Gul. Petrees Regio Secretario.*—Ex sermone domini CECILLI cognovi, et ex nostro inter nos mutuo colloquio perspexi, ornatissime vir, quam parata voluntatis inclinatione propendes, ut me tibi tuo beneficio in perpetuum devincias. A quo benevolentiæ nexu tantum abest ut me expedire velim, ut in illa ipsa vincula me arctius induere, omni diligentia, fide, officio, et observantia mea perpetua, perpetuo laboraturus sim. Laborabo enim sedulo, me sic totum ad tuum sensum et voluntatem comparare, ut nihil exoptem prius, quam ut omnes vitæ meæ rationes in tuo unius favore, gratia, et auctoritate conquiescere queant. Ad munus vero illud literas Latine conscribendi, quanquam non ingenium et artem, fidem tamen et diligentiam et taciturnitatem atque nonnullum quum mentis tum manus in scribendo usum, mecum ex Academia in Aulam apportabo. Magnam eloquentiæ vim non consequutus, sed ne sequutus quidem unquam sum: hoc enim in scribendo consilium tantum mihi propono, ut proprietatem in verbis, ut perspicuitatem in sententiis semper tuear et conservem, ut apposite ad singulas personas, ut accommodate ad quamque rem, ut partite et distincte cogitata mentis, sive meæ sive alterius, explicare queam. Istæ facultates, per se quidem tenues et exiguæ, prudentiæ tamen tuæ præsidio adjutæ et consilii tui ductu gubernatæ, si non laudem mereri, reprehensionem certe vitare, spero, poterunt. Si tuo satisfecero judicio, de reliquis meis rebus minus laborabo: inprimis vero sollicitus sum de aliquo loco commodo, ubi res mihi impositas et commendatas et opportune curare et tuto conservare queam. Ad hanc commoditatem mihi obtinendam, sive inter Aulæ parietes, sive in alicujus nobilis familia, dum res meæ melius constitutæ fuerint, quodammodo mihi polliceor gratiam tuam et auctoritatem: omne enim otium, quod

mihi reliquum erit ab officii mei perfunctione, libentissime ponerem in perlegendo universam utriusque linguæ historiam: et eo libentius id facerem, si is meus labor alteri, qui eodem gaudet studio, usui esse possit. Spero, prudentissime vir, non te propterea minus bene de me existimare, quod illas quas vocant præbendas non admodum mihi expetam. Satis multi sunt, nimisque multi, qui ista extraordinaria cujusvis utilitatis aucupia nimis avide consectantur. Istorum hominum consilium non ego impedire, nec multum reprehendere statui: eorundem tamen nec consuetudinem sequi, nec numerum in Aula augere, unquam in animo habui. Neque tamen sic durus et iniquus mihi ipse sum, ut commoditates meas aut negligam aut aliis tradere velim: sed vehementer lætatus sum, quum superiore die in cubiculo tuo pensionem illam PETRI VANNI, et dimidiam præsentem mihi benevole promiseris, et reliquam etiam integram brevi mihi, præclara spe, sposponderis. Sed hanc rem et reliquas omnes fortunas meas tuæ prudentiæ constituendas relinquo. Ego vero paratus sum, ut jurejurando de more fidem meam et observantiam adstringam. Dominus JESUS prudentiam tuam diutissime servet incolumem.

CLXI.—TO LORD PAGET, (3, 21).

Sent with a copy of Osorius—speaks of Paget and the Chancellor [Gardiner], as combining to benefit him.

London, Nov. 14, 1853.

*omino Pagetto.*—Mira mihi silendi necessitas imposita fuit in utraque tua fortuna, honoratissime domine, quum nec in spoliata, dolorem meum ostendere sine offensione, nec in recuperata, gratulatione uti sine adulandi suspicione potuerim. Gratulandi tandem vicit voluntas, literasque Bruxellis tibi scripsi, quas quum antiqui officii monitu

novique gaudii impetu paravissem, eas tamen pudoris suasu apud me retinui et suppressi: ne non rationem officii sed ostentationem studii, non benevolentiam tuam, sed usum meum, non rectam opportunitatem, sed tempus præsens sequi tibi viderer. Sed, quum istis proximis superioribus diebus vetera tua in me collocata beneficia, non solum mihi retenta et conservata, sed per te etiam adaucta et conduplicata esse voluisti: atque id eo modo, ut multo gratior esset benevolentia tua propter humanitatem, quam beneficium tuum propter commoditatem, nolui committere, ut licet a compensandi facultate sim revera inops, a gratificandi etiam studio et significatione, habear itidem alienus. Gratissimus igitur tibi et nunc cupio videri et perpetuo volo esse. Sed quum gratias tibi possem referre quidem nullas, agere vero perexiguas; et quas tibi nunc habeo maximas, et illæ beneficiis tuis impares sint et indignæ; hanc officii partem amicissimis meis STURMIO et NANNIO imponam; qui, uti spero, non minus ostendent se tibi lætos et gratos in explicata mea fortuna et constituta, quam antea erant solliciti pro me, ac fortasse tibi molesti, in eadem impedita atque dubia. Scribendum mihi quidem est necessario illis viris: ac scribam nunc libenter, non solum propter officium illis debitum, sed propter materiam abs te mihi datam. Illis duobus multum sane debeo; quorum ad te scribendi pro me studium quia sunt amicissimi, et judicium quia sunt prudentissimi, plurimi quidem facio: de te vero, non ad te, sed ad illos scribam. Et quanqum soleo libenter prædicare, te natum esse, fatali quadam providentia, qui solus velis, solusque soleas rebus meis adesse; tamen, quum nunc tua et domini Cancellarii in me juvando, conjuncta sint studia, ego posthac vestras non separabo laudes: quorum duorum prudentia, humanitate, et moderatione, non mea solum sed reliquorum fere omnium, et hominum et rerum salus constituitur. Hoc tempore, hunc librum *de Gloria* tibi offerre volui: munus tibi valde consentaneum: si enim Gloria nihil aliud est quam incorrupta recte judicantium vox, et consentiens bonorum hominum laus, de excellenti alicujus virtute et insigni probitate, non alia res offertur a me in hoc libro, quam omnes homines certatim deferunt ad te suo sermone atque judicio. In universo tamen choro laudum tuarum, ingenii, doctrinæ, usus, industriæ, consilii, prudentiæ, moderationis, abstinentiæ, morumque suavitatis facillimæ; nulla virtus tua altius emicat, quam ea, quæ quum hominis maxime propria sit, humanitas appellatur. Hæc virtus nomen quidem ab homine, sed officium quidem a Deo sortita est; cujus bonitatem potissimum referre videatur. Et quum te semper perspexi, quum natura propendere, tum voluntate comparatum esse, ad benigne faciendum universis, hanc laudem in te non humanitatis, sed divinæ cujusdam naturæ semper esse judicavi. Quum tanta igitur in tua et natura voluntas, et auctoritate facultas, et in istis etiam temporibus, materies benefaciendi tibi proposita sit, perge, honoratissime vir, quod semper fecisti perpetuo facere; hoc est, beneficiis juvare quam plurimos et bene promereri de universis. Et quum in hoc laudis cursu neminem habes, quicum majore contentione certare debes, aut gloriosiore cum victoria superare potes, quam te ipsum; age porro hanc laudis palmam aliis præreptam, teipsum etiam vincendo, ampliorem reddere. Sed quorsum ego hæc? qui non hortantis personam induere, sed gratificantis partes suscipere volui: nec monentis consilium, sed collaudantis officium, sequi institui, quanquam mihi semper placuit dulcissimum illud suavissimi poetæ carmen:

> Qui monet ut facias quod jam facis, ipse monendo
> Laudat, et hortatu comprobat acta suo.

Attamen hoc modo ad te scribere ausus non fuissem, nisi quantum debeam tuæ bonitati, tantum etiam faveam honori tuo et laudi. Et hæc de te, paucis ac parce. De OSORIO vero auctore hujus libri sic plane existimo, neminem exstitisse, post illa M. T. CICERONIS feliciora tempora, qui puriore et prudentiore oratione, aut majore eloquentia quicquam scripsit, quam hic hanc gloriæ materiam ornavit et perpolivit. Est enim in verbis diligendis tam prudens, et in sententiis concinnandis tam peritus, ita aptus et verecundus in translatis, ita frequens et felix in contrariis, ita proprietate castus, ita perspicuitate illustris, suavis ubique sine fastidio, gravis semper sine molestia: sic fluens ut nunquam redundet, sic sonans ut nunquam perstrepat, sic plenus ut nunquam turgescat, sic omnibus modis perfectus, ut nec addi aliquid nec demi quicquam ei mea quidem sententia possit. Nec video jam cur plus aut Italia in BEMBO et SADOLETO, aut Gallia in LONGOLIO et PERIONIO, aut Germania in ERASMO et JOANNE STURMIO; quam Lusitania nunc in uno OSORIO gloriari possit. Si hanc meam opinionem, inter legendum, judicio etiam tuo comprobaveris, vehementer gaudebo: leges enim, credo, et libenter leges hunc OSORII librum, qui non magis monumenta ipsius ingenii atque doctrinæ, quam ornamenta virtutis et vitæ tuæ; nec tam laudem eloquentiæ illius, quam commendationem tuæ prudentiæ, continet et declarat. Vale, honoratissime domine, et me ut facis ama atque tuere. Londini, 14 Novembris, 1553.

CLXII.—TO AN EMINENT LAWYER, (3, 26).

About a young lady who was carried off from her parents by a band of lawless young men—he says that he has now left the University, after a residence of 23 years, to serve the queen at court—therefore written in 1553.　　　　[1553.]

*rnatissimo cuidam Amico Jurisconsulto.* — In nulla caussa multum, pro me vero ipse in mea, et minimum possum et invitus semper dico: hoc tamen tempus me conjecit in eam controversiam, ut necessario mihi ad te scribendum esse putarem: quod facturus sum, pro me paucis, contra alios parce, et pro rei indignitate valde ut spero moderate. Insolens sum ego quidem, et imperitus in re uxoria: et controversia mihi est cum eo adversario, qui re quidem non admodum potens, sed ipso usu valde gnarus est auferendi aliis justas suas uxores: id quod non ita pridem, in eadem domo, persimili via, et pari credo exitu, aggressus est. Quum tua prudentia diligenter consideraverit, quibus uterque nostrum, et ille machinis ad expugnandam simplicem puellam, et ego viis ad deligendam mihi primum, et diligendam in perpetuum honestam et castam uxorem usi sumus; facillime de tota hac caussa statues et judicabis. Circumspice quaeso hinc inde, I. B. cum globo, non dico profligatorum nepotum, certe insolentium juvenum, qui, uti ferunt, nunc sunt illius socii consilii, ut postea sint ejusdem participes voti, filiam ab obedientia et complexu parentum, a domini potestate et aedibus, indignissimo plagio abripere attentaverunt: quod flagitium gravius est, quam ferre unquam potuit recte instituta respublica. Praeterea, si non illa ipsa maxima eorum firmamenta, ut confessio puellae, ut concursus suo tempore duorum testium, non deprehendantur et ficta et falsa, caussa libenter cadam. Ex altera parte respice, quaeso, moestos parentes, qui magnis et itineribus et sumtibus huc pervenerunt, ut caram sibi et primogenitam filiam, de suo consilio, matrimonio conjungerent: respice sollicitudinem eorum, quibus haec virgo commissa fuit, respice curas et anxietates aliorum, et parentum et dominorum, si hoc modo dignissimae puellae cuivis pro

sua libidine prodi debeant. Postremo, eruditissime vir, et me respice, qui hoc anno, voluntate et gratia reverendissimi viri, ab Academia, ubi viginti tres annos studui, in Aulam, ubi loco honorato illustrissimæ reginæ servio, accersitus sum. Da hoc primum et æquitati et honestati nostræ causæ: da hoc WINTONIENSIS in me studio et principis in me beneficio: da hoc literis, quarum et tu peritissimus, et ego cultor non mediocris. Hoc itaque uno officii vinculo, me uxori, filiam parentibus, et omnes tibi in perpetuum obligabis.

CLXIII.—TO SIR W. PETRE, (A, 2).

Asking for some means for living more freely, until he can take the oath and be settled in his office. London, Dec. 25, 1553.

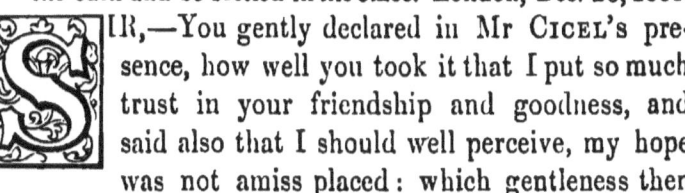

SIR,—You gently declared in Mr CICEL's presence, how well you took it that I put so much trust in your friendship and goodness, and said also that I should well perceive, my hope was not amiss placed: which gentleness then doth make me bold now not only to trouble you with new letters, but also to venture to live in the court, which life otherwise I should much fear. You told me that after this Christmas you would take some opportunity for to place me in my service, both when I should receive my oath, and what order I might look for, for mine office. But seeing care for common affairs doth not give you leave almost once to look at your own business, I neither marvel much, nor think much, though you forget both me and mine. Yet lest I might seem also to forget myself, I will leave with you a suitor to me, which shall rather put you in remembrance rather of time, than trouble you with importunity of talk, and that is this little clock, which I desire you to take in worth, as a thing offered of him who withal doth offer himself to serve always your purpose and pleasure; it being an instrument of time, shall fitly, I trust, put you in remembrance of time. And yet I have such hope of your good remembrance, as neither I, nor any clock, I trust, need be importune to you, lest you might mislike, and rebuke us both with that sentence of PLAUTUS, [*Ps.*4,1,36] *Memor qui memorem meminit, is memorem immemorem facit.* I offer this clock unto you as my dearest jewel that I have, to my best patron, that I trust in, which hath been dear to me, not for the value of the thing, but for the remembrance of my dear friend JOHANNES STURMIUS, who sent it unto me from Argenten, when we this last year lay at Spires.

Sir, if my service must be much present in the court, reason seemeth to require some place, not so much where I may live and lie necessarily, as where I may both do my duty fitly and quietly, and also keep my charge secretly and safely; and because you know, that this purpose doth not rise of pleasure, but is sought for of necessity, I doubt not but you weigh it accordingly. If I should be driven to find but one man at board and wages, that one charge would drive me from the court. And therefore if I had some allowance or some sufferance of allowance in some place for a time for one man, my greatest care were past. And because the trade of living, which was ever most pleasant for my study in Cambridge, now shall be most fit for my duty in court, my desire shall be after my duty duly done in my service, to course over with some man the histores, orators, and philosophers of both the tongues, wherein if my head or my hand can do your Mastership any service or yours any pleasure, I shall be most ready to wait on your will and purpose. And this the more gladly I now remember, because I was then glad to hear you say in your chamber, that when great affairs should less trouble you, you would use me some time in reading, as you had done heretofore

Mr CICEL. If I shall not always need to follow the court, then I beseech your Mastership, let me receive a benefit at your goodness hand, and that is to have your good word or letter to my Lord of London, or to the Dean of Paul's, or Westminster, or to some other that keepeth common residence at London, that I may be with him in his houses, till God and your goodness shall help me to maintain some little house of my own. This benefit you shall obtain without great suit, and they shall sustain without great charge, and I shall receive with great pleasure and quietness to myself, and more thank both you that shall get it, and also to him that shall grant it, I would not be an idle guest in his house, but if my poor learning could do him pleasure, I trust he should not be weary of me. And seeing my service shall be in civil jurisdiction and not in ecclesiastical, therefore for prebend, why should I seek the profit, if I either cannot or shall not do the duty thereof? And as I will not be busy to condemn other men, that take them, so will I not be greedy in this kind of life to receive them, but had rather live by duty under order in a poor estate, than with catching on both sides enrich myself by misorder and injury; not doubting but that faith, diligence in service shall be sufficient warrants for sufficient living in the court, which I will either obtain by honest means or else miss of it with honest conscience. And if I durst be so bold in a private letter privily to say my fancy to your wisdom, I believe in those late years, ill men have had too much licence to misorder good service in this court; who cared not how they crept into office, neither what money they gave themselves, nor what small stipend they received for their service, because their mind was to raise their gain other ways, than only by office and duty. But if a man come with a conscience, to live only by his office, that man will also come with some care to live honestly by his service: which thing hath made me both careful in myself, and troublesome to you, for some quiet stay, if I shall serve in this court; or else surely it were better even now to refuse mine office with some reproof, than after to forsake it with more shame, if I shall not be able to bear the charge thereof according unto the place. But I trust your goodness shall soon take away this my care, seeing you be so willing to do it, and so able to perform it, when there be so many offices and commodities besides prebends, wherein your authority and favor I know may, and I am assured will, do me good, as opportunity shall serve you thereunto; and namely one way, that when I shall purpose to marry, I may have your Mastership's letters, or by your means, the Queen's Majesty's; wherein may appear good will in you, and some testimony of towardness in me to come forward by duty or diligence in this court. Thus under the hope of your goodness, I shape myself to be a courtier, desiring you to take in worth this my misordered writing, not doubting but you will so hear me, in these my requests, as hereafter I shall be more careful to thank you with my service, than busy to trouble you with my success. And thus the Lord prosper your purposes in all your proceedings. London, 25 December, 1553.

CLXIV.—TO BISHOP GARDINER, (A, 1).

Asks him to intercede that his patent as Latin Secretary may be made out—speaks of his pension having become due last Michaelmas. [end of 1553.]

YOUR lordship being so daily used with importune suits, will bear, I trust, sometimes a pressing letter. To sue importunely I neither can by nature nor ought of duty, and yet though two men may with less blame be most importune, he that forceth a right, and he that withstandeth a wrong, nevertheless I even therefore am the more earnest, because there is neither right I can make claim by, nor injury done I may complain on, but only a commodity looked for to be received of your lordship's goodness. For when your lordship helpeth a man unto his right, or defendeth him from wrong, that debt is as due, and the thank which the matter so well deserveth, as to your lordship who so well doth, when I deserving nothing and receiving much, must needs thither owe the whole thanks, from whence wholly and only the benefit doth spring. And as I am unwilling for fear of offending to be importune, yea even so I am unable for charge in tarrying to be a long suitor. I served the king in the emperor's court three years under Mr MORYSONE, who gave me more at my return than he might, yet not so much as he would, for what good could he do to another, who was able to do himself none? At my coming home I having more credit than money crept without care into debt, [by] the hope which I had both to be rewarded for my service, and also to receive my pension due by patent at Michaelmas last: if the pay of patents had not been stopped, your lordship should have seen me and heard me much more seldom than you have, till the throng of your business had somewhat been lessened. Now as I can never forget your goodness, so am I afraid lest charges in tarrying will so overcharge me, as I shall not be able to abide for that benefit which most assuredly I look for of your lordship, and therefore my earnest suit is, if opportunity do not yet serve your lordship to place me as you do purpose, that in the mean while presently you will obtain the renewing of my patent as I have it here ready written out, and then I shall be better able to wait upon your lordship's further pleasure. What occasions

King HENRY had to grant it your lordship knoweth, whose hand with my lord of NORFOLK and my lord PAGETT for the same purpose I here presently have, which hands I keep rather for a pleasant memory of your goodness, than for a record of that benefit. And for what just cause king EDWARD had not only to confirm it, but also to increase it, your lordship shall now hear. I was sent for many times to teach the king to write, and brought him before a xi years old to write as fair a hand, though I say it, as any child in England, as a letter of his own hand doth declare, which I kept as a treasure for a witness of my service, and will show it your lordship whensoever you will. But what ill luck have I that can prove what pains I took with his highness, and can show no profit that I had of his goodness. Yea, I came up divers times by commandment to teach him, when each journey for my man and horses would stand me in 4 or 5 marks, a great charge for a poor student. And yet they that were about his Grace were so nigh to themselves, and so far from doing good to others, that not only my pains were unrewarded, but my very cost and charges were unrecompensed, which thing then I smally regarded in his nonage, trusting that he himself should one day reward me for all. But now I may complain on vain hope and lament my ill luck, who am able to prove what good I did to a king's person, and cannot show what profit I received of a king's goodness. And thus I, who have hitherto been always poor, because I was never greedy to get, am now also unlucky to keep, and that such things which I have most honestly gotten. For if I do not obtain my patent I can not only not tarry here, but I must be compelled also to leave such livings as I have now elsewhere. For though I am both Orator in the University, and Greek Lector in St John's, yet without any patent that living will not serve me. No, I will never so return thither again, to spend my age there in need and care, where I led my youth in plenty and hope, but will follow rather Isocrates' counsel, to get me thither where I am less known, there to live, though not with less care, at least with less shame. And thus if I were my own enemy, I would tell your lordship how you might easily undo me, and that were even at this present to do nothing for me. But your lordship's gentleness, I am sure, will smile at this my more thoughtful than needful writing. And therefore I will end this care even with this letter, as one that hopeth for a new comfort at the next answer of your good lordship, trusting that Queen Mary, as she is just heir of her father's and brother's dominions, so by your lordship's advice she will also be heir of her father's and brother's goodwill, which they both bare towards me. And I likewise, at your lordship's commandment, shall be always most ready to any service wherein it shall please her Majesty to use me, for the office of writing the Latin letters king Edward did assign unto it, not to remove Mr Vannes or Mr Challinor from a right, but to join with Mr Vannes in a benefit: for what wrong hath either of them to enjoy their old commodity with a new quietness, if any other do take the whole pains with some advantage when they shall not be removed from their place, but another joined with them in office? But this with the rest of my suit I commit wholly to your lordship's wisdom to weigh it, and only to your lordship's goodness to perform it, praying that the Lord may prosper you in all your affairs.

CLXV.—TO BISHOP GARDINER, (3, 23).

Alludes to his last letter in English—sends him a gold coin of the empress Helena, and says that he believes Sir William Petre will soon try to settle him in his duties at court.

London, Jan. 1, 1554.

rnatissimo *Præsuli, Domino Stephano Episcopo Wintoniensi, Magno Angliæ Cancellario.*—Scribo sæpe quidem et libenter semper ad te, amplissime præsul, timide tamen et valde sollicite hoc facio; ne literæ meæ, si aliquid negotii adferant, permolestæ: sin nihil contineant, non necessariæ in hoc multiplici negotiorum publicorum concursu, esse videantur. Tibi enim, *Quum tot sustineas ac tanta negotia solus,* si quantulumcumque scribam, nimius, sin nulla de re, ineptus facile videri possum. Sed quia nimis sæpe importunus esse, quam nimis valde ingratus haberi maluerim, hoc tempore certe, nullam rationem potius tuorum negotiorum habuisse, quam nullum memoriam tantorum in me beneficiorum retinuisse, videri volui: scribo tamen hoc tempore nonnihil confidentius, quam soleo, quia non negotiorum tuorum turbam augere, sed dulcem tantum tuorum in me beneficiorum memoriam repetere statui. Proximis meis superioribus literis, Anglice scriptis, hoc sum conatus efficere: at veritus ego, ne turbarum undæ, quibus in singulas pene horas obrueris, illas literas absorpserint, idem officium jam resumere volui, sed nunc paucis ac parce, et re potius, quam ratione, exigua quidem illa, sed ad id, quod volo, exquisita et perapposita. Superioribus meis literis, me, hoc est, mea omnia officia, studia, fidem, et observantiam, ad tuum sensum, voluntatem, et nutum, arctissimo quasi nexu alligavi. His literis, promissi mei veluti arrham aliquam repræsentare volui: hunc aureum nummum intelligo, quem animo quidem grato, omine vero faustissimo, tibi offero. Atera parte insculpta est, optima post hominum memoriam femina, HELENA AUGUSTA; altera parte, dulcissima feli-

cissimæ principis, et felicissimorum temporum vox, *Securitas Reipublicæ*. O feminam orbis imperio dignam! Cui nihil tam fuit cordi, nihil tam alte insederet animo, quam securitas reipublicæ. Hæc est illa HELENA, quæ maximam gloriam ex investigatione crucis, majorem ex sedatione calamitatum crucis, quibus Christianum nomen, nimis tam sæve et crudeliter exercebatur, reportavit. Accipe igitur, doctissime præsul, et grato animo et fausto omine, hunc nummum non tam illorum temporum insigne monumentum, quam tuarum rerum, tuorumque et studiorum et consiliorum in republica præsens atque expressum judicium. Hoc monumentum mihi propter materiam, opus, personam, tempus, καὶ τὸ ἔτυμον diu fuit gratum; carum etiam, quum propter locum ubi inventum est, tum propter amicum, a quo datum est: et nunc quoque jucundum mihi, et peropportunum propter te, ad quem missum est. Neque hoc munus, credo, quia exiguum est aspernaberis; sed illius divini potius poëtæ judicium et amplecteris propter humanitatem, et probabis propter doctrinam, qui in omni benevolentiæ ratione, toties laudat et inculcat ὀλίγον τε φίλον τε.

Superiori anno, Treverim veni; incidi in secretarium reverendissimi electoris, quicum mihi antea Augustæ in aula Cæsaris multus usus et intima familiaritas fuit, multa ab eo tum percontatus sum de Treveri, celebri olim academia, et nunc ruinosa urbe, quam cognoveram divi HIERONYMI testimonio, qui eo se studendi gratia receperat, nobilitatam esse: multa etiam de HELENA et CONSTANTINO Magno, quorum in ea urbe et corpora condi et vestigia apparere, et monumenta multa et culta et conservata esse intellexi. Quum singula meis, non auribus solum, sed oculis etiam exposuisset, ecce, hunc nummum aureum promit, mihique dat: quem illius urbis, illorum principum, ejus erga me studii atque benevolentiæ gratum μνημόσυνον esse voluit, quare si gratius mihi quicquam suppeteret, tibi, cui gratissimus esse debeo, oblaturus essem. Quum viderem hunc nummum esse feminæ et reginæ, et illius, quæ non solum crucem Christianis in lucem revexit, sed securitatem etiam reipublicæ restituit, illustrissimæ nostræ reginæ MARIÆ cum brevissima epistola offerre in animo habui: quia eadem utriusque patria, consimilis imperii dignitas, par in vita sanctimonia, et æqualis in republica constituenda voluntas fuit. At hoc consilium, quum verebar ne videretur esse hominis non satis prudentis, sed nimis sese ingerentis, libenter mutavi; et te mihi proposui, cui propter idem studium, eandem in rempublicam voluntatem, aptissimum munus esse judicavi; ut in hoc nummulo, dum alterius laudem admiraris, tuam interim recognoscas, quam natura, doctrina, bonitate, et humanitate, omnium bonorum judicio consequutus es. Sed harum rerum tacita apud te potius meditatione, quam aperta mea prædicatione, te frui malo. At nimius ego, ad tantum virum, in re præsertim nulla. Dominus GULIELMUS PETREES, te credo brevi, uti ait, conventurus est, de me in aulico meo officio constituendo, sed quia illa res non magis jam mea est, quam tua, cujus unius gratia et auctoritate, ex otio literario, ad negotia aulica accersitus sum, spero, eandem et tuæ voluntatis, et meæ utilitatis rationem habitum iri, hoc est, tuam bonitatem, nisi perfecta re, rebusque meis rite constitutis, nunquam de me bene merendo conquieturam. Hac spe confidentius ad aulam accedo, ubi si mens, aut manus mea rebus tuis inservire possit, me, meaque omnia ad tuam voluntatem, sensum et nutum comparabo. Dominus Jesus amplitudinem tuam diutissime servet incolumem. Londini, Calendis Januarii, Anno Dom. 1554.

CLXVI.—TO LADY CLARKE, (3, 22).

Offers his services to assist her studies, and reminds her how her mother Margaret Roper, daughter of Sir Thomas More, had once invited him to leave Cambridge and teach her children.

[London], Jan. 15, 1554.

Clarissimæ Feminæ Dominæ Clarke.—Insignis iste in te, clarissima femina, et virtutis amor et literarum cultus, cum tanto ingenio et industria conjunctus, laudem quidem per se magnam, majorem quia femina es, maximam quia in aula vivis, commeretur: aliæ enim solent esse, quum hujus sexus occupationes, præter literas, tum hujus loci deliciæ præter virtutes. Hanc duplicem laudem tuam auget etiam geminum illud exemplum, quod tibi et proposuisti prudenter, et sequuta es fideliter, quorum alterum hæc aula, alterum tua familia elargita est. Illustrissimam intelligo nostram reginam MARIAM, et nobilem illum avum tuum, THOMAM MORUM, quo viro uno universa Anglia exteris gentibus nobilior est habita. Ab hac principe nostra industriam ad virtutem, ab illo avo tuo ingenium ad doctrinam; ab utroque utriusque facultatis laudem summam consequuta es. Quum tu igitur his, quos memoravi, ducibus, hunc præclarum virtutis et literarum cursum tam auspicato ingressa es, ut insignem utriusque victoriam, virtutis, femina viris, doctrinæ, aulica academicis, videaris præripere; ego certe summa tui admiratione commotus, his literis tibi, non hortator capessendi novi laboris, sed applausor perfruendæ jam partæ laudis, esse volui. Sed nimis fortasse hæc fidenter ago tam ignotus, at libenter sane ad te tam nobilem, et hoc etiam nomine, valde confidenter, quum judicarem ab hoc comitatu tot divinarum in te virtutum, humanitatem abesse non posse. Et hoc consilium meum scribendi ad te, non illud totum ab admiratione tui profectum, sed a mea voluntate nonnihil, et a ratione etiam officii mei plurimum susceptum est. Is enim ego sum, quem ante aliquot annos mater tua MARGARETA ROPERA, femina et illo tanto patre, et te tali filia dignissima, ex academia Cantabrigiensi, accersivit ad se ad ædes domini ÆGIDII ALINGTONI necessarii vestri, rogavitque ut te reliquosque suos liberos Græca Latinaque lingua instituerem, sed tum ego nullis conditionibus ab Academia divelli me patiebar. Hanc matris tuæ tum postulati memoriam mihi perjucundam libenter nunc apud te renovo, et ejusdem si non perfectionem, conatum tamen aliquem jam in aula tibi offerrem, nisi ipsa sic et præstares per te doctrina, et abundares etiam opere, quum opus est, duorum doctissimorum virorum COLI et CHRISTOPHERSONI, ut mea opera non indigeas, sin his perpetuo præsentibus uti non poteris, me aliquando voles, et quoties voles abuteris.

Et hoc scribo ad te non propter facultatem ullam quæ in me omnis perexigua est, sed propter voluntatem quæ in me maxima est, et propter opportunitatem quæ mihi jam peroptata data est. Amplissimi enim præsulis domini STEPHANI WINTONIENSIS voluntate, gratia, et auctoritate accersitus sum ex Academia, ut illustrissimæ nostræ reginæ serviam in aula; et serviam in eo loco, ubi eadem ipsa mihi sequenda est vivendi ratio propter officium, quæ a me suscepta fuit in Academia propter studium; munus enim literas pro regina Latine scribendi mihi impositum est: quam provinciam si non ingenio et facultate, cum aliqua laude, fide tamen et diligentia, sine magna reprehensione, spero, sustinebo. Sed dum meam tibi et gratulandi occasionem, et gratificandi voluntatem atque opportunitatem significem, vereor ne importunitate etiam scribendi tibi nimius et molestus fiam. Sed admiratione quadam, et amore etiam virtutis tuæ, longius provectus sum, quam institui. Te enim tam insigne, quum tui sexus, tum hujus aulæ ornamentum, et imperitus, si non suspicerem, et inhumanus, si non colerem, videri merito potui. Et propterea, ego hoc nobile institutum tuum veram laudem ex virtutis studio et literarum cultu adipiscendi, si non ipse opera juvare, gratulatione tamen prosequi, et applausu incitare volui: sin vero ad id, quod tua sponte et indole ad altissimas cogitationes erecta facis; quod exemplo principis et parentis suscipis; quod consilio doctissimorum virorum instituis; mea etiam, aut manu aliquando uti velis: ad tuum usum, voluntatem, et sensum libenter me comparabo. Vale, ornatissima femina. Januarii 15, 1554.

CLXVII.—TO LORD CHAN. GARDINER, (w, 271).
Jan. 18, 1554.

Y singular good lord, since the time that your lordship did commend me unto the queen's majesty, Mr PETERS, by the same commendation, hath conceived such good will towards me, that he hath many times said unto me that he would stay me in this court, and would therefore speak to the queen's majesty, and also to your lordship, concerning what fee I should have for mine office, warranting me in hand half Mr VANE's fee, which Mr CHALLONER had, and peradventure I should enjoy the whole, but hitherto I may say with ELECTRA in SOPHOCLES,

Ἔχω γὰρ ἄ'χω διά σε κοὐκ ἄλλον βρότων.

And yet I comfort myself much with the next verse of the chorus, and although I answer them, and content myself with ELECTRA, yet seeing I find all things still in the former condition, I run to that sweet verse of SOPHOCLES in another tragedy, which ŒDIPUS could not say to THESEUS so well as I may say and do most gladly unto your lordship,

Ὄναιο, Θησεῦ, τοῦ τε γενναίου χάριν
Καὶ τῆς πρὸς ἡμᾶς ἐνδίκου προμηθίας. [Col. 1042.]

If I could utter my mind better to your lordship than this verse doth, I would surely do it, and therefore with the same verse I offer myself, with will, word, and work, with heart and hand, always to wait upon your lordship's state and honour; and this my hope in your goodness doth only cause me so oft to trouble you so that you must begin first to leave off such gentleness before I purpose to cease my suits, and yet I do this, not so much moved by my own hope, as reasonable suit, when I offered unto you that little gold coin, small in value, but worthy for the meaning to be offered unto you; and whether my suit shall be reasonable or no, your lordship (who can best) shall be my judge. Mr PETER knoweth now, not only by your lordship's judgment, but also by my letters, written both privately to him and for the queen's majesty, whether I be fit for that room or not? If he think not, then I would beseech him I might depart either to mine own poor living at Cambridge, or else where I might otherwise stay myself. If he think me fit to serve, then I am most willing so to do; even so, reason, I think, requireth I should be made somewhat able to tarry in my service. I that have spent since Bartholomew tide forty pounds cannot live a whole year on twenty, and yet I have been as ware in expences and as bare in apparel as any man could be. It is my great grief and some shame that I these ten years was not able to keep a man, being a scholar, and now am not able to keep myself, being a courtier; and although Mr PETER most gently saith, I shall not need a whit to follow the court, yet to lie in upon the penny in London, as I must needs do, is a heavy charge for my poor living to sustain. Mr PETER said, also, he would find the mean the queen's majesty should bestow such prebends on me as I should be well able to live; mine answer was, seeing my service shall be in civil jurisdiction and not in ecclesiastical, and seeing prebends were rewards for the one life and not for the other, surely I would not there crave the profit where I should not do the duty; and as I would not be busy to condemn other men that took them, so would I not be greedy in this kind of life to receive them, but had rather live by duty under order in any poor estate than with catching of both sides enrich myself with misorder, and pulling from other their just rewards. I thought there were too many that with mingling of duties have mangled and marred good order, and therefore, as I could not allow their purpose, so would I neither, God willing, follow their example, nor increase their number in this court, not doubting but that faith and diligence in doing my duty shall be to me sufficient warrants for sufficient living in the queen's service, which I would either obtain by honest means, or else miss of it with honest conscience. Mr PETER did well allow my answer, and said he would speak the next day both to the queen and your lordship for some order to be taken for me for my service, and thereupon took a note with a pen, since when I met him, he saith unto me, "I lack not remembrance but opportunity for your matter," wherewith I hold myself well content. So, my whole trust is that your lordship in well doing shall prevent his well saying, for I believe his good will, and I owe (as saith SOPHO-CLES) mine all and me whole only to your lordship. If I durst be so bold in a private letter privately to say my fantasy to your wisdom, I believe in these late years all men have had so much licence to misorder good service in this court, they cared not how they crept into office, neither what stipend they received, nay, what money they gave themselves, because their mind was to raise their gain otherwise than only by doing their duty. But if a man come with a conscience to live only by his office, that man will also come with some care to live honestly by his service, which thing doth make one now both careful in myself and troublesome to you for some quiet stay, if I should serve in this court, or else it were better surely even now to leave that office with some grief, than after to forsake it with more shame if I shall not be able to bear the charge thereof somewhat according to that place. But seeing your lordship of your goodness in your barge did chuse me this life rather to live in the court than return to Cambridge, even as I am most willing to follow your will and advise, so am I most assured your authority will make me tarry in the court. My request is not great in itself, nor injurious to any other, and yet very necessary to me: first, I would take my oath; secondly, I would enjoy that little stipend which Mr CHALONER had, and hath given now for doing Mr VANE's duty; thirdly, I would have, by writing, some assurance both of my office and my fee due unto it, for seeing I shall do the whole duty presently, it were reason I should have though not the whole profit, yet at least the assurance thereof, and the rather because I must leave my living at Cambridge, which is not only sure unto me so long as I live, but such a living that no student in Cambridge hath a better; and although this whole suit will not be half a living to follow the court withal, yet shall I shift with it as well as I can, trusting by means of some other commodity of office your lordship will help me when opportunity shall serve thereunto, and namely one way, that is, if I shall purpose to marry, that I may have your lordship's letters or your means to the queen's majesty, wherein may appear your favours to me, and some testimony also of towardness in me to come forward by duty and diligence in the court; and thus my whole trust is that you who only brought me to serve in the court, will also bring to pass that I may live in the court, and that you will so talk with Mr PETER, that he who would do a good turn for your sake shall also do it by your means, that I may still sing with SOPHOCLES, &c.

And then I shall evermore justly wish unto your lordship as ŒDIPUS doth to THESEUS in the same place. And so I take my leave of your lordship, only praying that He who rewardeth all and oweth to none may well reward you for me, who prosper your purposes in all your proceedings. Your lordship's most bounden, so to be,

R. ASKAM.

At London, 18 of January.
To the Rt Hon. and Rt Reverend Father in God,
Stephen, Lord Bishop of Winchester, and Lord
   Chancellor of England, my very good lord.

CLXVIII.—TO RADCLIFFE, (3, 27).

About Rodulphus's progress in writing—This boy seems to have been Ascham's pupil—speaks of the near approach of Palm Sunday. Before Palm Sunday, [*i.e.* March 18, if in 1554.]

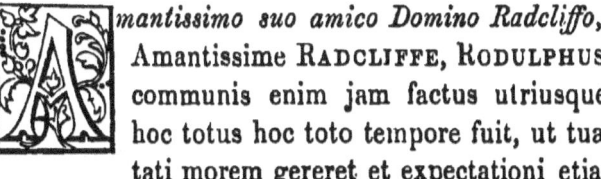

mantissimo suo amico Domino Radcliffo, S.P.—Amantissime RADCLIFFE, RODULPHUS noster, communis enim jam factus utriusque est, in hoc totus hoc toto tempore fuit, ut tuæ voluntati morem gereret et expectationi etiam satisfaceret. Literarum omnium justam formam, aptam conjunctionem et rectum ordinem valde perite novit; et ut vim atque potestatem cujusque literæ, in quoquo loco, perfecte cognosceret, eum quotidie exercui; in qua re eos progressus fecit, ut non spes in eo atque conatus, sed maturitas jam atque perfectio expectanda sit, si ad hanc facultatem jam comparatam quotidianus scribendi usus, et sedula manus exercitatio accedat. Quum enim RODULPHUS noster natura sit valde aptus, et institutione etiam satis peritus, ut usu quoque fiat admodum perfectus, uterque credo nostrum vehementer exoptat: ad quam rem plene absolvendam, nec tuo voto, nec RODULPHI commodo mea opera unquam deerit. Cœpi diligere RODULPHUM tua caussa, et nunc suo merito illum valde amo; est enim in hoc puero ea indoles, pudor, et morum probitas, ut per se quidem plurimi faciendus sit; itaque, et tibi talem filium, et illi talem patrem ex animo gratulor. Sed hæc fusius coram domi tuæ, quod fiet, ut spero, circiter festum palmarum, nisi meum hoc privatum consilium impediant publica negotia. Vale amicorum certissime. Saluta lectissimam conjugem, et suavissimum meum puerum HIEREMIAM, et fratrem meum carissimum JOANNEM H. una cum reliquo cœtu tuo, inprimis vero integerrimum virum Dominum Hypodidasculum.

CLXIX.—TO TWO YOUNG MEN, BROTHERS, (3, 28).

Studying in Italy—Ascham had heard of them through a letter sent by Peter Vannes, and delivered by Ascham to Bishop Gardiner, who made enquiries of him about Turnbull, their tutor.

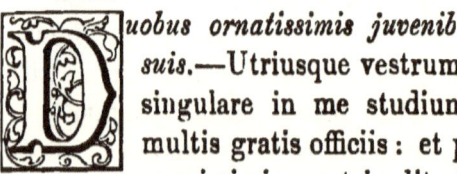

uobus ornatissimis juvenibus, fratribus, amicis suis.—Utriusque vestrum, ornatissimi juvenes, singulare in me studium, coram in Italia, ex multis gratis officiis: et postea in Flandria, ex suavissimis vestris literis, cum summa mea semper voluptate expertus sum, ut antea vestro amore calere, nunc plane exardescere merito videri possim. Hanc mihi cum vestra familia institutam necessitudinem eo pluris facio, quod ea, non ab utilitatis spe ulla profecta, sed ab ipso solo humanitatis fonte tota derivata sit, quam sic a vobis humaniter susceptam, et nostra deinceps inter nos mutua voluntate, utrinque et sancte cultam, et constanter conservatam, ego semper in posterum, omni amoris officiique cumulo, indies magis atque magis augere et amplificare laborabo. De vobis, vestrisque, et nunc in Italia præsentibus studiis, et postea in Anglia futuris vitæ rationibus, frequentes sermones cum patre vestro, mihi admodum jucundi, illi ut video non ingrati, et vobis ut spero aliquando commodi, domi apud se sæpius ut fit instituuntur. Et quum ego revera semper sum vestræ virtutis fautor, et etiam cupio aliquando esse vestræ dignitatis adjutor, ecce quam opportune interea temporis, factus sum vestræ laudis testis atque applausor.

Literas, quas PETRUS VANNES in utriusque vestrum laudem, amanter sane et fuse scripsit ad reverendissimum WINTONIENSEM, ego ipse, de patris vestri consilio illi tradidi: illas ipsas mihi recitavit eo vultu, et eo gestu, ut sensus illius erga vos animi, atque adeo judicii, multis sese modis ostenderet. Multa ille ex me de vobis, multa de vestris studiis, de ætate, forma, statura, de permansione in Italia, de reditu in patriam, multa de vestro præceptore Domino TURNBULLO diligenter perquisivit. Ad quæ singula ego sic respondi, quomodo benevolentia inter nos et vestra, et paterna, et mea, quomodo judicium meum de vobis, quomodo expectatio vestra de me, quomodo ipsa res atque veritas postulavit. Denique illum nostrum sermonem illustri de vobis conclusit judicii sui testimonio, dicens, Felicissimorum parentum felicissimi existunt liberi.

Videtis, ornatissimi juvenes, quam gravem expectationem sustinetis non laudis, quam adepti estis, sed dignitatis, ad quam recta via contenditis. Ad hanc dignitatem, vos doctrinam et virtutem, parentes opem et spem, ego officium et commendationem, reverendissimus WINTONIENSIS gratiam et auctoritatem simul conjungemus, &c.

CLXX.—TO BISHOP GARDINER, (W, 274).

[About April, 1554.]

IN writing out my patent I have left a vacant place for your wisdom to value the sum; wherein I trust to find further favour; for I have both good cause to ask it, and better hope to obtain it, partly in consideration of my unrewarded pains and undischarged costs, in teaching King EDWARD's person, partly for my three years' service in the Emperor's court, but chiefly of all when King HENRY first gave it me at Greenwich, your lordship in the gallery there asking me what the king had given me, and knowing the truth, your lordship said it was too little, and most gently offered me to speak to the king for me. But then I most happily desired your lordship to reserve that goodness to another time, which time God hath granted even to these days, when your lordship may now perform by favour as much as then you wished by good will, being as easy to obtain the one as to ask the other. And I beseech your lordship see what good is offered me in writing the patent: the space which is left by chance doth seem to crave by good luck some words of length, as *viginti* or *triginta*, yea, with the help of a little dash *quadraginta* would serve best of all. But sure as for *decem* it is somewhat with the shortest: nevertheless I for my part shall be no less contented with the one than glad with the other, and for either of both more than bound to your lordship. And thus God prosper your lordship. Your lordship's most bounden to serve you,

R. ASKHAM.

To the Rt Reverend Father in God,
My Lord Bishop of Winchester his Grace, these.

CLXXI.—TO SIR W. PAWLETT, (w, 275*).

This letter is dated by Whitaker Jan. 18, but Ascham was not married till June 1, 1554. It is probably therefore a mistake for June 18. [June 18], 1554.

SIR, my small time in marriage hath given me good experience that in choice of a wife to some men the grief in having an ill, is not comparable with the care in having a good; for I see many times the worse their wives wax, the more they make of themselves, and can digest that grief well enough. God, I thank him, hath given me such an one as the less she seeth I do for her, the more loving in all causes she is to me, when I again have rather wished her well than done her good, and therefore the more glad she is to bear my fortune with me, the more sorry am I that hitherto she hath found rather a loving than a lucky husband unto her. I did choose her to live withal, not hers to live upon, and if my choice were to choose again, I would even do as I did, so that the comfort I take because I have so good a wife is the only cause of my care, because she hath so poor a husband. For my own self, I could measure my mind to live as meanly as ever I did in Cambridge, but now duty and love driveth me to further desire, and yet because I know not what may be thought of my deserving, my desire hitherto hath rather grieved myself with inward thought, than troubled other with outward suits. Nevertheless, I have had ever good hap, and specially in your goodness, who not presently to myself, but also in my absence often to others of your own accord have declared a friendly readiness to set forward any fit suit in my behalf, but the more gentle I have found you the less willing I have been to trouble you. Your most bounden to serve you,

ROGER ASKAM.

At London, 18 January [June?], 1554.
To the Hon Sir Will. Pawlett, Knt, these.

CLXXII.—STURM TO PAGET, (5, 12).

Thanks him for having helped Ascham to get his old office of Latin Secretary.   Strasbourg, June 23, 1554.

Ioannes Sturmius Domino Pagetto, S.P.—Ex amicorum literis, et sermonibus certorum hominum intellexi, ROGERUM ASCHAMUM pristinum sui muneris locum, quem duobus regibus habuit, hac regina per te tenuisse. Atque id ASCHAMUM fateri: meas literas sibi in eo profuisse. Si gratias agere satis esset, scriberem jam ad te in eam sententiam prolixissime, sed scio te neque id requirere, et me non posse satis, quam mihi illud officium tuum, vel potius beneficium placeat explicare. Itaque ego gratiam habiturus sum: dum tu mihi aut nuntiabis, aut scribes, quid me tua, vestraque tuorum caussa facere velis. Nihil recusabo, quod me posse sperem honeste perficere; hoc ita scribo, ut meam fidem tibi obligem. Incredibile enim est, quam ego diligam, et amem ASCHAMUM: motus ejus et literis, et prudentia, et doctrina, quorum utrumque ex literis intelligo: quæ mihi semper exstiterunt suavissimæ. Sed quo magis hunc amo, eo observantiam tibi majorem a me deberi sentio: propterea quod eum, quem ego omni benevolentia amplector conservasti. Vale. Argentorati, XXIII Mensis Junii, 1554.

CLXXIII.—TO KING PHILIP, (3, 25).

Written on behalf of the prisoners for debt in Ludgate—Rejoices at the king's coming among them, and petitions payment for their debts for which their creditors have agreed to take 4s. in the pound.   [London], Aug 11, 1854.

Pro captivis et vinctis in porta Luddensi scripsit hanc, in adventum Philippi regis.—Inter tot hodie in hac urbe præclara spectacula, quæ oculos tuos oblectant: inter tot lætas congratulationes, quæ aures tuas demulcent: ecce vocem et gemitum pauperum, quæ animum tuum, ut speramus, etiam commovebunt: vocem quidem lætitiæ, gemitum vero miseriæ. Libenter enim lætamur omnes propter optatissimum adventum in hoc regnum tuæ majestatis: necessario autem nos seorsim congemiscimus, ob miseram sortem nostræ infelicitatis: miseri enim nos sumus, et in ipsam, ut vides, inclusi miseriam. Sed quia fortuna non scelere miseri et aliorum magis injuria quam nostra culpa calamitosi sumus, confidenter ad tuæ majestatis clementiam accedimus quidem minime, quia non possumus: sed voce et gemitu, et scripto, quod hoc tempore, et hoc in loco solum facere valemus, divinam tuam et invocamus clementiam, et imploramus opem et bonitatem. Hic locus, prudentissime princeps, non sceleratorum carcer, sed miserorum custodia et est, et nominatur: et in hanc custodiam nos non intrudimur ab aliis, sed ipsi confugimus: et huc confugimus, non metu supplicii, sed spe melioris fortunæ: fortuna enim sola nos in hanc miseriam detrusit. Nam cives sumus Londinenses, qui vitam ante et satis affluentem inter nostros, et valde, ut speramus, probatam inter vicinos, traduximus: sed nunc, quod sæpe accidit mercatorum sorti et fortunæ, vel crebra pecuniæ nostræ depravatione, vel variis Gallorum in mari latrociniis, vel tempestatum jactationibus atque naufragiis, vel creditorum valde gravibus usuris, vel debitorum nimis levi perfidia et dolis, in eam miseriam collapsi sumus, eoque tam gravi ære alieno obstringimur, ut nisi ab eodem ære, divina tua ope et bonitate levemur atque liberemur, in his duris vinculis atque fœdis carceribus vitam miserrime simus consumpturi. Et quod nostra neque libidine neque insolentia, hoc æs alienum contraximus, sed aut maris tempestate, aut hostium vi, aut debitorum fraude, in has rerum angustias devenimus, testes non magis idoneos proferre possumus quam ipsos creditores nostros, qui quum probe intelligant nos, non studio faciendæ injuriæ, sed communi quadam mercatorum sorte, atque infortunio, in hunc locum confugisse, memores humanæ conditionis atque vicissitudinis, ita faciles, itaque bonos sese nobis præbent, ut quum nos qui triginta numero hic sumus, decem millia librarum et eo plus eis debemus, duobus millibus contenti, quod reliquum est condonaturi sint. Per tuam igitur, optime princeps, divinam bonitatem, per hunc tuum et in hoc regnum, et in hanc urbem felicissimum ingressum, per spem non tuam unius, sed universæ Angliæ optatissimæ tuæ sobolis, majestatem tuam rogamus, ut hanc nostram tam deploratam, tamque depositam fortunam, amplissima tua munificentia benigne consolari atque in integrum erigere velis. Deus Optimus Maximus ita convertat mentem majestatis tuæ, ad eam commiserationem nostræ miseriæ, ut cum DAVIDE vere cantare, primum Deo, proxime tibi possimus, *propter vocem et gemitum pauperum, nunc exurgam, dicit Dominus*, spem itaque voti nostri consequendi eandem nobis promittimus quam in hoc fausto die, abs te felicissimo principe, expectare debemus. Deus majestati tuæ annorum et liberorum longissimum numerum, in hac Britannia florentissimum regnum, in ipso orbe universum imperium benigne et cito concedat, feliciter et perpetuo conservet. E custodia et vinculis, 18 Augusti, 1554.

CLXXIV.—TO BURIS SECRETARY, (3, 24).

Sent with a copy of a book containing selections from Cicero and the Poets. London, Aug. 21, 1554.

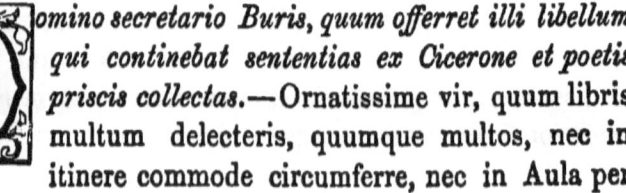

omino secretario Buris, quum offerret illi libellum qui continebat sententias ex Cicerone et poetis priscis collectas.—Ornatissime vir, quum libris multum delecteris, quumque multos, nec in itinere commode circumferre, nec in Aula per negotia legere possis; hunc unum, instar multorum, libenter tibi mitto. * In unum enim libellum hunc, quicquid prudentis eloquentiæ ex ipso Cicerone colligi; quicquid suavis et sanæ voluptatis ex optimis poëtis decerpi potuerat, erudito delectu et exquisito ordine illigatur, Itaque, si grato animo hunc libellum, mei in te cultus et observantiæ testem, accipias, efficies, ut aliquid aliquando majus, quod non tantum alieni ingenii, sed laborem meæ etiam industriæ referat, tibi confidenter offeram. E memoria enim mea excidere non potest, quod prudentia tua de hujusmodi instituto semel mecum egit. Qui meus labor, quia magna ex parte cum magna laude experientiæ, moderationis, et fidei tuæ singularis, in illustrissimam principem nostram conjunctus esset, levis mihi et perjucundus foret. Sed de hac re, opportunius coram et sermone. Deus te principi fidelissimum consiliarium, mihi optimum patronum, diutissime servet incolumem. Londini, XXVIII Augusti, 1554.

CLXXV.—TO LORD CHAN. GARDINER, (w, 275).
End of 1554.

To the Lord Chancellor: Jesus, help! Amen.—My very good lord, these letters are to thank you for your benefits, not to trouble you with any suit, because by you I am more bound to do the one, than I have need at this time to do the other. Indeed of late not the lack of business, but Mr PETER and his gentleness hath been the very cause why this good while I troubled your lordship neither with letters nor suit. And because I receive such gentleness of him not of my desert, but from your lordship's

---

* Elstob thinks this book was *Libellum Petri Lagnerii Compendiensis.*

good will towards me, and judgment on me, what time you obtained my patent and office for me; therefore as I owe this benefit also of Mr PETER's good will to you, so of duty I thought fit to make some account thereof. Your lordship knoweth how Mr PETER troubled my patent with a proviso wherewith you were not best contented, but now he hath made amends for all, for he hath gotten out the patent for my office during my life, with another proviso in this to cancel the former stop; and though it be to your lordship small pleasure and some trouble to hear of this, yet because you have been always so ready to do me good yourself, I trust you will not be miscontented to know who doth me good for your sake. No time since I was born so sticketh in my memory as that when I, unfriended and unknown, came first to your lordship with my Book of Shooting, and what since that time you have done for me, both with King HENRY, King EDWARD, and Queen MARY, I never shall forget, nor hitherto have hidden, either in England or abroad. And thus seeing with such deeds you have indebted me, how much blameworthy were I, if at least with words I should not be ready to repay you; and because you should guess the deeds that I would do, of a few words that I will use, five sureties I offer unto your lordship for the payment of my debt unto you; that is, my will, word, work, heart, and hand, evermore to wait upon your honour and state as long as I shall live; and this memory I gladly use of your goodness, not so much for the matter which privately hath comed to me, as for the praise that commonly is given to you, when you are counted of all men the best friend to every man that this country hath; and I do think you more happy for this judgment of men than if I should see you bear greater part than did cardinal in England. The greatest staves were never the surest to stand in this realm; for whether this fault hath been the unjust government of such as did rule, or the unruly nature of those that should obey, I cannot tell; but this I am sure, these many years England would never presently, or could not very long bear a subject which was accounted in men's talk either wisest in counsel or greatest in power: and although your lordship deserveth by your wisdom to be esteemed for the one, and as worthy for your goodness to be the other, yet for the love I bear you as it were my greatest joy to see you in very deed be both; so it is my daily wish to hear you in men's talk be accounted neither, whereunto, when, or where my word can serve. I help with all my heart; but the memory of your goodness hath carried me to higher matters than need is, and therefore to trouble your lordship at this time no longer, I beseech you take mine intent declared in this letter, as a surety of the duty which I owe most gladly, and will pay most readily unto your lordship. And thus the living God preserve your lordship always. Your lordship's always most bounden, R. ASKAM.

To the Rt Hon. and Rt Reverend Father in God,
    Stephen, Lord Bishop of Winchester,
        Lord High Chancellor of England.

CLXXVI.—TO KING PHILIP, (4, 45).

On behalf of Domina E. T. petitioning for the release of her husband. [London], Nov. 8, 1554.

Augustissime rex, domine clementissime. Diu multumque ego jam laboravi apud majestatem tuam, pro conjuge meo D. AMB. D. Reliqui fratres tua bonitate atque gratia et conjugum labore atque opera in libertatem restituti sunt. Tuæ majestati hanc laudem et sororibus meis hanc felicitatem vehementer gratulor; meam tamen meique mariti miseram sortem non satis deplorare queo. Ex meis laboribus sola ego hunc cepi fructum, ut mihi nunc laborandum sit, non quomodo maritum in libertatem sed meipsam ab infamia vindicare possim. Non enim illum plus deliquisse nec te minus illi concessisse, sed me minus pro illo laborasse vulgo credibile erit. Age ergo, clementissime princeps, et perfice, ut maritus meus id tuo recipiat beneficio quod amisit delicto. Quo uno beneficio, et illum a miseria et me ab infamia et utrumque a summa sollicitudine et cura, divina clementia tua misericorditer liberabit. Quam bonitatem is, qui omnis bonitatis fons est et auctor, abunde largiterque compensabit. Deus tuam majestatem conservet et tueatur. VIII Novembris, 1554.

CLXXVII.—TO THE SAME, (4, 44).
On behalf of Thomas Hol. asking the remission of a debt.

Nov. 20, 1554.

Regiæ Majestati.—*Pro D. Th. Hol.*—Illustrissime rex, domine clementissime. Emi nuper a reginea majestate eos fundos, pro quibus mihi solvendæ sunt ærario vestro libræ mille septingentæ octoginta decem et octo, quatuordecim solidi, et duo denarii. Majestas sua, fidei meæ et observantiæ in illam habita ratione, præsentem pecuniam non exegit, sed ejus solutionem ita benigne rejecit, ut dimidia pars solveretur ad hoc proximum Purificationis Festum; pars altera ad festum jam proximum S. MICHAELIS, et Annuntiationem D. VIRGINIS. Si hæc pecunia, munificentissime princeps, exigatur a me ad hos constitutos dies, non solum rustica mea prædia sed bona etiam domestica mihi divendenda sunt. Multi mihi esse testes possunt, quam graves sumptus, domi militiæque, vita et aulica et bellica mihi his superioribus annis imposuit: quo effectum est, ut grandis pecuniæ debitor non solum vestræ majestati sed multis etiam aliis viris in præsenti fiam. Itaque, si creditores mei paulo duriores sese præberent huic meæ præsenti fortunæ, et deserere hanc regiam cum infamia et quærere aliam vitam cum miseria omnino coactus essem. .Rogo igitur munificentissimam vestram majestatem, ut hanc pecuniam ærario vestro debitam, aut integram mihi condonet, aut eam partem remittat, quæ vestræ divinæ clementiæ et bonitati idonea ut remittatur visa fuerit. Hoc tuæ majestati ad concedendum parvum quiddam est : mihi vero atque meæ fortunæ ita magnum et necessarium, ut absque eo nec diutius inservire in hac aula sine aliquo dedecore, nec aliam vitam sequi sine magno meo mærore, deinceps potuero. Itaque suppliciter peto a vestra majestate, ut literas vestras ad hanc rem requisitas, de remissione hujus debiti, ad D. Marchionem WINTONIÆ summum Angliæ thesaurarium dignetur scribere. Et ego me paratissimum semper ad omne serviendi munus comparabo, quodcunque mihi quibusvis temporibus domi militiæque majestas tua demandabit. Deus Optimus Maximus sacram majestatem tuam optatissimis liberis, longissimis annis, &c. XX Novembris, 1554.

CLXXVIII.—TO THE SAME, (4, 43).

On behalf of the wife of Sir Ed. Ro. for the release of her husband who is in prison. Nov. 23, 1554.

Illustrissime princeps, domine clementissime. Divina majestatis tuæ natura, ad omnem benignitatem et misericordiam proposita, me multis miseriis depressam et jacentem excitavit et in magnam spem erexit; ut mihi miseræ et afflictæ mulieri opem ferre dignari velis. Pro me vero separatim nihil, sed pro carissimo meo conjuge ED. Ro.

equite, misericordiam tuam imploro: is enim longo jam tempore, et in carcerem inclusus, non solum fortunis et facultatibus exhaustus, sed gravi etiam infirmitate pene consumptus est. Ego igitur, supplex projecta ad genua majestatis tuæ, rogo obsecroque, ut tua solita clementia maritum meum solitæ suæ libertati restituere velit. Et hujus beneficii, ego precibus apud Deum, maritus observantia erga tuam majestatem, uterque obedientia erga te clementissimum nostrum principem, nec immemores nec indignos nos esse declarabimus. Deus sacrosanctam majestatem tuam longissimis annis et amplissimis imperiis majorem indies faciat. XXIII Novembris 1554.

CLXXIX.—TO THE SAME, (4, 42).

On behalf of Jo. Guld. for the restoration of his pension and the repayment of money spent in opposing Sir Thomas Wyatt's rebellion. Dec. 14, 1554.

Regiæ Majestati.—*Pro D. Jo. Guld.*—Serenissime rex, domine clementissime, HENRICUS OCTAVUS clarissimæ memoriæ princeps, pro meo servitio, fide, et observantia illi præstita, annuum stipendium quadraginta marcarum mihi, quamdiu viverem, et benigne concessit et liberaliter largitus est. Hæc pecunia integre mihi pleneque persoluta est per thesaurarium regiæ cameræ, usque ad quintum annum regni illustrissimi regis nostri EDVARDI SEXTI: ex quo tempore nihil mihi ex ea summa solutum est. Præterea, hoc proximo superiori anno, tot milites, talemque apparatum militarem, contra WYATUM curavi, ut illa solum expeditio ducentas mihi libras exhauserit, quemadmodum ex certa expensarum mearum ratione palam perspicueque constare possit. Postea ex jussu et mandato regineæ majestatis mihi injunctum fuit, ut certos homines rebellionis WYATANÆ conscios atque participes in agro Cantiano perquirerem; in quo negotio fideliter et diligenter obeundo, grandem sane sumptum sustinebam. Itaque suppliciter peto ab æquissima vestra majestate, primum ut concessio illa et donatio quadraginta librarum quam diu vivam mihi rata et confirmata maneat; utque illa pecunia, quæ mihi ex hac concessione debita est, integre et pleue persolvatur; deinde, ut sumptuum illorum, quos illis WYATI temporibus libenter feci, ea habeatur ratio, quæ vestræ majestatis æquitati justa atque debita videri possit; postremo suppliciter peto ut literas vestras, quæ et concessionem veteris mei stipendii confirment et pecuniæ mihi debitæ præsentem solutionem mandent, ad D. Marchionem WINTONIÆ summum Angliæ thesaurarium vestra majestas dignetur scribere. Et ego me paratissimum semper ad omne serviendi munus comparabo, quodcunque mihi quibusvis temporibus domi militiæve majestas vestra mihi imponere voluerit. Deus sacram majestatem vestram optatissimis liberis, longissimis annis, maximis imperiis, et omnibus felicitatibus, perpetuo beare dignetur. XIV Decembris, 1554.

CLXXX.—TO KING [PHILIP], (4, 46).

On behalf of Domina Dor. St. asking license for her husband William St., who is in debt, to remain abroad.

Regiæ Majestati.—Pro Domino Dor. St.—Augustissime rex, clementissime domine. GUL. ST. maritus meus abest in Gallia, et abest non propter delicti conscientiam nec propter periculi metum, sed quia eo ære alieno premebatur, ut vitam apud exteros cum miseria, quam domi apud suos cum infamia traducere maluerit; sperat enim in hac sua absentia, parce ac duriter vivendo, se posse ab hoc ære facilius liberari. Vitam traducit, non novis rebus impli-

citam, sed quieti et literis totam deditam. Et quum rex
Gallorum ampla conditione largoque stipendio ei pro-
posito in militiam vocaret, adduci nullo modo potuit ut
arma contra Cæsaream majestatem ferret. Quod venia non
petita hinc discesserit, ego pro illo non facti excusationem,
sed offensæ deprecationem ad tuam clementissimam majestatem adfero. Suppliciter igitur peto a tua divina clementia, ut per auctoritatem majestatis tuæ literis patenti-
bus declaratam ad aliquot annos abesse possit. Quo toto
tempore eam vitæ rationem sequuturus est, quam obedien-
tissimus subditus suo principi, et fidelissimus servus
suo domino probare præstareque debeat. Deus optimus
maximus majestatem tuam diutissime servet incolumem.

CLXXXI.—TO KING PHILIP, (4, 47).

On behalf of some one who had been engaged in Wyatt's rebellion "last year;" asking remission of eighty pounds out of
£100 fine that had been imposed on him, seeing that he
had paid £20, and was now admitted into the king's service.

[1555.]

Regiæ Majestati.—Potentissime rex, clementissime
domine. Sum ego unus ex ea hominum amen-
tium colluvie, qui proximo superiore anno
furores Thomæ Wyati sequuti sumus. Et quanquam hoc flagitium, imperitia potius quam voluntate, et aliorum consilio non meo studio admiserim, justa
tamen pœna hanc injustam meam temeritatem jure quidem
sequuta est. Nam in carceres et vincula conjectus,
multum me metus præsentis mortis, plus infamia reliquæ sequentis vitæ, potissimum vero ipsa conscientia
sceleris mei, noctes diesque cruciabat. Sed prudentissimi
judices, non privatum sanguinem sed communem salutem
quærentes, nostra non tam contenti pœna quam commoti
pœnitentia, a mortis metu me cum multis aliis liberarunt;

hac tamen conditione mihi proposita, ut centum libra
regio fisco persolverem. Postquam ex hujus tempestatis
fluctibus Dei Optimi Maximi et reginæ clementissimæ
immensa misericordia emerseram, ita me gessi, ut optimus
vir dominus JOANNES B. unus ex primariis secretariis
majestatis tuæ me in suum famulatum cooptaret; qui eam
de mea fide, officio, et obedientia concepit opinionem, ut
curaret me ascisci in eum numerum qui majestati tuæ
inservirent: ubi Deo volente sic me comparabo, ut non
solum præteritam culpam sedulo officio corrigere, sed
veteris flagitii memoriam nova obedientia abolere, ante
omnia elaboraturus sum. Id quod quo melius præstare
queam, supplex projectus ad genua clementiæ tuæ, summopere rogo, ut majestas tua contenta viginti libris, quæ
jam solutæ sunt fisco tuo, mihi egentissimo famulo tuo,
quod reliquum est debiti condonare velit. Hoc tuæ
majestati ad concedendum exiguum quiddam est, mihi
vero ad accipiendum tam amplum atque gratum, ut absque
eo nec tibi inservire nec mihi vivere in posterum queam.
Si vero bonitas tua benigne mecum hoc modo actura est,
eam vitam in regia tua solum sequar, quam obedientissi-
mus subditus suo principi, et fidelissimus servus suo
domino probare præstareque semper debeat. Deus, &c.

CLXXXII.—TO JO., DOM., AND M. VAHANE, (3, 30.)

Compliments John, Dominic, and Mabel Vahane, on their zeal
for learning.

Joanni et Dominico Vachanis, Fratribus, et Ma-
bellæ Vachanæ, illorum sorori lectissimæ virgini, &c. — Optimorum parentum felicissimi
salvete liberi. Non oblivione vestri, non neglectione officii mei factum est, quod ad literas

vestras multis nominibus mihi perjucundas nihil hactenus responderim. Scribendi materies ampla, mittendi facultas opportuna et quotidiana mihi oblata fuit: ego solus his commoditatibus defui, non quia alienior a vobis, sed quia offensior nonnihil omnibus musis, his superioribus mensibus, mihi ipse esse videbar. Sed jam denuo repositus in gratiam cum literis, arrepto calamo, praeteriti silentii mei, si non culpam omnem excusare, saltem veniam aliquam a vobis impetrare cogitabam. Culpam silentii fateor magnam, judicii vero sinistri mei de vobis, de quo me sic accusatis, penitus agnosco nullam. Omnes enim mihi musae in perpetuum irascantur, si aliter unquam existimavi de vobis, quam de rarissimis non solum nostrae aetatis, sed longe superioris memoriae virtutis et literarum exemplis. Mirabar equidem, et non injuria mirabar, vos puellos in hac aetate, te virginem in hoc sexu, intra domesticos parietes, sub quotidiana matris indulgentia, in praesenti hac urbana licentia et luxu, aspirare potuisse ad eam literarum praestantiam, quam sequuti multi, assequuti sunt admodum pauci: et id quidem, facti jam viri in ipsis academiis, sub durissima disciplina, ubi ad literarum impedimentum nihil, ad incrementum omnia comparata esse videantur. Fallimini igitur si putatis meam admirationem ad ullam dubitationem de vestra facultate, et non ad summam commendationem vestri ingenii, doctrinae et educationis omnino referri deberi: has enim tres res, ingenii vestri vim, doctrinae rationem, et educationis consilium, supra modum admirabar. Laus ingenii tota, quoniam eo sic utimini ad virtutem, solummodo vestra est; doctrinae, cum praeceptore communis; educationis, ad parentes referenda. Namque, in vestro ingenio raram indolem, paratissimam voluntatem, et constantem industriam semper perspexi. In praeceptore, quum facultatem, quum diligentiam, tum fidem probavi. In parentibus et prudentiam, et bonitatem summopere commendavi ; prudentiam propter consilium, quod de vobis sic educandis sapientissimum susceperunt : bonitatem, propter sumptus, quos maximos in vobis ita instituendis sustinuerunt, in illis inesse præcipuam animadverti. Et his rationibus adductus ego, in initio literarum mearum, vos recte optimorum parentum felicissimos nominabam liberos : quam felicitatem, et vobis, et vestris parentibus ex animo congratulor ; vobis propter summum usum, parentibus propter maximam lætitiam, quam illi ex vestra eruditione et studiis, vos ex illorum bonitate atque consiliis capietis. Itaque quod ad me attinet, ero perpetuo, quomodo hactenus semper fui, et libens spectator vestri cursus, assiduus hortator vestræ industriæ, et præcipuus commendator atque admirator vestræ virtutis : imo etiam, pro meo de vobis judicio, ero quoque certus expectator illius honoris, quem talis cursus, tanta industria, tam præclara virtus jure commereri videantur. Ex hoc enim cursu tam prudenter instituto, ex hac industria tam constanter collocata, ex hac virtute tam feliciter jam comparata, nihil certe ego, nisi rarum, nisi amplum expectare queo, id quod ut contingat, utque brevi etiam contingat, ille absque dubio, qui omnis est et fons prudentiæ et auctor industriæ et largitor felicitatis, effecturus est : qui vos vestraque studia indies promoveat, et optimorum vestrorum parentum de vobis spem multo læto et longo gaudio perimpleat Deus, &c.

CLXXXIII.—TO PETER NANNIUS, (3, 29).

For Sir William Paget—speaks of a book that had been sent him from Nannius, just before Paget started on his embassy.

Palace at Westminster, Feb. 10, 1555.

etro *Nannio, pro Domino Pagetto, S.P.*—Simul mihi traditi fuerunt libri tui, humanissime PETRE NANNI, et ego proficiscebar legatus orator in Brabantiam ad Cæsaream majestatem. Qua nostra subita profectione factum est, quo minus ego tum libros eos, ea qua cupiebam opportunitate, iis quibus destinati sunt tradere ipse atque commendare potuerim. Hoc tamen negotium dedi, offerendi libros tuos alteri ex primariis secretariis, qui ad id præstandum quum esset non solum facultate valde idoneus, sed voluntate etiam admodum paratus, subita tamen et repentina infirmitate, ita fuit ab omni officio obeundo exclusus, ut libros tuos non redditos, sed ad reditum meum reservatos, ipse ad aulam reversus offenderem. Quos ego primo quoque tempore, ita commode, itaque ex arbitratu meo et ex sententia tua, iis quibus cupiebas tradidi atque commendavi, ut non solum eos læto vultu et lubenti animo, sed cum magna tua laude tuæque doctrinæ prædicatione acciperent atque perlegerent. Itaque ex his laboribus tuis fructum, et laudis in præsenti magnum, et utilitatis in posterum aliquem, uti spero, percepturus es. Orationem tuam, qua horum superiorum proximorum temporum apud nos turbas atque tumultus explicas, diligenter perlegi; consilium tuum valde laudo, et studium etiam erga hoc regnum vehementer probo. Tractatio ipsa pererudita; sed materies omnis non ea fide ad te comportata est quam res ipsa postulat. Itaque ne hoc tuum laudabile institutum careret ea laude, quæ prima est cujusvis historiæ, calamum ipse sumam, et certis quibusdam in locis, ut res feret, addam aliquid et immutabo, si tu ita vis, aut si tu non aliter sis per literas mihi significaturus. Quod te non accerserem, quum proxime essem in Brabantia, non tui oblivione id feci, sed temporis angustia, et rerum, quibus distinebar, magnitudine impediebar, post-

ridie enim illius diei, quo Bruxellas veni, et salve et vale CÆSARI dixi, perendie in Angliam. Nam sic me totum occupabant, et quum istic essem, negotia publica, ut nec privata meorum, nec mea, neque me curandi facultas, vel levissima, mihi tum temporis concessa fuerit. Sin aliter, nihil mihi certe prius fuisset, aut optatius tua doctrinæ et humanitatis plena consuetudine atque familiaritate: de qua sæpe et crebris literis R. BRANDISBÆUS, multum et frequenti sermone ROGERUS ASCHAMUS libenter prolixeque mecum egit. Itaque, mi NANNI, tibi de me meoque in te studio atque adeo judicio polliceri potes, ut quicquid vel tibi gratum, vel tuis rebus commodum facere queam, id quando voles, paratissime semper præstiturus sim. Vale! ex Regia Westmonasteriensi, X Februarii, 1555.

CLXXXIV.—TO KING PHILIP, (4, 41).

On behalf of Domina E. T.—thanks the king for restoring her husband to liberty, and petitions that her estates may be secured to her. Feb. 22, [1555.]

erenissime rex, et princeps clementissime. Quum libertatem marito meo, et meum maritum mihi restituisti, te vitam denuo utrique dedisse, ambo libenter prædicamus. Et quum mortales omnes suos propterea venerantur parentes, quia dulcissimum lucis aspectum ab eis acceperunt: in loco certe parentum ut tuam majestatem habeamus, arctissimo vinculo non necessitatis nostræ, sed paternæ bonitatis tuæ, in perpetuum devincti et obligati sumus: quanquam hoc etiam nomine plus tibi quam parenti suo debeat maritus, quia vitam ipsam, quam parentis offensa abstu-

lerat, tua reddidit bonitas et indulgentia. Et quia hæc vita, quam tu solus dedisti, sine victu vitalis esse non queat, certe, quum hoc quod majus est atque adeo maximum munus accepimus, de minori quidem beneficio si dubitaremus, nimis sordida nimisque maligna de tua regia munificentia nostra esset cogitatio. Postulata nostra non sunt magna, nec majora quam in præsentia retinemus. Non plus requirimus quam nunc habemus, habendi autem alium modum solummodo postulamus. Modus autem hujusmodi est. Ego propter mariti offensam remota fui, et id quidem jure hujus regni, ab omnibus prædiis et bonis meis hæreditariis. Regina tamen, pro sua divina clementia, quanquam jus prædiorum amisissem, fructum tamen eorundem integrum mihi benigne elargita est et liberaliter concessit. Postulo igitur suppliciter, ut quemadmodum fructum meorum per reginæ clementiam retineam, sic jus etiam eorundem per tuam regiam bonitatem recuperem. Et hoc quidem necessario postulo. Nam, dum hunc fructum sine jure veteri capio, vitam sine fide aliqua inter homines dego. Nemo mihi nec mutuum dare, nec vendere quicquam, nec mecum commercium ullum exercere libenter vult, in hac mea mearum rerum incerta possessione. Itaque, ut nos, qui quasi novæ vitæ usuram a tua clementia cepimus, veteris etiam vitæ nostræ libertatem ut per tuam bonitatem recuperemus, supplices prostratique postulamus; id quod, ut per literas patentes magni sigilli hujus regni consignatas firmum ratumque habeatur, suppliciter etiam rogamus. XXII Februarii.

CLXXXV.—TO ANDREW BYLDE, (4, 39).

For the Lord Chancellor—to aid Thomas Banister in his petition to the King of Denmark. April 2, 1555.

Andreæ Bylde, Serenissimi Regis Daniæ Consiliario—pro D. Cancellario, in gratiam Thomæ Banisteri.—Illustris et magnifice vir. Serenissimus rex noster serenissimaque regina scripserunt ambo nuper ad illustrem principem regem Daniæ, in favorem THOMÆ BANISTERI civis Londinensis : id quod uterque fecit et libenter et studiose, quum propter æquitatem caussæ, tum propter probitatem viri. Ipse quoque eadem de caussa eundem virum vestræ prudentiæ libenti animo et magno studio commendo. Itaque si THOMAS BANISTERUS vestro consilio, vestraque ope atque gratia, apud serenissimum regem Daniæ ad explicandam suam caussam, meo rogatu, uti possit, libenter ego vicissim, quicquid aut grati vestræ amplitudini, aut commodi cuiquam, vestro nomine, facere queam, præstiturus sum. II Aprilis, 1555.

CLXXXVI.—TO FRANCIS DUAREN, (3, 15).

Had heard of Duaren (who was an eminent French lawyer), from Thomas M[artin], and read his books—refers to the enquiry about foreigners on Mary's coming to the throne—Thomas M[artin]'s virtues and prospect of further advancement—Gardiner lord high chancellor.

omino Francisco Duareno. — Salve plurimum, doctissime, humanissime, amabilissime FRANCISCE DUARENE. Hanc te ignoti hominis novam affandi rationem ratio et meriti tui et officii mei merito postulare videtur. Doctrina enim tua quam sit eximia, frequenter ex libris tuis

editis cognovi: humanitatem vero erga omnes, atque singularem in me seorsim amorem, ex sermone ornatissimi vir THOMÆ M[ARTINI] tui studiosissimi, et mei etiam amantis sæpe quidem, magnaque semper mea cum voluptate intellexi. Te igitur de hac tua singulari doctrina, humanitate et benevolentia, mi optatissime FRANCISCE DUARENE, et imperitus ego si non suspicerem, et inhumanus si non colerem, et peringratus si non redamarem, jure videri debeam. Sed doctrinæ tuæ deinceps, ut statuo, memoriam, et tecum sæpe crebris mittendis literis, et mecum quotidie tuis perlegendis libris, jucundam atque fructuosam usurpabo. Humanitatem vero tuam mutuo ego libenter subsequar studio atque grata voluntate: semper laborabo, ut quum tui instituti consuetudinem tantopere laudem, tui etiam exempli imitationem a me alienam esse non putem. In amore autem, quantus tu cunque fueris, tibi non concedam, ut tu me plus diligas quam ego te amem: nam, quamvis ipse tibi partes in amando sumpseris priores, ego tamen vendicabo justiores, quum tu opinione, ego judicio ad hunc amorem accessi. Tu enim unius epistolæ satis incultæ lectione, uniusque hominis, amici admodum quidem amantis nimium fortasse, sermone te ad hominem ignotum atque obscurum diligendum tradidisti: ego non ex literis privatim scriptis, sed ex libris publice editis, neque ex unius amici erga te studio, sed ex universæ doctorum hominum nationis de te judicio, ad te amandum me ipse dedi: adeo ut amor meus certus, tuus cæcus esse videatur. Cæcum tamen tuum amorem et nunc esse libenter fero, et in posterum sic permanere admodum cupio, ne, si oculos recipiat, me deserat alioque avolare velit. Verum, ut ingenue fateor, et JOANNIS STURMII facto, et THOMÆ M[ARTINI] sermoni plurimum atque libenter debeo, quorum opera effectum est ut tu de me non vulgariter existimes. Nullius enim rei quæstum majoris facio, quam doctorum hominum amicitiæ: præsertim, quum ea aut virtutis opinione, aut literarum ergo tota suscipi, non præsenti adulationis aucupio, non sordida lucri spe, ullo modo institui videatur. Amavi diu, vidi nunquam JOANNEM STURMIUM: sed quum eum PLATONIS, ARISTOTELIS, et CICERONIS doctrina ita excultum esse perspicerem, ut pauci admodum in his nostris, ne temporibus quidem longe ante superioribus, mea certe opinione, cum eo conferri possint, illius amore non calere solum sed exardescere cœpi. Eadem ratio easdem facies mihi admovet, quibus incendor ut te persimili modo amem: quem meum erga te animum, mi optatissime FRANCISCE DUARENE, si tibi gratum esse ex literis tuis intelligam, certe vel cum nostro THOMA M[ARTINO] contendam, ut in omni mutuæ benevolentiæ ratione atque officiorum genere, licet me commodandi facultate vincat, gratificandi tamen voluntate nunquam superaturus sit. Et tamen, cum gratiore homine, aut tibi, ut sæpe ex ejus sermone intelligo, aut mihi, ut indies ex ejus humanitate sentio, aut cuivis, ut quotidie ex consentiente hominum de illo voce excipio, contendere in ullo humanitatis certamine non queo. Et quantum amandus est de hac humanitate, tantum certe congratulandum est ei, quod ad illius tam gratam naturam tam digna accesserit fortuna; quum ei, ad benigne faciendum omnibus non voluntas solum parata atque proposita, sed facultas etiam et opportuna et ampla tribuatur. Ast ego non recte quidem, qui fortunæ et communi felicitati tribuo, quæ virtutis præmia, prudentiæ munera et sunt et existimari debent. Et quia hæc clarissimi viri recordatio mentem scio utriusque nostrum, et meam in scribendo et tuam in legendo, magna suavitate profundit, non sedes solum ad quas pervenit, sed gradus ipsos per quos ascendit, breviter designabo. Quum summa rerum jure hæreditario, illustrissimæ principi nostræ MARIÆ veniret, ut in exordio cujusque principis apud nos de more fit, lustratio ratioque habita est externorum hominum; quorum tantus huc confluxerat numerus, ut his passim urbs Londini redundaret. THOMÆ M[ARTINO] impositum fuit hoc munus decernendi, quinam civitate et patria nostra donandi, et qui ad suos amandandi essent. Hoc tempore fui sæpe una cum M. quum ille frequenter atque suaviter arridens ad me, "ASCHAME, (inquit) multi Galli hodie multum debent DUARENO nostro: nihil enim prius mihi existit in hoc munere obeundo, quam benevolentiam, quam DUARENO absenti debeo, hominibus Gallicis repræsentare, ut vel hoc modo summi amici jucundissimam memoriam suaviter usurparem." In hoc munere, tam moderate cum summa fide, et tam circumspecte cum maxima diligentia se gessit, ut hæc parva initia majora statim consequuta sint: nam paulo post, propter juris insignem et suam singularem prudentiam, cooptatus est in numerum τῶν προέδρων, qui una cum summo Angliæ cancellario, maximas hominum controversias cognoscunt, et decidunt. Ubi illius et doctrinæ præstantia, et rerum usus, et ingenii moderatio, primo tempore, tam perspecta probataque fuit prudentissimo præsuli Domino STEPHANO Wintoniensi, summo Angliæ cancellario, ut non solum in communi illo judicio, sed in suo etiam privato domicilio, ad res maximas et mature explicandas et feliciter expediendas, ejus solius fere opera uti consueverit. Propter hoc munus, ab eo tam fideliter gestum, et prudenter moderateque perfunctum, tanta jam de eo excitata est, quum optimæ principis nostræ existimatio, tum prudentissimi concilii judicium, tum universi populi expectatio, ut ex his gradibus, in quibus sua virtus et doctrina aliorumque judicium atque prudentia eum collocavit, creberrimus jam sermo sit, illum brevi ad aliam deinceps atque aliam dignitatis sedem, cum maxima omnium voluntate atque congratulatione aspiraturum. Imo, ego in hac præsenti jam sum spe, ut antequam istæ ad te perveniant literæ, ad majora reipublicæ munera perventurus sit M[ARTINUS] noster, adeo ut nova amici dignitas novam mihi ad te scribendi opportunitatem et commode et brevi oblatura sit. Sed ecce dulcis hæc amici memoria ita me mei immemorem facit, ut nec tui rationem habere, nec epistolæ modum tenere, tibi videri possim, et te quidem ita de hoc meo facto existimare credam, nisi longitudo tuarum literarum hanc nimis inverecundam meam scribendi prolixitatem excusaverit. Vale.

CLXXXVII.—TO DOCTOR COLE, (3, 17).

Presents him with a copy of Aristeas's work about the Seventy two Interpreters.

octori Colo, quum offerret illi Aristæam de settanta due interpreti.—Tantum ego et communi omnium voci de tua eruditione, et frequenti MORYSINI sermoni de tua humanitate, semper tribui, doctissime humanissimeque COLE, ut imperitus ipse si te non colerem, et inhumanus si non amarem, merito videri possim. Hunc igitur libellum, mei in te studii et si vis sique id aliquid esset judicii etiam testem, tibi libenter offero. Hic auctor, quia et tempore priscus, et lingua Græcus, et usu rarus, et instituto pius, et consilio prudens existit, gratus tibi et acceptus, atque etiam propter ipsam linguam, in quam nunc felicissime versus est, jucundus, spero, futurus sit. Hoc itaque munus, pro mea quidem in te voluntate sane pusillum, reipsa tamen aliquid, si grato animo acceperis, te mihi pergratam rem fecisse existimabo. Vale.

CLXXXVIII.—TO SIR WILL. PETRE, (3, 16).
About Osorius, author of a book *De Nobilitate civili Christiana* which he sends to Petre. He hopes to get something soon, for, as he has spent 40 pounds during the five months that he has been in London, he cannot live 12 months on £20. Two-thirds of this letter are verbatim the same as the next, and therefore both were probably written at the same date.
[April 7, 1555.]

omino Gulielmo Petrees, Regiæ Majestatis Secretario Primario de Osorio.—Præclara res est, vel nobilibus nasci parentibus vel vetustis inseri familiis, clarissime vir: qui vero, una cum istis bonis, rerum abundantiam et præstantem animi indolem secum attulerit, ut non naturæ solum exornetur muneribus, sed fortunæ etiam communiatur præsidiis, habet hic quidem ad excelsum dignitatis locum insignem sibi patefactum aditum. Sed quum hæ commoditates omnes ad majorum plerumque referantur, vel laudem si erant probi, vel laborem si erant divites, faciunt illi certe multo prudentius, qui non istis alienis solum nituntur gradibus, sed doctrina crescere ad laudem, et virtute surgere ad gloriam, ac suis pedibus, non suorum vestigiis, ad dignitatis fastigium pervenire elaborant.

Hanc vero rectissimam veræ nobilitatis viam quum tu, clarissime vir, ducibus quidem virtute ac doctrina, comitibus etiam natura ac fortuna, et prudenter ingressus et feliciter sequutus sis, hunc librum tibi *de Nobilitate Civili Christiana* offerendum esse duxi. Auctorem hujus operis, tibi propter materiem valde gratum, et propter tractationem perjucundum fore existimavi: ea enim scribit quæ tu facis; et eo modo scribit quo tu excellis; ut idem utriusque vestrum consilium, illius in scribendo hoc opere, tuum in instituenda vita fuisse videatur. Nam hic liber, non cogitationes solum, et mentis tuæ consilia, sed actiones etiam et vitæ instituta, adeoque teipsum tibi, tanquam aliquod illustre speculum, ostendet et demonstrabit. Videbis etiam quam commodum semper omni populo fuerit, ut vel principis sese subjiciant imperio, vel ut prudentum tradant se gubernationi atque consilio, quam contra, non formidinem solum et periculum, sed vastitatem etiam et exitium, vulgi furores et Catilinarum libidines, omnibus et regnis et rebus publicis minitantur, prudenter, fuse, partite, et diserte narrat. Plebis etiam amentiam, et eorum mores atque consuetudinem, qui magis noti sunt propter scelera, quam nobiles propter virtutem, quique patriæ suæ faciem sæpe libertatis ostentant, sed faces semper furorum ac licentiam scelerum intentant, stylo suo acriter pungit et exagitat. Præterea rerumpublicarum et crebras confusiones propter injustitiam, et subitas conversiones propter impietatem, et lætas ac longas felicitates, propter humani divinique juris conservationem, infinitasque alias permemorabiles res, in quibus prudentiæ tuæ consilia, cogitationes, et curæ quotidianæ excubant et exercentur, in hoc opere persequitur: ut hic liber tibi non jucundus solum ad legendum, sed optatus etiam ad usum, spero, futurus sit.

In tractanda vero hac tam præclara materia, eam eloquentiæ facultatem et vim adhibet, qua nemo, mea certe opinione, post illa AUGUSTI CÆSARIS tempora, aut puriore aut præstantiore usus est. Est enim in verbis deligendis tam peritus, in sententiis concinnandis tam politus, ita proprietate castus, ita perspicuitate illustris, ita aptus et verecundus in translatis, ita frequens et felix in contrariis, suavis ubique sine fastidio, gravis semper sine molestia, sic fluens ut nunquam redundet, sic sonans ut nunquam perstrepat, sic plenus ut nunquam turgescat, sic omnibus perfectus numeris, ut nec addi illi aliquid nec demi quicquam, mea opinione, possit. Imo, tam præstans artifex est, ut nec Italia in SADOLETO, nec Gallia in

Longolio, nec Germania in Joanne Sturmio plus, quam nunc Hispania in Osorio gloriari possit. Quod eloquentiæ flumen eo salubrius existit, quia illud totum non ad inanes et aniles rerum levitates, ac vagantes hominum opiniones redundat et excurrit; sed universum, ad veram Christi gloriam prædicandam et certissimam animi immortalitatem propugnandam emanat et placide fluit. Et hæc auctoris eloquentiæ consiliiique vera laus quanquam per singulos libros æquabiliter fusa sit, in extremo tamen, quem contra Nicolaum Machiavellum Florentinum seorsim scripsit, potissimum enitet et elucet. Machiavellus enim magno semper ingenio, sed non sano sæpe consilio, Christi optimi maximi religionem et improbe elevare et impie etiam irridere multis bonis viris visus est. Hic igitur Osorius tibi, propter libri istius materiem gratus, propter eloquentiam jucundus, propter institutum etiam, valde pius videbitur: qui sese ipsa re gravem philosophum, tractatione disertum oratorem, religionis studio verum Christianum esse omnino declarat. Et hoc porro nomine, optatus tibi ac percarus esse debet, quia non tam monumenta ingenii sui quam ornamenta virtutis tuæ, nec tam laudem illius eloquentiæ, quam commendationem tuæ prudentiæ continere et declarare videatur. Et hæc de te et Osorio.

De me vero nihil aliud nisi quod, dum mea universa spes, tua unius bonitate mihi sese et humaniter offerente et suaviter pollicente nitatur, jussi hunc librum, ut sese in conspectum tuum nunquam intruderet, sed aliquando offerret, ut esset apud te non flagitator importunus, sed pro me meisque rebus postulator pudens atque verecundus. Si vero nunc, prudentissime vir, vel propter Domini Wintoniensis, Domini Pagetti, et Domini Cecilli de me judicium, vel propter aliquod mediocris meæ facultatis specimen, quod ex literis meis, vel privatim ad te, et publice pro regia majestate scriptis, jam potes capere, ita de me existimas, ut non omnino ineptus videri possim, qui hoc munus literas scribendi subeam, me ad tuam voluntatem, nutum, usum, et omnem etiam opportunitatem libenter reservabo. Sin vero aliter sentias, in locum nonnulli beneficii deputarem, si illud mihi significare velis, ne nimis diu hic et spem alam et tempus teram, et ipse mihi alieno ære gravior meisque diurno sumptu molestior indies fiam. Nam viginti libris non aulicam sed Londinensem vitam quomodo integrum annum sustinere queam, quum hi proximi quinque superiores menses, mihi parce restricteque viventi, quadraginta libras exhauserint? Itaque, quemadmodum omnino statui, perpetuam tuæ in me benevolentiæ memoriam, perpetuo meo studio, officio, et observantia colere atque conservare: sic nonnihil etiam vereor, ne usum beneficentiæ tuæ hic diu expectare non queam. Sed hæc cura minus me sollicitat et perturbat, quum cogito te eum esse, cui ego fortunæque meæ non tam traditi sumus necessario, quam a te libenter suscepti et benevole: cujus bonitati, omnium consensu et voce, tantum tribuendum est, ut minime ego dubitem, quin, quarum rerum spe ad aulicam vitam me vocasti, harum maturo fructu alacriorem me ad omne officium facturus sis: ut, quantam nunc voluptatem ex hac tua peroptata mihi benevolentia capio, tantam brevi commoditatem ex aliquo tuo grato beneficio, percepturus sim. Quam meam spem in te hoc modo repositam expedies; pro mea vero voluntate, cum qua mora volueris; pro mea autem necessitate cum qua maturitate potueris; pro tua denique prudentia et bonitate, cum qua opportunitate commodissime esse duxeris. Vale.

CLXXXIX.—TO CARDINAL POLE, (A, 3).

Sent with a copy of Osorius's book *De Nobilitate civili Christiana*.
April 7, [1555.]

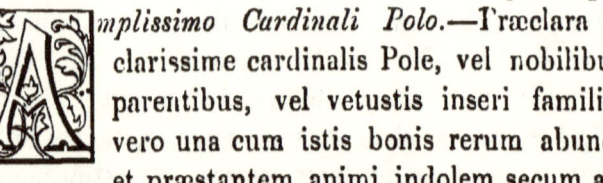mplissimo *Cardinali Polo.*—Præclara res est, clarissime cardinalis Pole, vel nobilibus nasci parentibus, vel vetustis inseri familiis: qui vero una cum istis bonis rerum abundantiam et præstantem animi indolem secum attulerit, ut non fortunæ solum communiatur præsidiis, sed naturæ etiam exornetur muneribus, habet hic quidem ad excelsum dignitatis locum insignem sibi patefactum aditum. Sed quum hæ commoditates omnes ad majorum plerumque referantur, vel laudem, si erant nobiles, vel laborem si erant divites: faciunt illi certe multo prudentius, qui non istis alienis solum nituntur gradubus sed doctrina crescere ad laudem, et virtute surgere ad gloriam, ac suis pedibus, non suorum vestigiis, ad dignitatis fastigium pervenire elaborant.

Hanc vero rectissimam veræ nobilitatis viam quum tu, nobilissime vir, ducibus quidem virtute ac doctrina, comitibus etiam natura et fortuna, quum prudenter ingressus, tum feliciter sequutus sis, hunc librum tibi, *de Nobilitate civili et Christiana*, offerendum esse duxi. Auctorem hujus operis, tibi propter materiem valde gratum, propter tractationem perjucundum esse existimo. Ea enim scribit quæ tu facis; et eo modo scribit, quem tu ipse sequeris; ut idem utriusque vestrum consilium atque judicium, illius in scribendo hoc opere, tuum in instituenda vita, fuisse videatur. Nam hic liber, non cogitationes solum et mentis tuæ consilia, sed actiones etiam et vitæ instituta, adeoque teipsum tibi tanquam aliquod illustre speculum, ostendet et declarabit. Docet enim quam commodum semper fuerit omni populo, ut vel principis sese subjiciant imperio, vel prudentum tradant sese gubernationi atque consilio. Contra, quam, non formidinem solum atque periculum, sed vastitatem etiam et exitium, vulgi furores et Catilinarum libidines, omnibus quum regnis tum rebuspublicis important, prudenter, fuse, partite et diserte narrat. Præterea, regnorum ac rerumpublicarum, et crebras confusiones propter injustitiam, et subitas conversiones propter impietatem, et lætas ac longas felicitates propter humani divinique juris conservationem, infinitasque alias permemorabiles res, in quibus prudentiæ tuæ cogitationes, consilia, et curæ quotidianæ excubant et exercentur, in hoc opere persequitur, ut hic jam liber tibi, non jucundus solum ad legendum, sed optatus etiam ad usum, spero, futurus sit.

In tractanda vero hac tam præclara materia, cam eloquentiæ facultatem adhibet, qua, pauci quidem, mea certe opinione, post illa AUGUSTI CÆSARIS tempora, aut puriore, aut præstantiore usi sunt. Est enim in verbis deligendis tam peritus, in sententiis concinnandis tam politus, ita proprietate castus, ita perspicuitate illustris; ita aptus et verecundus in translatis, ita frequens et felix in contrariis, suavis ubique sine fastidio, gravis semper sine molestia, sic fluens ut nunquam redundet, sic sonans, ut nunquam perstrepat, sic plenus, ut nunquam turgescat, sic omnibus perfectus numeris, ut nec addi aliquid, nec demi ei quicquam, mea opinione, possit. Imo, tam præstans artifex est, ut nec Italia in SADOLETO, nec Gallia in LONGOLIO, nec Germania in JOANNE STURMIO, plus quam nunc Hispania in OSORIO, gloriari debeat.

Quod eloquentiæ flumen eo salubrius existit, quia illud totum, non ad inanes rerum levitates et vagantes hominum opiniones redundat et excurrit, sed universum ad veram CHRISTI gloriam et prædicandam et propugnandam, emanat ac placide fluit.

Et hæc auctoris eloquentiæ consiliique vera laus, quanquam per singulos libros æquabiliter fusa sit, in extremo tamen, quem contra NICOLAUM MACHIAVELUM Florentinum seorsim scripsit, maxime quidem abundat. MACHIAVELUS enim magno semper, ut scis, ingenio, sed non sano sæpe consilio, CHRISTI Optimi Maximi religionem et improbe elevare, et impie etiam irridere, multis bonis viris visus est.

Hic igitur OSORIUS tibi, propter libri istius materiem gratus, propter eloquentiam jucundus, propter institutum etiam valde pius videbitur: qui sese, ipsa re gravem philosophum, tractatione disertum oratorem, religionis studio verum Christianum esse declarat. Et hæc de OSORIO: quem jussi, ut sese in conspectum tuum nunquam quidem importune intruderet, sed prudenter aliquando offerret: ubique esset apud te, meo nomine, meaque absentia, non auceps commodi et utilitatis, sed testis studii atque voluntatis, qua tuam r[everendam] d[ominationem] et nunc colo, et perpetuo observaturus sum. Deus tuam r[everendam] d[ominationem] semper servet incolumem. Londini, 7 Aprilis, MDLV. Dominationis tuæ studiosissimus, R. ASCHAMUS.

CXC.—TO KING [PHILIP], (4, 38.)

On behalf of a poor Burgundian, formerly servant to the emperor's ambassadors, Eustace Chapp and Francis Dilph.

July 15.

Regiæ Majestati—*Pro paupere Bergundo.*—Clementissime princeps. Servivi hic in Anglia multos annos duobus Cæsareæ majestatis oratoribus, D. EUSTATHIO CHAPPIO, et D. FRANCISCO DILPHO. Uterque in patriam reversus intestato moritur; quo fit, ut ad me ex longa servitute nihil præter senectutem et inopiam perveniret.

Itaque, nisi solamen senectuti et subsidium inopiæ meæ tua divina bonitas attulerit, spes mihi reliqua nulla omnino est. Natus sum in Burgundia; consumpsi et mea omnia et meipsum in Anglia. Respice ergo, clementissime princeps, me non natura solum, sed fide atque voluntate, obedientissimum subditum tuum. Deus mihi spem et bonitas tua mihi animum auget, ut ego tuus subditus ad te principem meum confugiam: non ex jure et merito meo, sed ex gratia et beneficentia tua, quicquid facis, facturus es. Exiguum quiddam mihi hac oppresso miseria magnum solamen adferet: propterea quantum egenus et fidelis subditus ab optimo principe suo expectare queat, tantum mihi inopi seni, ex tua clementia polliceor. XV Julii.

CXCI.—TO STURM, (1, 11).

Says he has not written to him for two years, partly owing to his late marriage, which some man had tried to reverse at law. Sends the letter by the hands of John Metellus, who is on his way back to Italy, having come to England last year in company with Pope Pius III's Nuncio, Antony Augustini. Says he has been made Latin Secretary to Philip and Mary, with double emolument, by the aid of Gardiner and Paget. Says his wife, whose name is Margaret, and whom he married June 1, 1554, is niece to R. Walop's wife, and very much like her. Names a Venetian noble Priulus, who has been elected bishop of Brescia. Sends his remembrances to Christopher Mount, whose cause he will help all he can in England. Greenwich, Sep. 14, 1555.

Rogerus Aschamus, Joanni Sturmio, S.P.—Factum est hoc longum et duorum annorum scribendi intervallum, non voluntate mea, non oblivione tui, non neglectione officii, clarissime J. STURMI. Nec sane ulla defuit mihi vel scribendi materies vel mittendi facultas; sed rerum, non quidem publicarum conversiones et communia tempora, at privatarum difficultates et propria negotia, impedimento mihi solummodo fuere. Nuptias meas intelligo, de quibus ad te allatum est; quas homo turbulentus irritas facere summopere contendebat. Sed sententia juris et æquitate causæ meæ hic homo fractus est; et omnia mea rite explicata, et ex animi mei sententia constituta sunt. Itaque, quod commissum est hac nimis longa scribendi intermissione, literarum crebritate deinceps libenter reponam. Et ecce tibi percommode JOANNES hic METELLUS, vir doctissimus et tui studiosissimus, instat et urget ut scribam ad te. Nam repetens Italiam, Argentoratum cogitat, tui solius salutandi et conveniendi gratia. In Angliam venit, comes itineris et socius consiliorum ANTONII AUGUSTINI, quem papa JULIUS III ad reginam nostram superiori anno nuncium legavit. Hi duo ANTONIUS AUGUSTINUS et J. METELLUS interloquutores sunt in eo libro, quem HIERONYMUS OSORIUS Lusitanus Ciceroniane, id est prudenter et discrte, conscripsit *de Gloria*. Ut amplectaris JOANNEM METELLUM, tam eruditum virum, tam studiosum tui et mei valde amantem, non opus est ut te rogem. Scio enim quod humanitas tua efficiet, ut mihi METELLUS literas et longas et gratiarum plenas scribat.

Ex sermone JOAN. METELLI omnem rerum Anglicarum statum intelliges, ab eo qualis sit nobilissima domina mea D. ELIZABETHA, quam ipse mea opera alloquutus est. Quantum illa præstat, Græca, Latina, Italica, et Gallica lingua, imo qua rerum cognitione, et quam docto et intelligente judicio prædita sit, ipse tibi fuse enarrabit; ut vel METELLO teste plane cognoscas, nihil unquam a me affixum fuisse ejus laudibus. Sed hæc et multa alia ab ipso METELLO. Nunc pauca de me meisque rebus. Quantum debeo tibi, mi STURMI, mi optatissime JOANNES STURMI, pro illis literis quas PAGETTO in meam gratiam scripsisti, non præsentes literæ declarare, non fortunæ meæ compensare poterunt. Efficiam tamen, Deo volente, ut posteritas intelligat amicum fuisse et STURMIUM valde gratum et ASCHAMUM non immemorem. Quæ mihi superiores reges HENRICUS et EDVARDUS concesserunt, ea non solum integra restituta sed conduplicata omnia sunt. Factus sum etiam regi et reginæ secretarius pro lingua Latina. Quod munus, ut me CHRISTUS amat, non commutarem, si quævis mihi alia pro arbitratu meo vivendi optio proponeretur. STEPHANUS episcopus Wintoniensis summus Angliæ cancellarius summa humanitate atque favore me complexus est; ut, paratior fuerit PAGETTUS— ne in me commendando an Wintoniensis in me tuendo atque ornando, facile dijudicare non queam. Non defuerunt, qui cursum benevolentiæ illius in me conati sunt impedire religionis caussa, sed nihil profuerunt. Itaque plurimum debeo WINTONIENSIS humanitati et libenter debeo. Neque ego solus, sed multi etiam alii experti sunt illius humanitatem. Cogitabam et id sæpe, agere cum eo de tuo præclaro opere analytico. Scio enim eum ita favere studiis literarum, ut plurimum pollicear mihi de illius largitate. Et si tu ita velis ad meque scripseris mentem tuam, rem libenter et uti spero feliciter tentabo. Nihil incommodi erit in hac re, mea certe opinione. Gratias ago tibi summas pro tuis ad PAGETTUM literis, in quibus tam gratum mihi fuit, tui de me judicii testimonium, ut longe optatior mihi sit voluptas, quam capio ex tua benevolentia, quam esse possit ulla commoditas, quæ proficiscitur ex PAGETTI beneficio: sed de his alias et fusius.

Reverendissimus cardinalis POLUS valde humanus est, et haud scio an quisquam Italus eloquentiæ laude cum eo comparari queat. Me utitur valde familiariter. Hac æstate quum apud eum pranderem, incidens in sermonem de eruditis viris hujus ætatis, honorificam tui mentionem fecit. Tum ego, de tuo analytico opere, de rhetorico Aristotelico, pro nostro amore et meo de te judicio libenter et copiose: ille vero probavit valde institutum tuum. Postquam ego loquutus sum de ratione hac et facultate analytica, quæ non in conquisito literarum ordine, sed naturali rerum compage cerneretur, et palam et ingenue affirmabat in te fuisse, non solum magnam doctrinam, et raram eloquentiam, sed moderationem etiam atque judicium. Quærebat porro a me, an quicquam ego unquam vidi de libris CICERONIS *de republica*. Aiebat se semel millia duo aureorum consumpsisse, mittendo certo quodam homine in Poloniam, qui eos libros perquireret, quorum illic inveniendorum spem quidam ei fecerat. Ego statim narravi, quid tu ad me olim de illis libris. Et rogavit ut ad te scriberem, ut sciremus ecquidne certi de illis libris. Valde sollicitus sum de quinque rhetoricis libris quos VERTERI frates, uti scribis, secum in Italiam deportarunt. Eo sum securior, quo amantiores tui eos esse scio; valde tamen avidus sum sciendi, quid fit illis libris et quo progressus es in reliquis, et an mutares consilium introducendi me in eum sermonem : quod amanter potius quam prudenter a te factum esse judico. Sed nihil optatius mihi accidere potest, quam nostri inter nos amoris tam præclarum posteris etiam exstare testimonium. Omnia præclara in primo et secundo libro; eos tantum vidi : sed te ipsum superas, quando digrederis, ut in illis insignibus locis, de vitæ brevitate et temporis habenda ratione. Quumque ego tres dies permansi Argentinæ, valde credibile erit nos incidisse in varios sermones, de aula Cæsari, de belli pacisque temporibus, de ratione studiorum, et non consumpsisse totum illud tempus in subtilibus de ipsa arte disputationibus. Et illa apud PLATONEM potissimum et CICERONEM etiam τὰ πάρεργα superant, mea opinione, ipsa τὰ πρὸς ἔργον. Sed ineptus ego qui hæc ad te ; ast omnia assignabis liberæ nostræ amicitiæ. De uxore quod cupis scire, vultu valde refert materteram suam Domini R. WALOPI uxorem. Et habeo talem uxorem qualem JOANNES STURMIUS ROGERO ASCHAMO libenter optaret: nomen est MARGARETA; dies nuptiarum fuit primus Junii mensis 1554; si quid vel in illo nomine vel illo die læti ominis insit. Si aves scire, quidnam rerum ago in Aula, intelligas nunquam mihi magis optatum otium concessum fuisse in Academia, quam nunc est in regia. Domina ELIZABETHA et ego una legimus Græce orationes ÆSCHINIS et DEMOSTHENIS περὶ Στεφάνου. Illa prælegit mihi et primo aspectu tam scienter intelligit, non solum proprietatem linguæ et oratoris sensum, sed totam caussæ contentionem, populi scita, consuetudinem, et mores illius urbis, ut summopere admirareris. Sed hæc melius a METELLO nostro, qui aiebat se pluris facere vidisse illam quam vidisse Angliam. Si quis amicus tuus, optatissime STURMI, quidquam negotii habuerit expediendum in Anglia, vel apud regiam majestatem vel apud Dominum Cancellarium, scribe tu ad me; et intelliget amicus tuus, quantum ASCHAMUS STURMIO suo tribuendum esse judicat. Si unquam enim vel tibi gratum quidquam vel tuis commodum ullum facere possum; si non dixeris, jusseris, mandaveris, ingratum te esse judicabo. Sed oblitus sum pene illius rei, de qua in primis ad te scribere volui. Liber Cardinalis POLI *de unitate ecclesiæ,* hoc anno impressus Argentinæ, pervenit ad manus illius. Ille ipse ostendit mihi librum. Est hic cum cardinale quidam patricius Venetus Dominus PRIULUS electus episcopus Brixiæ, valde doctus in omni genere literarum et vir perhumanus, cujus frequentem mentionem faciunt in suis epistolis BEMBUS et SADOLETUS. Hic perquisivit a me, an non putarem præfationem VERGERII præfixam libro POLI a te fuisse scriptam. Aperte affirmabam, non solum illum stylum longissime discrepare a tua scriptione; sed tale etiam factum valde abhorrere a tuo animo et cogitatione. Nolui hoc te ignorare. Si non tertiana febre jam correptus essem, intervallum scribendi duorum annorum harum literarum prolixitate compensarem. Sed huic brevitati ignosces. Metior enim tuam voluntatem meis cogitationibus. Nam omnes literas quas tu scribis nimis breves esse puto. Saluta omnes nostrates, et integerrimum virum D. CHRISTOPHORUM MONTIUM, cujus caussa, si aliquid possum in Anglia, sentiet me et amicum et diligentem. Est Argentinæ juvenis quidam Anglus THOMAS LAKIN, quem ego diu amavi; saluta quæso et complectere mea caussa. Saluta D. SLEIDANUM, D. ERYTHRÆUM, et in primis meum suavissimum MICHAELEM TOXITEM, cujus longum silentium summam admirationem mihi attulit. Si deest materies scribendi, nihil prius cupio quam scire ex illius literis cursum studiorum et scriptorum JOANNIS STURMII hoc superiore biennio. De thalassio tuo in Angliam mittendo, vel toga Romana vel Attico pallio vel Dorica veste induto, sæpe cogito et libenter expecto. Postremo ego te, et mea tuam uxorem salutat. Vale et rescribe. Grenovici, Septembris XIV, 1555.

CXCII.—SIR JOHN CHEKE TO QUEEN MARY, (5, 48).

Informs her of his final adherence to the true Catholic Doctrine.
Tower of London, July 15, [1556.]

Reginæ.—Finem contentionum non disputatio, sed submissio facit. Ego ex celsitudinis vestræ consilio et auctoritate, a varietate doctorum ad ecclesiæ unitatem accedo. In quo, et celsitudini vestræ de consilio gratias ago et de successu Deo. Precor a celsitudine vestra ut hæc mea sententia, quam vir doctus et pius ecclesiæ Paulinæ decanus celsitudini vestræ tradet, quemadmodum est a me non ad tempus ficta, sic sit celsitudini vestræ accepta, et omnis reliquæ de me questionis finis. Magnam habeo de virtutibus tuis, de pietatis et clementiæ laude, de doctrina humilitatis, fiduciam. Vellem te mei, et pietatis, et literarum, etiam aliqua ex parte studjosi, non nullam rationem habere. Reliquum spero vitæ meæ cursum talem futurum, ut gratia tua et favore non indignus videar. Quæ necessariæ sunt meæ hoc tempore petitiones, eas dominus decanus celsitudini tuæ exponet. In quibus etiam, atque supplex peto, ut me juves. Dominus celsitudinem vestram servet. Londini, e Turri, XV Julii, 1556. Celsitudini tuæ addictissimus JOANNES CHECUS.

CXCIII.—TO HIERONYMO PRIOLI, DOGE, AND TO THE SENATORS OF VENICE, (4, 49).

On behalf of Lord Lumley and other English nobles—complains that the earl of Arundel has been ill-treated at Padua by Daniel Foscarini and others.

Palace, London, Nov. 2, 1556.

llustrissimo principi D. Hieronymo Prioli, duci Venetiarum, et magnificis dominis inclyti Senatus Veneti, amicis nostris carissimis.—Pro Domino Lomleio et aliis Angliæ nobilibus.—Illustrissime princeps, magnifici domini, amici carissimi. Quum singularis vestra humanitas, ac benevolentiæ studium in gentem Anglicam, præcipue vero in omnem ejus nobilitatem, perspectum diu jam et acceptum semper valde nobis fuerit: magis gratum tamen atque opportunum visum non est, quam quum nobilissimum ARUNDELIÆ comitem, pro vestro honore, pro illius dignitate, quum amice et laute, tum splendide ac magnifice in vestra nuper urbe, accepistis. Hæc grata vestra officia, in tantum virum declarata, qui nobis, et ordine eodem, et intima amicitia, et cunctis arctissimæ propinquitatis vinculis conjunctissimus est, in nos ipsos studiose a vobis ac certatim conferri, plane existimamus. Vobis igitur pro hac vestra humanitate magnas nos gratias et libenter habemus et studiose agimus, et cumulate etiam sumus relaturi, quum usus, aut vestrarum rerum aut vestrorum hominum, quod nonnunquam apud nos accidit, commodam ullam nobis in ulla humanitatis parte vobis respondendi opportunitatem attulerit. At vero, quo jucundior nobis hæc est vestræ humanitatis recordatio, eo quidem acerbius nobis accidit, quod, non ita pridem, DANIELUS FOSCARINUS, homo Venetus, eundem nobilissimum comitem, alio quidem modo, et magis alieno animo tractare Patavii, quam vestræ magnificentiæ Venetiis accepistis, attentaverit. Tolerabile quidem foret, si FOSCARINUS, et suæ, et communis et Venetæ humanitatis oblitus fuisset, modo ejus hoc facto nomen et dignitas tanti viri non violaretur. Sed facinus illud nobis jam visum est et novum in illa regione, et grave ipso facto, ut tantus vir in re non levi, sed nullius quidem momenti, primum inhumaniter, tum injuste istic vexaretur, qui sic domi et dignitate, et fortunis, et opibus floret, ut totius Anglicanæ nobilitatis, et fidem ad ejus dignitatem, et fortunas ad ejus usum, pro suo arbitratu et voluntate paratissimas habeat. Atque in Italia quidem non incognitum, et Venetiis potissimum haud obscurum esse potuit, quod ARUNDELIÆ comes, sui ordinis in Anglia, non solum genere et nobilitate principem locum obtineat, sed quod ea prudentia atque auctoritate etiam polleat, ut his illustribus ornamentis, et multis ante superioribus Angliæ principibus, et nunc huic nobilissimæ reginæ, et cunctis hujus regni statibus, cum summo ejus honore longe carissimus existat. Et hoc porro nomine etiam, longe iniquior habenda est hæc FOSCARINI inhumana insolentia, quod sæpe experti sunt multi Itali, plurimi Veneti, et testes item sunt omnes Angli in omni nobilitate Anglicana multis jam annis neminem exstitisse, qui propensiore voluntate, aut plura aut majora officia, omnibus apud nos Italis, et præsertim Venetis detulit, quam hic nobilissimus vir, omni, non oblata solum, sed quæsita etiam occasione libenter semper detulerat. Sed quod ad hanc rem pertinet, licet nobilissimus ARUNDELIÆ comes, hunc FOSCARINI, et contumeliæ conatum, et injuriæ impetum, vel pro sua modestia tacitus præterire, vel pro sua prudentia facile contemnere voluerit: nos tamen, qui cum illo plurima paris loci et ordinis officia, ac omnes mutui studii et benevolentiæ necessitudines libenter partimur atque communicamus, hanc sane ejus dignitati atque existimationi aspersam istic injuriam, huc etiam in nos et nobilitatis Anglicanæ commune nomen transfusam esse judicamus. Itaque, non dubitamus, quin satis jam exploratum habeatis, quam solliciti nos omnes sumus, ut vestra auctoritate FOSCARINUS intelligat, cui viro, quam injuriam obtulerit; et plane etiam vos intelligitis, quid nos deinceps cogitare possimus, si de hac injuria, et pro merito FOSCARINI, et pro dignitate nobilissimi comitis, non honorifice a vobis statuatur. Ex quo vestro facto, orbis ipse judicabit, inclytum vestrum senatum communis æquitatis, veteris Venetæ humanitatis, honoris, et omnis exteræ nobilitatatis, justam rationem habuisse. Quod vestræ æquitatis studium, et nostræ expectationi plene satisfaciet, et commodam nobis pari æquitatis et humanitatis ratione, quum opportunitas tulerit, respondendi vobis occasionem dabit. Deus vestræ excellentiæ, et inclyto illi senatui, omnem felicitatem concedat. Londini, ex regia serenissimæ nostræ principis, 11 Novembris, 1556.

CXCIV.—TO POPE PAUL IV, (4, 75).

For King Philip and Queen Mary—speaks of their attempt to restore the old religion—Cardinal Pole legate.

Palace at Westminster, May 21, 1557.

anctissimo patri ac domino nostro D. Paulo uarto, divina providentia pontifici maximo, Philippus et Maria Dei gratia rex et regina Angliæ, Hispaniarum, Franciæ, utriusque Siciliæ, Hierusalem, et Hiberniæ, fidei defensores, &c., æternam salutem, et humillimam nostram obedientiam. —Quum excellenti Dei bonitate ad imperium paternum atque avitum venissemus, nihil antiquius habuimus, quam ut religionis statum, hominum et temporum improbitate non solum collapsum, sed penitus deformatum, et sedis apostolicæ reverentiam ad pristinam dignitatem ac splendorem, quod in nobis erat, restitueremus. Qua in re quos labores, quæ regni, et status, atque adeo vitæ nostræ discrimina subivimus: nisi sanctitatem vestram multorum sermonibus, atque adeo orbis Christiani voce intelligere putaremus, esset nobis de eo per has literas pluribus exponendum. Illud certe magnæ nobis consolationi fuit, quod in rebus nostris arduis, et temporibus illis difficillimis, sedis apostolicæ non solum gratia et favore, sed etiam auxilio usi sumus. Accepimus enim ab ea legatum reverendissimum patrem et consanguineum nostrum, REGINALDUM POLUM Cardinalem, qui quum subditos nostros ad sedis apostolicæ obedientiam reduxisset, magnam post ea tempora, et vehementer utilem in rebus ecclesiæ componendis et confirmandis semper operam collocavit. Cujus ut legati auctoritate et ut viri sapientissimi consilio, magna ad pietatem est facta accessio, et major quotidie, nisi quid aliunde sit, futura speratur.

Itaque justis de caussis, magno dolore affecti sumus, quum literis quibusdam et multorum sermonibus ad nos perlatum esset, legati auctoritatem, semper utilem, his vero temporibus etiam necessariam, qua pietas in Deum, et in sedem apostolicam obedientia augetur, e regno nostro, quod nondum satis confirmatum est, revocari; atque ita revocari, ut legationem sedi Cantuariensi innatam et penitus annexam, multorum retro summorum pontificum actis confirmatam, multorum qui ante nos fuerunt Angliæ regum prærogativa usurpatum, vestra sanctitas non exciperet. Quod, quia aliorum, qui rem non satis intelligebant, consilio et impulsu, non vestræ sanctitatis judicio et sententia factum existimamus, si nos ad pietatem et religionem confirmandam, omnes nostros conatus, ita ut Christianos principes decet, semper contulimus, si erga sedem apostolicam ea qua debemus religione et observantia et ante regnum susceptum et in regno fuimus; si vestram sanctitatem omnibus pietatis et obedientiæ officiis prosequuti sumus, rogamus, ne nobis paternam pietatem et regno nostro justa privilegia, ne populo nostro, qui gregis vestri et ecclesiæ catholicæ portio est non contemnenda, auxilia ad pietatem negare velit: ne eam nobis sine nostro merito notam inurat, quæ a vestra et sedis Apostolicæ clementia, et nostra in eam pietate et obedientia, vehementer aliena est. Atque hanc postulationem, quoniam religione et pietate nititur, et ad populi Christiani, cujus vobis curam Deus commendavit, profectum et salutem pertinet, vestramque ad sanctitatem orbis Christiani parentem destinatur, et audiendam libenter et facile concedendam non dubitamus. Deus vestram sanctitatem diutissime conservet. Ex regia nostra, Westmonasterii, XXI Maii, 1557. Vestræ sanctitatis humillimi et obedientissimi filii.

Countersigned, R. Ascham.*

---

* "Hanc epistolam nunquam antehac impressam, accepi ipse a reverendo viro Joanne Strype, amico meo humanissimo, anti-

CXCV.—TO ANTONY BURN, (3, 31).

For John Burn his father—reprimands his son for not writing to him often enough; tells him he knows too well how to turn his mother round his finger; urges him to fulfil his promise of sticking to his studies, &c.

St. James's Palace, Sep. 22, 1557.

ro *Dom. Joanne Burno, ad Antonium filium. S.P.*—Acceptæ mihi fuerunt literæ tuæ, ANTONI fili, fuissent quoque pergratæ, si illæ gratiæ tuæ, quas pro vestitu agis, paulo maturius ad nos venissent: venerunt enim tardiores, quam nostra de ea re expectatio, aut tui erga nos officii ratio postulabat. Silentium hoc tuum, aliquam sollicitudinem mihi, magnum mœrorem matri apportavit; quomodo ageres, quid faceres, ubi esses, omnino ignoravimus. Cogitabamus ambo, et id quidem anxie, potuisse fieri, ut tu, vel morbo correptus, vel ab academia et studiis absens, vel, quod nos magis commovebat, negligens tuæ erga nos observantiæ, vel obliviscens nostræ in te benevolentiæ, nihil ad nos tanto tempore scriberes; ita ut tu culpam, vel officii negligenter a te præteriti, vel pietatis erga nos parentes ingrate violatæ effugere non potueris. Sed bono animo sis, ANTONI fili, hanc enim culpam facillime redimes, facileque et quando et quam primum volueris, in gratiam mecum redieris; si in tuis ad me literis posthac scribendis crebritatem, mittendis opportunitatem, sedulo studueris adhibere. De matre, credo, minus sollicitus es: hanc enim in te offensionem ante illa deposuit, quam suscepit, et tu propterea artem tenes matrem tractandi pro tuo arbitratu; hic doctior es, quam vellem, aut quam par est:

---

quitatis, veterumque scriptorum, earum præcipue rerum quæ ad historiam religionis in Anglia reformatæ spectant, literate perito."—ELSTOB.

si negligentiam amas in discendo, permitto tibi, ut negligentior sis, quam soles in hac discendi arte. Sed jam a delicto, quod commiseris, in neglectione officii, ad certa quædam errata, quæ admiseris, in scriptione literarum, accedo. Errores quidem sunt, non delicta, et errores etiam leves; sed quia leves, eo etiam nomine, graviori animadversione sunt castigandi, hos enim errores, non ignoratio, sed negligentia peperit. Atque in literarum studiis, ignoratio sæpe, negligentia nunquam excusari potest. Fateri ignorationem, laudem in loco habet modestiæ. Præ se ferre negligentiam, omnem virtuti aditum, omnem doctrinæ viam obstruit, et sibi ipsi nullum veniæ, nullum excusationi locum relinquit. Sed hos etiam errores tibi condono libenter, ANTONI fili, sub pari tamen conditione, quam tibi ego ante in notatione neglecti officii tui præscripsi. Et quia te unice amo, et perpetuo amare volo: errores autem omnes, omnemque negligentiam ex animo semper odi: statui, non te virga, sed errores tuos veru quam primum verberandos atque jugulandos esse: remitto igitur tibi, primum omnes tuas et culpas et errores; deinde ipsas literas tuas, tui accusatrices, ut illas ipse ex animi tui sententia castiges. In extremis literis tuis, quod scribis, te cum novis vestibus novum induere studendi studium, tam mihi gratum optatumque fuit, ut omnes superiores et culpas tuas, et literarum tuarum errores, penitus ex animo meo eripuerit. Isthuc tene, ANTONI fili; hac enim via, et fere sola hac via, summas commoditates tibi, maximas nobis parentibus tuis lætitias cumulabis. Præterea, si in hoc studiorum cursu constanter progrediaris, potest fieri ut tu aliquando, non solum illi academiæ decori, sed patriæ tuæ ornamento esse possis: ad quam rem perficiendam, si tu voluntatem et constantiam in studiis adhibueris, nos parentes tui opem et opes nostras, assiduasque ad Deum preces, cum istis tuis conatibus libenter conjungemus. Vides, quam longas literas in hoc concursu publicorum negotiorum ad te scripsi; videre etiam tu debes, ut ego videam, et ut alii intelligant, has literas ab amante parente ad memorem et obedientem filium pervenisse. Deus te, ut annis, sic pietate, virtute, et doctrina adaugeat. Ex regia, ad D. JACOB. 22 Septembris, 1557.

ADDITIONAL LETTER

FROM ASCHAM TO CECIL.

ASCHAM TO CECIL.

This letter occurs in the Lansdowne MS. iii, page 61. It is in part the same as CXLIX, but varies so much that it has been deemed better to print it here verbatim.

*rnatissimo viro Dom. Gulielmo Cecillo.*—Ex literis tuis, quas ad Dominum MORISINUM dedisti, ornatissime vir, magna cum voluptate intellexi quanta animi propensione eniteris ut me tibi beneficio tuo in perpetuum devincias. Spes, quam proponis, est mihi admodum certa: et res quam ego expecto abs te erit valde grata: sed omnino tua voluntas, quam tandem suscipis, est longe jucundissima; quæ ita expedita est et sic emissa avolat ad bene de me merendum, ut non solum cam ullo meo officio consequendi spem, sed omnem etiam gratias agendi tibi dignas præcurrat facultatem. Itaque, quum gratiæ quas tibi referrem sunt penitus nullæ, et quas tibi jam meas habeo, sunt etiam perexiguæ, ego superatus re et destitutus oratione referam me ad eam quæ sola mihi reliqua est compensandi rationem. Subsequar enim te voluntate, studio et perpetua observantia. Non est enim mos horum temporum, clarissime vir, non consuetudo horum hominum, non tui loci sic descendere ad usum hominis mei ordinis: imo non est humanitatis, sed divinæ cujusdam naturæ, tam esse paratum, sic esse propositum ad benefaciendum omnibus, atque id etiam his, qui nullo officio nec antea promereri, nec postea compensare tam præclaram tuam benevolentiam queunt. Et hoc ipsum est quod initio dixi, mihi

proponi quidem certam spem, et expectari etiam gratam rem, tuam tamen tantam benevolentiam longe esse jucundissimam: nullum enim abs re profectum beneficium talem in te insitam benevolentiam æquare meo judicio potest. Attamen, ut ingenue dicam, non tantum gratulor mihi illam ipsam tuam benevolentiam, quantum tibi gratulor tuam praclaram naturam, imo non tibi tantum tuam naturam, quantum universæ Angliæ suam felicitatem, cujus rem et publicam et literariam et Christianam tuo tam prudenti consilio, excellenti doctrina, incenso studio, sic quotidie juvare, promovere et amplificare laboras. Sed dum ex animo et patriæ gratulari et tibi gratus esse studeo, vercor ne intempestivus et ineptus fiam. Gratas quidem literas scribere volui, jucundas autem his temporibus, his rumoribus non potui. Et dum ego lætus non sum, literæ lautæ esse voluerunt; dumque ego totus gemo, illæ, ut vides, factæ sunt lugubres. Ast adhibebo et mentem et manum, ut literas lætiori quum voce, tum veste recipias, quam primum lætiorem nuncium de illa illius salute acceperimus, qua nostrorum temporum, nostrorum hominum, nostrarum rerum salus continetur.

Mitto ad te cartam MIRANDULÆ, cum maxima parte totius Longobardiæ et longo volumine Padi fluvii: credo te antea habere, sed quid impedit diversis in locis eandem affigere? Sed nimius sum in re tam levi, præsertim ad talem virum: et memor tuæ humanitatis, imprudens obliviscor auctoritatis et occupationum quibus distineris. At nisi tua singularis in me benevolentia explorata mihi esset, nec res tam leves, nec literas tam inanes ad te mittere auderem. Vale, ornatissime vir, et me, quod facis, ama. Bruxellis, 9 Julii, 1553. Dignitatis tuæ studiosissimus,

R. ASCHAMUS.

OLD OR UNCOMMON WORDS

OCCURRING IN VOLUME I.

Afore, 285.
Aggletts, 285.
Be, the houses be, 280, &c.
Bid the emperor basse, 251.
Bolden myself, 351.
Brant rocks, 256.
Brust, 313.
Chapiter, 312, 314.
Chop in things, 288.
Conducte, *for* conduit, 264.
Crimosim, 285.
Demi saca, 264.
Dinner-while, 268.
Dure, *for* endure, 86.
Elsewhen, 330.
Fair fawdome, 258.
Forecasting, 279.
Fro, 283.
Gentle, 85; gentle drinks, 278.
Gentilly, 260-280.
Gently, 331, 393, 406.
Gentilness, *or* gentleness, 261, 393, 406.
Gobbets, 309.
Goodly (*for* well), 279.
Goodness hand, 395.
Hapt, 328.
Hath, some hath been, 284.
Importune, *adj.* 396, 397.
Is, friends is content, 261.
Kept in mew, 245.
Killes, *for* kilns, 251.
Knacks, 245.
Leful, 249.
Leese (lose), 248.
Lewdly, 246.

Marrs, 287.
Matiers, *or* mattiers, 283, 284, 314.
Mette, *meet?* 285.
Misorder, 329, 395.
More stouter, 279.
News are come, 284.
Noule, 315.
Of a barrow, *for* on, 317.
Of frersche, *for* afresh, 311.
Olds, *opposed to* news, 249.
Overthwarting the seas, 312.
Overgrow, 194*.
Pistle, *for* epistle, 260.
Pitcher-meat, 287.
Perfitly, 280.
Prick (*point*), 287, prick-song, 245.
Shenting, 330.
Sithence, 331, 332.
Stands, mills stands, 249.
Stead, 194.
Think, *for* thing, 285.
Than, *for* then, 329.
Tosses and toures, 343.
Unconstant, 244, 355.
Unhonesty, 249.
Unwinable, 256.
Vengeable, 284.
Ware, *for* wary, 329.
Was: here was justs, 280: was companies, 285.
Who they took, 279.
Witty, *for* wise, 193*.
Worst, *for* wrist, 258.
Ye *and* you, indifferently.

www.ingramcontent.com/pod-product-compliance
Lightning Source LLC
Chambersburg PA
CBHW031947230426
43672CB00010B/2080